AF275949

El historiador en el estadio

Primera edición en este formato: junio de 2025

© Toni Padilla, 2021
© de esta edición, Futurbox Project, S. L., 2025
Todos los derechos reservados, incluido el derecho de reproducción total o parcial de la obra.
Ninguna parte de este libro se podrá utilizar ni reproducir bajo ninguna circunstancia con el propósito de entrenar tecnologías o sistemas de inteligencia artificial. Esta obra queda excluida de la minería de texto y datos (Artículo 4(3) de la Directiva (UE) 2019/790).

Diseño de cubierta: Pedro Viejo
Corrección: Raquel Bahamonde

Publicado por Principal de los Libros
C/ Roger de Flor n.º 49, escalera B, entresuelo, oficina 10
08013, Barcelona
info@principaldeloslibros.com
www.principaldeloslibros.com

ISBN: 978-84-10424-23-4
THEMA: JPSL
Depósito Legal: B 10669-2025
Preimpresión: Taller de los Libros
Impresión y encuadernación: Liberduplex
Impreso en España – *Printed in Spain*

Cualquier forma de reproducción, distribución, comunicación pública o transformación de esta obra solo puede ser efectuada con la autorización de los titulares, con excepción prevista por la ley. Diríjase a CEDRO (Centro Español de Derechos Reprográficos) si necesita fotocopiar o escanear algún fragmento de esta obra (www.conlicencia.com; 91 702 19 70 / 93 272 04 47).

TONI PADILLA

EL HISTORIADOR EN EL ESTADIO

UN ENSAYO SOBRE LA GEOPOLÍTICA DEL FÚTBOL

PRINCIPAL

Índice

Introducción

No mezcles fútbol y política

El historiador Eric Hobsbawn podía explicar la historia de media Europa gracias a un tren, el Pressburger Bahn. Descubrir la historia siempre ha sido un viaje, aunque no todos los historiadores se subían a un tren, gastando sus zapatos caminando, como haría él en un documental de la BBC en 1995. Hobsbawn no solamente fue una de las mentes más lúcidas del siglo XX. También supo explicar lo que sucedía a su alrededor usando otras narrativas. En ocasiones, la mejor forma de explicar la historia es que parezca un cuento para niños. O sea, una invitación al viaje.

A diferencia de otros historiadores, Hobsbawn no se encerró en archivos o en charlas con colegas de profesión. Supo entender que no podíamos explicar la historia sin contar las peripecias de un músico de *jazz*, el impacto que provocó la llegada del cine o un desfile de banderas en los Juegos Olímpicos. Una nueva generación de historiadores no explicó que la historia la suelen escribir los ganadores. Y que estos suelen ser hombres con uniformes o trajes elegantes. Aunque, en verdad, también la han construido las mujeres a las que no dejaban salir de casa, los mineros que pasaban doce horas bajo tierra, los esclavos, los bohemios. Y los perdedores, claro. Como sucede en el fútbol. Puedes explicar un partido hablando solamente de la épica de los ganadores, tratando a sus rivales como si fuesen unos actores contratados para estar simplemente allí, como figurantes. O puedes intentar explicar un partido hablando de los dos equipos y de los mil factores que determinan la diferencia entre ganar y perder. Como sucede en la historia.

Cuando Hobsbawn era un niño, el Pressburger Bahn unía en pocas horas dos de las principales ciudades del Imperio austrohúngaro: Viena y Bratislava. En aquella época, la actual capital eslovaca se llamaba Pressburg, su nombre en lengua alemana. Por eso el tren se llamaba así, el tren de Pressburg. Esa fue una de las primeras líneas de tren eléctricas del continente, un prodigio de la ingeniería que se inauguró en 1914, pocas semanas antes de que un disparo en Sarajevo contra el heredero del trono del Imperio provocara el estallido de la Primera Guerra Mundial. En 1920, ese tren, que antes hacía el recorrido directo, ya debía pararse en una frontera entre dos Estados que antes no existían: Austria y Checoslovaquia. De 1939 a 1945, durante la Segunda Guerra Mundial, el mismo recorrido unía dos países diferentes: Alemania, pues los nazis se habían anexionado Austria, y una Eslovaquia independiente, sin dejar de ser un títere en manos de Hitler. Después, el tren dejó de funcionar durante muchos años, pues se levantó un telón de acero entre Viena y Bratislava, interrumpiendo el servicio. Dos ciudades que siempre habían vivido conectadas, aunque fuese con diferentes banderas, quedaron separadas, una en cada bando de la Guerra Fría. Y la maleza cubrió tramos de esa línea de tren que Hobsbawn recorrería de nuevo en 1995, cuando ya era un anciano. Ese viaje era un desafío para todo amante de la historia. Gracias a una línea de tren, Hobsbawn podía plantear preguntas que nos obligaban a buscar respuestas para entender nuestro mundo. Para percatarnos de que las fronteras se suelen mover, pues no son verdades absolutas. Que las ciudades cambian de nombre, que las banderas desaparecen. Ese corto trayecto, que en la actualidad se puede hacer en poco más de una hora, explicaba la Europa del siglo xx. Con los libros de Hobsbawn y Claudio Magris bajo el brazo, me subí a ese tren unos años más tarde. Y caminando por las calles de Bratislava, busqué carteles de negocios escritos en otras lenguas, como el húngaro o el yidis, que ya casi no se hablan, pese a que fueron importantes. La Europa de la infancia de Hobsbawn era diferente a esa que pisaban mis zapatillas. Nuevos edificios, diferentes formas de pensar. Tantas guerras y genocidios habían servido para construir un continente distinto, pese a que la línea de tren seguía siendo la misma.

Gracias a Hobsbawn, aprendí que se podía explicar la historia con un tren. Con ese viaje podías hablar de mapas, de guerras, de tecnología, de industria y de quiénes eran las personas que podían pagar un billete de primera clase. Y las que no. La historia se puede contar así, sin tener que partir siempre de un tratado, una batalla o la coronación de un rey. Se puede explicar de una forma alternativa. Aunque admito que me aburrían las clases de la universidad donde nos explicaban que escarbar entre la basura de una ciudad romana nos podía dar más información que trabajar en campos de batallas, puesto que, de ese modo, podíamos obtener datos muy importantes sobre las dietas o la salud de las personas gracias a los restos de sus alimentos. Sí, la historia se puede explicar mejor gracias a un basurero, aunque yo elegí hacerlo con un equipo de fútbol. El mismo Hobsbawn, nacido en Viena antes de emigrar al Reino Unido, explicaba cómo de niño simpatizaba con el Rapid de Viena. Pero sus compañeros de clase lo insultaban, gritándole que eso no podía ser: le tocaba ser hincha del Hakoah porque era judío. En esa Viena donde el antisemitismo hacía echar espuma por la boca y culpar a los vecinos de todas las desgracias, la comunidad judía se organizó para sobrevivir. Y muchos se sumaron a una corriente que pedía a los jóvenes judíos cuidar sus músculos en los gimnasios o aprender a boxear, todo para romper con la imagen de sus abuelos, esos hombres vestidos de negro con barbas largas, espaldas curvadas, estudiando siempre textos religiosos, y temerosos de Dios. Así nació el Hakoah, un club de fútbol capaz de ganar la liga austríaca y realizar giras por medio planeta, enamorando por su estilo de juego. Para un joven como yo, apasionado por el fútbol y por la historia, descubrir que uno de los historiadores más importantes también podía usar el fútbol para explicar el mundo fue como una revelación. Aunque Hobsbawn, como buen hombre de izquierdas, siempre sería muy crítico con un deporte convertido en un gran negocio. «El fútbol y el deporte son fenómenos importantes del siglo XX, claro», dijo en una conferencia antes de criticar los mundiales, pues «como los Juegos Olímpicos, es un torneo vulnerable a las presiones y promesas diplomáticas o de otra naturaleza de los países poderosos. Desgraciadamente, ganar la copa tiene que favorecer al régimen del país, como ocurrió en Argentina durante la dictadura militar, incluso con independencia de las posiciones políticas de sus jugadores. Solo puede esperarse que los ganadores de la Copa del Mundo tengan regímenes aceptables». A Hobsbawn le interesaba todo lo que se cruzaba por delante de sus ojos cansados, ya que le servía para explicar el mundo.

Desde mis años en la universidad, usar el fútbol para explicar la historia ha sido una de mis obsesiones, aunque, de vez en cuando, he invertido el orden de los factores. En ocasiones, es la historia la que nos permite entender lo que sucede en el fútbol, mientras que en otras, un partido nos sirve para entender la sociedad. Y el estudiante que quería ser historiador acabó ejerciendo de periodista, pudiendo unir sus dos pasiones. Durante estos años, uno de los debates recurrentes ha sido tener que explicar a la gente que yo no mezclo política y fútbol. No, lo han mezclado otros. Yo solamente me limito a explicarlo. Admito que cada vez que alguien me dice que no se debería mezclar deporte y política, no puedo evitar una sonrisa medio burlona. En el fondo, todo es política. ¿Cómo no va a ser política que existan mundiales, donde se enfrentan selecciones de entes políticos como son los Estados? ¿Cómo no va a ser política que suene un himno en un partido, que se dedique una copa a un rey o un presidente de la república, o se use una bandera en una camiseta? El deporte ha estado politizado ya desde su nacimiento. En ocasiones, son los hinchas los que convierten un estadio en un acto político. Otras veces, son los gobernantes. Aunque también puede suceder que una decisión política, tomada con otros objetivos, acabe condicionando el futuro de equipos de fútbol sin saber muy bien cómo. Periodistas como Simon Kuper, con su famoso *Fútbol contra el enemigo,* publicado en los años noventa, fueron pioneros en explicar, gracias a este deporte, un mundo que no dejaba de cambiar. Incluso antes que él, el gran Ryszard Kapuscinski no había evitado la tentación de citar el deporte en sus crónicas, quizá recordando cuando él mismo había sido portero juvenil en el Legia de Varsovia. No obstante, el bueno de Kapuscinski siempre será el responsable de uno de los grandes malentendidos cuando hablamos de fútbol y política. Demostrando su talento narrativo, tituló un reportaje como «La guerra del fútbol» cuando Honduras y El Salvador iniciaron las hostilidades después de unos partidos de clasificación para el Mundial de 1970 subidos de tono. El titular llamaba la atención, era potente. De esos que gusta a tus superiores, pues atrae a los lectores. Aunque, en realidad, las causas de esa guerra fueron otras, como el mismo autor polaco contaba en sus textos. Pero, para muchos, era más excitante imaginar que dos países habían decidido bombardear a su vecino por culpa de un partido. No, el fútbol no provoca guerras. Las sufre. Normalmente, el deporte es un escenario. O una metáfora.

Este libro trata precisamente de esto. De cómo la política, la historia y el fútbol caminan de la mano, en ocasiones de forma amistosa. Otras veces, peleados. Un libro que no deja de ser el resultado de muchos años de viajes y charlas, de preguntar y escuchar. De descubrir que para entender la rivalidad entre dos clubes de fútbol italianos, primero debía aprender sobre las batallas medievales que enfrentaron a esas dos urbes en el siglo XIII. De los campos de batalla a los campos de fútbol. Cada vez que se pone en juego una pelota, la rueda de la historia comienza a girar otra vez. Y tirando de ese hilo, puedes llegar tan lejos como quieras. Puedes descubrir que uno de los derbis más sentidos de Francia, entre el Olympique de Lyon y el Saint-Étienne, tiene sus orígenes en una decisión del rey Francisco I en el siglo XVII, cuando concedió a Lyon el monopolio en la fabricación de telas por delante de sus vecinos. El fútbol nos puede servir para explicar disputas medievales, guerras religiosas o procesos económicos como el nacimiento de la industria automovilística, ya que ciudades como Wolfsburgo nacieron para construir coches. Y en sus cadenas de montaje nació un club que, con el dinero de la Volkswagen, pudo ganar una liga alemana. Todo está conectado.

En este libro dejaremos que sea el fútbol quien nos marque el punto de partida, empezando por los orígenes del fútbol profesional en el Reino Unido y acabando en la actualidad, con generaciones de jóvenes que usan las nuevas tecnologías para intentar cambiar el mundo. Es un libro que no escribiría un historiador, pues usa técnicas narrativas más informales. Aunque seguramente tampoco sería publicado en un medio de comunicación deportivo, ya que, en ocasiones, la historia monopoliza la posesión del balón. Este es un libro escrito por un periodista que quería ser historiador, y que tiene la suerte de poder unir estas dos pasiones.

1879

The Sheffield Zulus (Inglaterra)

Las primeras guerras del fútbol

Una guerra colonial en el extremo sur de África provocó uno de los primeros grandes conflictos en el mundo del fútbol. Si las batallas en Sudáfrica marcaron tanto a la sociedad británica que aún hoy esos nombres resuenan en los estadios modernos, la guerra contra los zulúes dividió el deporte entre los que querían sacar un beneficio económico y los que estaban en contra.

No existe ninguna foto de los Sheffield Zulus. Aunque sí existen descripciones de cómo vestía este equipo legendario que en tan solo dieciocho meses puso patas arriba el mundo del fútbol. Las descripciones de la prensa de la época nos hablan de unos futbolistas que salían a jugar con «jerséis negros con flecos blancos y pantalones negros. Los jugadores tienen las caras oscuras, llevan tocados con plumas y collares alrededor del cuello». Para muchos historiadores del deporte, encontrar en un archivo perdido una imagen de los Zulus se ha convertido en una obsesión. No ha habido suerte, de momento, aunque nos quedan algunos dibujos publicados en los periódicos. «Cuando lees las descripciones de los partidos, sueñas con tener una máquina del tiempo y poder viajar a esos campos para ver el espectáculo. Detrás de su historia se encuentran ya algunas de las polémicas que nos explican el fútbol moderno», me explicaba Martin Westby, un historiador que ha dedicado su vida a contar la historia de los primeros clubes de fútbol de la zona de Sheffield, ciudad donde aún juega el club más antiguo del mundo, el Sheffield FC, fundado en 1857, perdido en categorías inferiores. «En ocasiones, en función de los ascensos y los descensos, el Sheffield FC juega el derbi más antiguo del mundo contra el Hallam FC, entidad fundada en 1860. Y el derbi se juega en el estadio del Hallam, Sandygate Road. Está oficialmente reconocido como el campo de fútbol más antiguo del mundo», presume orgulloso. En Sheffield sacan pecho cada vez que recuerdan que su ciudad fue clave en el nacimiento del fútbol tal como lo entendemos ahora, con entidades deportivas que superan los ciento cincuenta años de vida. «¿Si debemos hablar de política para explicar por qué Sheffield tiene esta historia? Sí, claro. No se entiende el fútbol sin la Revolución Industrial, sin los cambios económicos en el siglo XIX, sin las políticas del Imperio británico. Todo tiene un porqué en esta vida», contestó Westby a mi pregunta. Las primeras batallas del fútbol moderno se libraron bajo pabellón británico, cómo no.

El 24 de noviembre de 1879, los Zulus jugaron en el Recreation Ground de Chesterfield contra el equipo local, el Chester Rovers. En el programa del partido, los visitantes estaban anunciados como los *«Messrs. Brewers and Rolling's Original Zulus».* El programa no se podía comprar en la puerta del estadio. Lo repartía en persona el capitán de los Zulus, el rey Cetshwayo, quien cobraba la voluntad a un público entusiasta que quería ver en directo a ese equipo exótico que realizaba danzas africanas, con escudos y lanzas, antes de jugar al fútbol en un campo embarrado. Con todo, los jugadores locales no se dejaron impresionar por esos bailes tribales, y al descanso ganaban por 2-0. En la segunda parte llegó la reacción de los Zulus, que empataron el partido con goles de Ngobamalrosi y Umcilyn. Más de cinco mil personas dejaron un buen botín económico en las taquillas, atraídas por poder ver en directo a los temibles guerreros africanos. En esa época, «zulú» era una de las palabras de moda en el Reino Unido, después de la guerra anglo-zulú, iniciada en enero de 1879 y finalizada en julio. Durante el conflicto, las tropas de su majestad quemaron la capital del reino zulú, Ulundi. «Zulú» su usaba como insulto o como piropo, en función del contexto. La prensa de la época nos habla de personas de color agredidas en Glasgow o Mánchester al grito de «maldito zulú», cuando quizá eran caribeños. En las salas de subastas de Londres, los lores pagaban fortunas por lanzas capturadas al enemigo, y los curiosos seguían por la calle al rey Cetshwayo, quien después de su captura, vivía exiliado en Inglaterra. No obstante, el rey no jugó ese partido. Y esos futbolistas no eran africanos. Eran deportistas de la zona de Sheffield que habían aceptado disfrazarse para formar parte de un equipo que jugaba partidos de exhibición con el fin de recolectar dinero para las familias de los soldados británicos que habían perdido la vida en la guerra. «La historia de los Sheffield Zulus nos habla del momento en que los empresarios descubren que se puede ganar dinero con el fútbol. Como era por una buena causa, inicialmente las autoridades lo permitieron, aunque luego se asustaron», sostiene Westby.

Mientras el Imperio tenía frentes abiertos en medio planeta, en Inglaterra el fútbol vivía su particular guerra. En el siglo XIX, el Reino Unido dominaba el mundo. La Revolución Industrial había transformado su economía, convirtiendo ciudades como Sheffield, Mánchester o Glasgow en la fábrica del mundo. Sus productos se vendían por todo el planeta, y el ejército protegía sus intereses, ampliando mercados por la fuerza si era necesario. «En este contexto nació el fútbol moderno, con los hijos de las mejores familias usando el deporte como pasatiempo. En algunos colegios de élite se fomentaba la práctica de los deportes, incorporados al sistema educativo. Y muchos de esos alumnos quisieron seguir jugando, creando la primera federación inglesa, la FA, y las primeras reglas, claro. Aunque para ellos era un juego. Y, por tanto, no tenía sentido hablar de cobrar por una diversión», sostiene Kevin

Moore, el que fuera director del Museo Nacional del Fútbol de Mánchester durante muchos años. «Con la Revolución Industrial surgió una nueva élite, formada por los dueños de las fábricas, los banqueros o los grandes comerciantes que se mezclaron con la aristocracia con el fin de llegar a lo más alto de la sociedad. Y ellos usaron el fútbol para reforzar su posición». Cuando los obreros, con huelgas y protestas, consiguieron mejores condiciones de vida, también encontraron tiempo para jugar al fútbol. «Y muchos de los miembros de esa nueva élite se encargaron de crear los primeros clubes de fútbol que representaban a un barrio, una fábrica o una ciudad, que unía a toda una comunidad. Equipos que tenían algo que defender. Cuanto más éxito tenían, más gente acudía. Y si venía gente, se podía cobrar entrada. Aunque para poder ganar más dinero se debían ganar partidos. Así se empezaron a pagar sueldos a escondidas para fichar a deportistas, a espaldas de esa federación creada por gente adinerada que consideraba una ofensa cobrar por jugar al fútbol», añadía Moore. Según Westby, «uno de los hijos de esa Revolución Industrial y la expansión del Imperio es el fútbol. Ese deporte jugado por chicos de buena cuna en universidades se convirtió en el deporte más popular del mundo cuando llegó a los trabajadores, que se trasladaban a ciudades como Sheffield para trabajar en fábricas cada vez más grandes, más ambiciosas, pues el mercado ya no era solo local. Con un Imperio gigante, llegaban materias primas de todos los rincones del mundo, a los que se enviaba de vuelta productos británicos». El nacimiento del fútbol moderno no se puede entender sin las decisiones tomadas en los palacios del Imperio, donde se establecían nuevas condiciones de trabajo en las fábricas, nuevos impuestos o se planeaba invadir nuevas tierras. Y la expansión del Imperio británico supuso también la expansión del fútbol. Los primeros partidos de ese deporte en Sudáfrica los jugaron tropas británicas en las casernas.

Las luchas internas sobre hacia dónde iba el fútbol coincidieron con algunos conflictos bélicos del Imperio fuera de

Europa. Y uno de ellos, de forma imprevista, acabó llegando a los campos de fútbol ingleses: la guerra contra los zulúes. Fundado por el gran guerrero Shaka Zulú en los primeros años del siglo XIX, el reino de los zulúes era una piedra en el camino de los británicos. En los palacios de Londres, el sueño era conectar África de norte a sur, desde Ciudad del Cabo hasta El Cairo, en un territorio unido bajo su bandera. Pero la actual Sudáfrica era entonces una zona compleja. Un tablero de ajedrez con más de dos jugadores. Los británicos querían ir creciendo hacia el interior desde la costa, conscientes de que allí existían diferentes reinos. El más grande de ellos era el zulú, que convivía en un frágil equilibrio con los bóeres, esos colonos de origen holandés que habían llegado en el siglo XVII, penetrando en las extensas sabanas del interior de África, creando varias repúblicas independientes como la de Natal, la vecina de los zulúes. Este reino tenía entonces más de cuarenta mil guerreros que defendían su libertad incorporando a sus tácticas de guerra ancestrales las armas de fuego. Fue entonces cuando la reina Victoria encomendó a *sir* Bartle Frere la misión de dialogar con el rey Cetshwayo. Pero Frere, sediento de gloria, inició una serie de provocaciones en la frontera aprovechando la inestabilidad interna de ese reino, pues Cetshwayo había tenido que liquidar a su hermano en una disputa por el trono. En diciembre del año 1878, *sir* Bartle Frere envió un ultimátum al monarca zulú que este no podía aceptar. Y en enero empezó la guerra. Los famosos casacas rojas británicos, con quince mil efectivos, entraron en el reino de los zulúes, convencidos de que en pocos días plantarían la Union Jack en la capital del enemigo. No fue así. El general Frederic Thesiger, lord Chelmsford, menospreció al enemigo, y en la batalla de Isandlwana más de mil doscientos soldados británicos perdieron la vida. Fue una humillación para un ejército que nunca antes había perdido una batalla en África. Thesiger, buen amigo de la reina Victoria, fue crucificado por la prensa, aunque, antes de solicitar ser apartado de sus funciones para poder volver a Europa, pidió refuerzos. Los consiguió. Y en junio de ese año, un ejército británico superior en número y armamento derrotaba definitivamente a los zulúes, capturando a Cetshwayo. La capital del reino fue incendiada y millares de civiles perdieron la vida.

La batalla de Isandlwana impactó a la opinión pública británica en una época donde sentían que las tropas de su majestad no tenían rival. Muchos soldados fallecidos eran originarios de la zona de Sheffield, chicos que habían mandado cartas a los periódicos locales contando sus vivencias. La ciudad era entonces una urbe en crecimiento. Ya en el siglo XVIII habían empezado a aparecer las primeras fábricas de acero. Con la Revolución Industrial, Sheffield triplicó en pocos años su población. Millares de personas de la región de Yorkshire dejaban el campo para llenar unos barrios que crecían sin orden, viviendo en calles sucias y contaminadas. El fútbol se convirtió en su pasatiempo, con los empresarios locales fichando jugadores, fingiendo que eran trabajadores de sus fábricas. Los fines de semana, esos trabajadores, que habían logrado con sus luchas tener el derecho a reducir sus jornadas laborales y conseguir días de fiesta, se reunían en los campos de los diversos clubes de la ciudad. El fútbol se instaló rápidamente en el corazón de la vida de una ciudad donde no había mucho más que hacer. La idea de crear un equipo para recaudar fondos que pudieran servir para ayudar a las familias de los soldados fallecidos fue de *sir* Brewer, un empresario del barrio de Fargate que tenía un equipo de fútbol formado por trabajadores de su fábrica. Sir Brewer se puso en contacto con algunos de los mejores futbolistas de la ciudad y los reclutó. Los Zulus eran buenos futbolistas. Muchos de ellos ya eran conocidos entonces, y otros lo serían años después. El capitán Thomas Buttery y su hermano Edward, por ejemplo, habían participado en 1878 en el primer partido de la historia disputado con luz artificial. Jack Hunter sería en 1883 el entrenador del primer club formado por trabajadores que ganó la copa inglesa, el Blackburn Olympics, y el escocés James Lang es considerado por muchos expertos como el primer futbolista profesional de la historia, cuando fue fichado por el Sheffield Wednesday en 1876. Pese a que había perdido un ojo trabajando en los astilleros de Glasgow, Lang era tan bueno que entendió que el deporte lo podía salvar, así que aceptó la oferta. Oficialmente no tenía sueldo como futbolista, pues era ilegal, así que cobraba como trabajador en una empresa de un directivo del club que fabricaba bayonetas y cuchillos para el ejército. Todo el mundo sabía que, cuando Lang llegaba a la oficina, se ponía a leer la prensa. En ocasiones se dormía en un sofá. Su verdadero trabajo era jugar.

Reclutados para la causa, los deportistas propusieron ir más allá, añadiendo color disfrazándose de guerreros zulúes. Se pintaron la cara con maquillaje negro. Y compraron escudos, collares y telas a comerciantes que provenían de Sudáfrica. Después inventaron una danza, y leyendo las crónicas de las batallas, decidieron que cada uno adoptaría el nombre de un guerrero zulú. Todos los nombres que usaban eran reales, los de los aguerridos jefes militares que habían plantado cara al Imperio. Así, el capitán Thomas Buttery era el rey Cetshwayo, mientras que otros jugadores adoptaron nombres como Ulmathoosi, Methlagazulu, Sirayo, Dabulamanzi, Magnenda, Ngobamalrosi, Umcilyn, Muyamani, Jiggleumbengo y Amatonga. Pese al carácter festivo y benéfico del equipo, sus primeros resultados fueron buenos. En su segundo partido derrotaron a un equipo formado por los mejores jugadores de Sheffield por 5-4 en el estadio de Bramall Lane. Después, jugaron por primera vez lejos de Sheffield, obteniendo un empate en Chesterfield, antes de seguir su gira derrotando a clubes como el Notts & Derby Lambs o el Barnsley Victoria and District. La fama crecía después de cada partido, en una época en que los periódicos ya tenían largas tiradas.

Con todo, el 9 de febrero de 1880 algo se torció. Ese día, la Federación Inglesa (FA) publicó un comunicado donde dejaba claro que «en el futuro, cualquier jugador que participe en un partido de los Zulus será sancionado y no podrá jugar en los partidos auspiciados por la Federación». Los directivos de la FA habían investigado los rumores que afirmaban que los futbolistas de los Zulus no donaban todo el dinero a las familias de los soldados fallecidos y que se quedaban una parte como sueldo. Pese al comunicado, los Zulus desafiaron a las autoridades y viajaron a Escocia, donde el 21 de abril de 1880 serían derrotados bajo la lluvia por el Queen's Park tras un contundente 7-0. Este club de Glasgow tenía la fama entonces de ser el mejor equipo del mundo, con un estilo de juego más técnico que los ingleses y jugadores de primer nivel, como el primer futbolista de color que fue internacional, Andrew Watson. No se sabe qué pensó el bueno de Watson jugando contra un grupo de ingleses con la cara pintada de negro que se desteñía bajo la lluvia. Pocos días después, los Zulus eran goleados de nuevo en Edimburgo contra el Hibernian, por 6-0. Pese a ello, millares de personas seguían queriendo disfrutar de sus partidos. Incluso negociaron ir a jugar a Sudáfrica, hasta donde habían llegado las noticias de sus partidos. Nunca hicieron ese viaje. Finalmente, los Zulus agacharon la cabeza delante la FA, que sancionó a los futbolistas, dejándoles sin jugar unos meses y exigiendo una carta de disculpa. William Pierce-Dix, el responsable de la Federación de Fútbol de Sheffield, escribió una carta muy dura donde defendía que «el comité considera que los Zulus degradaban el juego con sus espectáculos. Y, además, cobraban por ello». Pierce-Dix, por cierto, también era árbitro. Y en esos días dirigió la semifinal de un torneo local entre el Sheffield Wednesday y el Sheffield Heeley, partido ganado por el Wednesday contra un rival que notó la baja de Jack Hunter, su gran estrella, sancionado. Los hinchas del Heeley insultaron a Pierce-Dix durante todo el encuentro. Incluso aparecieron en la final del torneo con una actitud tan violenta, que el partido se suspendió. El fútbol ya no era solo un juego. Y la aventura de los Zulus había terminado. «Quizá los podemos definir como el primer club profesional de la historia. Desempeñaron un papel clave para promocionar el deporte, llegando a un público que quizá no hubiera ido a un estadio antes. Fueron el primer equipo que consiguió batir récords de taquilla, el primero que entendió que el deporte podía ayudar en una buena causa, y también el primero que entendió el potencial del negocio», defiende Westby. «El escándalo que armaron fue clave para que en 1885 la FA aceptara el profesionalismo en el fútbol. Curiosamente, uno de los que votó en contra fue el delegado de Sheffield, Pierce-Dix», añade Moore.

Cetshwayo, por cierto, pudo volver a su tierra después de ganarse a la opinión pública británica gracias a su educación. Falleció en tierras zulúes, una región que ya no ha encontrado la paz. Pocos años después de su muerte, los británicos lucharían contra los bóeres por el control de la zona. Ganaron pese a sufrir alguna derrota dura, como la de Spion Kop, la montaña donde fallecieron decenas de soldados de la zona de Liverpool. Por eso la grada más famosa del estadio de Anfield se llama *The Kop*. Aunque esa es otra historia.

1910

Pachuca (México)

El futbolista que iba a ser fusilado

¿Cómo llega un deporte extranjero a otra tierra lejana? ¿Y cómo arraiga? Un dictador permitió que los ingleses desembarcaran con sus balones en México, y la revolución que acabó con su poder en 1910 marcó para siempre el fútbol mexicano. Pachuca, zona minera, se convirtió en la cuna de un deporte que supo crecer justo cuando el país se rompía.

«¿Imaginas la escena? El tipo que fue clave para organizar el fútbol mexicano contra un muro, encañonado por un grupo de rebeldes, con los típicos gorros mexicanos, diciendo que lo fusilarán por ser gringo. Parece un filme, ¿no?», explicaba con una sonrisa el historiador Carlos Calderón. En ocasiones, aunque lo intentamos, no conseguimos separar a México de las imágenes tópicas con calaveras, pistolas y botellas de tequila. México es una gran herida que nunca se cierra, siempre lista para abrirse y sangrar. Que se lo digan a Alfred C. Crowle, el inglés que se encontró con un montón de fusiles apuntándolo en medio de la Revolución mexicana. Su crimen era parecer americano. Y su salvación fue el uniforme de futbolista del Pachuca que los rebeldes encontraron entre sus bártulos. En México, el deporte rey empezó a dar sus primeros pasos en una época de dictadores, revoluciones y *balaceras*.

El fútbol había llegado a México en el siglo XIX gracias al dictador Porfirio Díaz. «Entonces, el fútbol era poco importante, un juego de esos ingleses locos. Aunque ni el fútbol escapó al impacto de la Revolución. Fue gracias a ella que se asentó», dice Calderón, quien está convencido de que el sentimiento de orgullo patrio provocado por la Revolución que acabó con Díaz explica, en parte, el nacimiento de tantos clubes formados por mexicanos. Antes era cosa de los ingleses. Los primeros balones llegaron por el puerto de Veracruz, dentro del equipaje de los británicos invitados en el siglo XIX por Porfirio Díaz, el mexicano que más años ha ocupado el poder en un país inestable por naturaleza. Para hacerlo, se tuvo que volver un dictador. El primer partido documentado fue en 1891, entre los obreros británicos que trabajaban en la construcción del gran canal del desagüe en San Cristóbal Ecatepec. Los Pearson's Wanderers, que eran remachadores en las dragas del canal, derrotaron por 1-0 a los San Cristóbal Swifts, empleados de las tiendas de accesorios. Díaz quería modernizar México, y puso el destino de su país en manos de empresas del Reino Unido, Estados Unidos o Alemania. Y así llegó el fútbol, aunque hasta hace poco, esta época había quedado olvidada. «Se habla mucho de la Revolución, pues nos explica como país. Aunque cuando se habla del fútbol mexicano parecía que hubiera nacido después, cuando los mexicanos nos pusimos a crear equipos. No, nació antes, gracias a ciertas decisiones políticas de Porfirio Díaz. Aunque su objetivo no era esto, claramente. Fue una consecuencia», me explicaba Calderón, quien ha dedicado su vida a rebuscar en archivos para reconstruir esa época apasionante.

El porfiriato duró hasta que las botas llenas de polvo de líderes rebeldes como Emiliano Zapata y Pancho Villa entraron en los palacios de Ciudad de México. A los revolucionarios no les gustaba el fútbol. A Porfirio Díaz tampoco. Quizá ni supo que existía. Quizá, cuando le hablaron de ese deporte, la idea no arraigo en su cabeza porque tenía otras preocupaciones. Y cuando estalló la Revolución contra Díaz en 1910, el fútbol por poco se convierte en una de las víctimas, pues los rebeldes casi acaban con la vida de Alfred Crowle. «¿Se imagina? Dos tiros mal dados y quizá el fútbol no hubiera arraigado tanto. Y hubiéramos acabado jugando más al béisbol, pues los americanos siempre han estado en nuestras puertas, listos para sacar la cabeza», sostiene medio en broma Calderón, ya que unos años más tarde, Crowle dirigiría a la selección mexicana en uno de sus primeros éxitos: el oro en los Juegos Centroamericanos de 1935. Crowle fue una de esas personas que explican una época. Los suyos llegaron para trabajar en las minas, y se marcharon cuando México se convirtió en un sitio peligroso. Pero Crowle ya se sentía mexicano y se quedó, participando en algunos de los episodios clave en esos primeros pasos del fútbol local: la primera liga, el Pachuca o la generación dorada del Necaxa de los años treinta. Seguramente, incluso si hubiese sido fusilado en la sierra, el fútbol hubiese seguido creciendo. La semilla empezaba a echar raíces.

A ojos de los periodistas extranjeros de la época, México era entonces un país fascinante, seductor y cruel, con su extraña relación con la muerte. Porfirio Díaz, con puño de hierro, había conseguido dar cierta paz a una tierra manchada de sangre, aunque en los primeros años del siglo XX, este Estado aún joven sufrió una crisis económica muy dura que paralizó la industrialización. El precio de la plata se hundió, y millares de mineros se quedaron sin trabajo. De repente, los mexicanos sentían que se había entregado el alma de su país a empresarios extranjeros, mientras ellos no tenían pan en la mesa. Además, Díaz cometió el error de declarar en una entrevista que, después de treinta años decidiendo el destino del país, había llegado el momento de no presentarse a las elecciones de 1910. Los opositores se organizaron alrededor de Francisco Madero, quien sería detenido acusado de sedición poco después. Y, cómo no, cuando llegaron las elecciones, Porfirio Díaz no cumplió su palabra y se presentó. Mientras celebraba el triunfo, Madero se escapaba de la cárcel y llegaba a Estados Unidos, donde llamó a las armas al pueblo mexicano. Entonces estalló una revolución que en pocos meses acabó con el porfiriato. Madero sería elegido presidente en 1911, aunque en 1913 fue asesinado durante un golpe de Estado conservador militar liderado por Victoriano Huerta, quien asumió el poder. Su mandato no duraría ni un año, pues fue derrotado por varios jefes revolucionarios como Venustiano Carranza, Emiliano Zapata o Pancho Villa. México tardaría demasiado en encontrar la paz, y los líderes revolucionarios acabarían peleados entre ellos. Zapata sería asesinado en 1919, Carranza en 1920 y Villa en 1923. La sangre llama a la sangre. La herida que tenía México en su corazón se había abierto otra vez.

Fue en medio de este caos cuando el fútbol mexicano encontró su sitio. Dejó de ser una cosa de los británicos para ser amado también por los mexicanos. Y todo empezó en Pachuca, la capital del estado de Hidalgo. Esta urbe era un sitio sorprendente donde, por momentos, uno podía pensar que no estaba en México. El Gobierno de Porfirio Díaz había concedido licencias a empresas británicas para explotar las minas de plata de la zona, y los sermones en inglés en las numerosas iglesias protestantes de Pachuca se mezclaban con los ritos católicos en español. En 1892 se jugó en la ciudad el primer partido de fútbol documentado, en la Hacienda de Campo de Frank Rule, el empresario minero de la región de Cornualles que había llegado al país con un contrato del Gobierno mexicano. Por eso, muchos de los primeros futbolistas de México eran ingleses nacidos en Cornualles, la península en el agreste sur de Inglaterra donde Rule contrataba a gente de su tierra natal para que cruzaran el Atlántico. Gente como los padres de Crowle. En 1895, dos de los clubes deportivos creados por la numerosa colonia británica se fusionaron para dar lugar al Pachuca Athletic Club. Y Frank Rule, cómo no, era su presidente. En 1902, ese Pachuca sería uno de los artífices de la primera liga *amateur* mexicana. Un torneo de cinco equipos, todos fundados por británicos. Tres eran de la capital: el Reforma Athletic Club, el British Club y el México Cricket Club.

Los otros eran el Pachuca y el Orizaba, urbe donde los ingleses habían llegado para trabajar en la pujante industria textil. «Los personajes clave fueron esos ingleses y escoceses que llegaron a las minas. Muchos eran técnicos. O sea, no eran gerentes. Gente de clase media que se relacionó con los mineros mexicanos. Así se mezclaron. Y, con la Revolución, muchos jóvenes locales quisieron jugar para demostrar que ellos no eran inferiores, formando parte de ese resurgimiento nacional. El fútbol empezó como un deporte de ingleses de clase alta. Poco a poco se fue convirtiendo en un deporte de clase media. Y, después, ya sería también de la clase más baja», me explicaría Calderón. Uno de esos personajes clave sería William Blamey, trabajador de la compañía minera de Real de Monte y Pachuca, quien, en un viaje a la capital, vio cómo en los colegios británicos de la ciudad los niños jugaban con balones oficiales. Blamey descubrió que la marca británica Spaulding vendía sus productos deportivos en un negocio llamado La Casa del Sport, en la Segunda Calle de Capuchinas número 57, en el centro de la ciudad. Allí compraría unas pelotas que utilizaría para organizar partidos entre los mineros de Pachuca y los niños mexicanos en los patios de escuela. Él mismo sería uno de los primeros jugadores del Pachuca Athletic Club. Habría que esperar hasta 1908 para que un futbolista mexicano debutara con el Pachuca, David Islas. Y entonces llegó la Revolución.

A principios de 1911, Crowle pidió a sus amigos que no abandonaran el equipo que habían creado. La liga se seguía jugando, pues en la capital aún existía cierta paz y los otros clubes podían seguir disputando sus partidos. México se había convertido en un país peligroso, con el Gobierno central perdiendo el control de más y más zonas, así que la mayoría de futbolistas *amateurs* del Pachuca tenían otras cosas en la cabeza. Pese a ello, Crowle insistía en seguir jugando, y convenció a buena parte de sus amigos para viajar hasta la capital mexicana y disputar un partido de liga. Para realizar el viaje, se hizo con un pequeño camión propiedad de la mina de Santa Gertrudis, donde solo cabían diez jugadores apretujados. Cuenta la leyenda que los futbolistas se jugaron con unas pajitas quién debería buscarse la vida para llegar a Ciudad de México por otros métodos. Fred William, uno de los ingleses, sacó la pajita más corta. Y Crowle decidió que lo acompañaría en un viaje de casi veinticuatro horas a caballo. Fue durante ese largo trayecto cuando un grupo de hombres armados sorprendió a los dos deportistas. Eran rebeldes que luchaban contra Díaz. Según algunas fuentes, eran zapatistas. Según otras, gente de Villa. Sea como sea, encañonaron a esos dos extranjeros, ya que estaban convencidos de que debían de ser norteamericanos. Washington apoyaba a Díaz, así que se encontraban en problemas. «Por suerte encontraron la ropa deportiva en su equipaje. Eso los salvó, pues allí los rebeldes dudaron. Al final les quitaron los caballos, aunque los dejaron con vida en medio de la sierra. Los dos lograron que unos campesinos los bajaran en mulas al poblado más cercano, y desde ahí caminaron y caminaron hasta que llegaron de nueva cuenta a Pachuca», explica Calderón como si fuese un cuento. Seis días después, volvían a la ciudad sanos y salvos. «William llegó desfallecido y temeroso, jurando que jamás volvería a viajar de esa manera, mientras que Crowle, con la sonrisa en los labios, preguntó a sus compañeros si habían ganado el partido sin ellos». Muchos extranjeros decidieron escapar de un país en llamas, pero otros, como Crowle, habían decidido que esa era su casa. Ellos serían clave para dar una nueva vida al fútbol de México. En 1915, Crowle hacía la función de entrenador y jugador en un equipo que cada vez contaba con más mexicanos, y que ganaría la liga en 1918 y en 1920. Es decir, en medio de la Revolución, ellos le daban forma al fútbol mexicano.

La Revolución mexicana marcó un antes y un después. México intentó caminar sin depender de naciones europeas o de sus vecinos del norte, aunque no lo consiguió del todo. Después de 1920, la minería entró en crisis por culpa de la inestabilidad política y de los bajos precios del mercado después de una Primera Guerra Mundial que también había provocado que muchos británicos volvieran a casa para ayudar en el esfuerzo de la guerra. El fútbol dejó de ser cosa de los británicos. El Pachuca entró en crisis, y varios jugadores se trasladaron a la capital para buscar un nuevo equipo, entre ellos, el mismo Alfred Crowle. En Ciudad de México se integró en el Necaxa, asumiendo después un cargo en la selección mexicana. «Cuando desaparecen los clubes de los ingleses, empiezan a aparecer personajes como Cirilo Roa. Y se crea el Club México, el primer club no inglés», recuerda Calderón. No era una casualidad. La Revolución había sido una reacción de muchos mexicanos ante el sentimiento de ser títeres de Gobiernos extranjeros. Así que se trataba de tener también equipos mexicanos. Incluso durante más de veinte años, Pachuca se quedó sin equipo. La era de los ingleses había acabado.

Aunque, cosas de la vida, los equipos que dominarían el fútbol mexicano en los años veinte y treinta no serían mexicanos: fueron el Club España y el Asturias, entidades fundadas por inmigrantes españoles. Cuando los ingleses se fueron, llegaron muchos españoles a México. Algunos eran modestos trabajadores, gallegos o asturianos, que no se mezclaban demasiado con los descendientes de las familias españolas que habían mandado en el país antes de la independencia, gente que se reunía en el palco del Club España, equipo que dominaría el fútbol mexicano después de la Revolución. Ese dominio llegaba hasta tal punto que, en ocasiones, en los estadios, parecía que la guerra de la Independencia de 1810 a 1821 no hubiese acabado. Cuando en 1921 el presidente Álvaro Obregón organizó un torneo para celebrar el centenario de la independencia mexicana, curiosamente los dos finalistas fueron españoles, el Asturias y el España. La prensa de la época se hizo eco de la contradicción. Cien años después de ver cómo la última bandera española se marchaba de México, dos equipos españoles ganaban una competición especial para los mexicanos. A partir de entonces, en los partidos de estos dos equipos contra clubes como el Atlante y el Necaxa, sería normal escuchar expresiones como «¡mueran los gachupines!», la palabra con la que eran conocidos de forma despectiva los españoles en el siglo XIX. México necesitaba liberarse de esa sensación de que siempre mandaba alguien de fuera, ya fuese inglés o español. Y se liberó gracias a clubes como el Atlante, inicialmente muy vinculado a la policía de Ciudad de México, o el Necaxa, vinculado a la compañía municipal de electricidad hasta tal punto que algunos jugadores trabajaban instalando postes de luz entre semana.

Y Crowle era precisamente el entrenador del Necaxa, un equipo tan fuerte, que en 1935 se decidió que actuaría como selección mexicana en los Juegos Centroamericanos para intentar olvidar la humillación que había significado quedar fuera del Mundial de 1934, tras perder el partido clave contra Estados Unidos por 4-2, con cuatro goles de Aldo Donelli, un tipo que tiempo después se convertiría en entrenador de la NFL de fútbol americano. Fue Crowle quien cerró esa herida, ganando el torneo de 1935. Por suerte, no había sido fusilado en 1911, cuando lo tomaron por americano, el país donde curiosamente eligió pasar los últimos años de su vida. México, ya se sabe, siempre está demasiado lejos de Dios. Y demasiado cerca de Estados Unidos, para lo bueno y para lo malo.

1914

Dick, Kerr's Ladies F.C. (Inglaterra)

Las obreras que crearon el fútbol femenino

Ya nada fue lo mismo después de la Primera Guerra Mundial. Las nuevas armas, como las ametralladoras, los aviones o los tanques, cambiaron las reglas de la guerra. Cuando el conflicto acabó, nacieron nuevas fronteras. Y los futbolistas que volvieron a sus casas en Inglaterra descubrieron que su lugar lo habían ocupado unas mujeres apasionadas del deporte.

En esos tiempos, el fútbol ya empezaba a ser una pasión global. Algunos clubes se animaban a realizar las primeras giras por el extranjero después de largos viajes en tren, y, en los Juegos Olímpicos, las selecciones se enfrentaban por primera vez para alcanzar la gloria en un torneo internacional. Pero, entonces, estalló la guerra. Millares de jóvenes marcharon al frente pensado que, en pocos meses, desfilarían victoriosos por París o Berlín. Los pobres no sabían que esa no sería una guerra como las otras. Era la Gran Guerra, esa que los mandó al infierno del barro y las trincheras. Esa guerra donde las máquinas, cada vez más modernas y crueles, segaron más vidas. El conflicto, que debía durar unos pocos meses, duró años, y provocó que se desplomaran imperios que se creían eternos. La Primera Guerra Mundial acabó con la inocencia de buena parte de la sociedad, que descubrió que las cadenas de montaje no solamente servían para ganar dinero y mejorar la economía. También servían para producir más armas. Para matar más.

En los campos de batalla de Flandes, en la Navidad de 1914, se jugó uno de los partidos de fútbol más famosos de la historia del deporte, pese a que no se sabe muy bien quién lo jugó. Ni el resultado. Tampoco se sabe si fue un solo partido o muchos. Solamente se sabe que los ejércitos pactaron una tregua para poder cantar villancicos en paz. Y los soldados salieron de sus trincheras para ver de cerca quién era el temible enemigo. En tierra de nadie, descubrieron que tenían más en común de lo que pensaban. Y jugaron algunos partidos de fútbol, como si volvieran a ser niños pequeños. A partir de febrero de 1915, la censura militar en las cartas que enviaban a casa los soldados británicos, franceses o alemanes se hizo más severa, pues no querían que en la retaguardia se supiera que los soldados habían confraternizado. Eso ha complicado la tarea de los investigadores para descubrir qué sucedió realmente esa Navidad de 1914. Se sabe que por la zona de Ypres se jugó un partido en el que los alemanes vencieron a los ingleses por 3-2, aunque, en general, eran solo pachangas caóticas, sin árbitro, donde lo importante era olvidar que les tocaba pasar esas fiestas en el infierno. No obstante, cuando los generales supieron de esos partidos, los prohibieron. Dictaron órdenes en que se dejaba claro que confraternizar con el enemigo pasaría a ser considerado como alta traición. Y ya no se jugó al fútbol en el frente de una guerra que se cobró las vidas de más de cien futbolistas británicos. Algunos clubes perdieron a casi toda su plantilla, como el Hearts escocés o el Bradford, campeón de la copa inglesa en 1911. Esos equipos habían realizado proclamas patrióticas, pensando que sus chicos volverían sanos y salvos.

La Primera Guerra Mundial paralizó por momentos el fútbol masculino en la vieja Europa, aunque se siguieron marcando goles, ya que fue la Gran Guerra la que permitió ver la primera era dorada del fútbol femenino en el Reino Unido.

Más de medio siglo antes de los primeros intentos para organizar competiciones internacionales entre mujeres, realizados en los años setenta, «una generación de futbolistas llenó estadios, aprovechando que los hombres vestían uniforme militar», me explica Tim Desmond, director del Museo Nacional del Fútbol de Mánchester en 2019. «¿Has visto ese filme americano sobre béisbol? Uno donde sale Madonna. Explica la historia de cómo durante la Segunda Guerra Mundial, con los jugadores en el frente, nació una liga de béisbol femenino muy potente. Pues bien, eso ya sucedió antes, en la Primera Guerra Mundial, con el fútbol. Tendremos que hacer una película para que se sepa», bromeó mientras me conducía hacia la estatua dedicada a Lili Parr, una de las pioneras del fútbol femenino. «En Inglaterra teníamos más de ciento cincuenta estatuas en estadios o parques dedicadas a jugadores. Ni una sola dedicada a una futbolista. Así que tomamos cartas en el asunto». Desmond se encargó en persona de invitar a la inauguración de la estatua de bronce a los familiares de Parr, quien pasó de ser un rostro muy popular a ser olvidada por una sociedad «machista que se asustó con el éxito de sus mujeres. Básicamente, se creó una perversa estrategia contra el fútbol femenino», sostiene Desmond.

En la ciudad inglesa de Preston, uno de los orgullos era su equipo de fútbol, el Preston North End. A finales del siglo XIX, sus jugadores habían sido los primeros en ganar en la misma temporada la liga y la FA Cup, este segundo torneo sin encajar ni un gol. «Entonces, los mejores clubes provenían de zonas industriales como Lancashire o Yorkshire. Si inicialmente el fútbol era cosa de gente de clase alta que jugaba en la universidad, con el tiempo pasó a ser el deporte de los trabajadores. En las zonas industriales surgidas de la Revolución Industrial aparecieron clubes con el apoyo de los empresarios, que representaban a poblaciones para las que tener un buen club podía animar la vida tan dura de los obreros», decía Desmond. Pero, entonces, un disparo en Sarajevo contra el heredero al trono austríaco desencadenó la tragedia. En pocas semanas, medio planeta estaba en guerra. Y muchas de esas fábricas inglesas, para no detener la producción, incorporaron como mano de obra a las mujeres de los obreros llamados a filas. «Fueron mujeres heroicas. Debían cuidar a los hijos después de pasar horas y horas trabajando duro, sin la ayuda nadie. El riesgo de rendirse existía, así que tenemos documentado que tanto los directores de las fábricas como las autoridades municipales solían organizar actos lúdicos para subir la moral, como proyecciones cinematográficas o conciertos. Y en Preston, los responsables de la fábrica Dick, Kerr & Co., especializada en la producción de balas, organizaron un partido de fútbol donde se mezclaban las obreras con algunos señores que trabajaban en las oficinas». Dick, Kerr & Co. era una empresa que había nacido en Glasgow, especializada en la construcción de locomotoras. Como había tenido éxito, en 1893 compraron una fábrica en Preston para aumentar la producción, sobre todo la de tranvías. Con la guerra, el Gobierno ordenó que se dedicaran al negocio de la munición. Uno de los responsables de la fábrica era Alfred Frankland, quien presenció desde la ventana de su despacho cómo el equipo de las mujeres ganaba fácilmente al de los hombres. Y tuvo una idea.

El día de Navidad de 1917, cuando la guerra ya sumaba tres años de dolor, Frankland organizó un amistoso contra las obreras de otra fábrica, la Arundel Coulthard Factory. Las chicas de Dick & Kerr las golearon 4-0 delante de más de diez mil personas que habían llegado con ganas de divertirse. Y, según las crónicas, el partido gustó tanto, que la prensa empezó a hablar de ellas «alabando la capacidad de algunas jugadoras de controlar el balón con precisión. Sí, en una sociedad como esa, muchos se sorprendieron con ello, pues antes no hubieran podido ni imaginar que una mujer pudiese practicar deporte», puntualiza Desmond. El Dick, Kerr's Ladies FC pasó a jugar un partido a la semana, cada vez delante de más espectadores. Grupos de niños y niñas esperaban a la entrada de los estadios para pedir autógrafos a jugadoras como la capitana Alice Kell, Jennie Harris, bautizada como la «maga del regate», o una chica de quince años con mucho talento, Lili Parr. Consciente de que ese equipo tenía magia, Frankland se centró en ejercer como presidente del equipo, usando tácticas de *marketing* como que las futbolistas salieran al terreno de juego luciendo una coqueta gorra con una borla colgando. Dado que fue un éxito, encargó centenares de gorras, que se vendían en pocos minutos. Cada vez más ciudades pedían ver en acción a esas obreras del metal que se habían convertido en las primeras futbolistas profesionales de la historia. En la fábrica ya no trabajaban, pues la empresa las cuidaba, puesto que generaban más beneficios con sus goles. Su ejemplo llevó a otras fábricas a crear equipos similares. Inglaterra vivía una auténtica fiebre del fútbol femenino. Y, entonces, volvieron los hombres. La guerra había terminado.

En 1919, después de cuatro años sin liga, la Federación Inglesa reactivó el torneo, que fue ampliado de veinte a veintidós clubes en primera división. «El público tenía ganas de disfrutar, de espectáculo. Así que se creó un calendario con más partidos. Tanta era la pasión que, durante unos años, la liga pudo convivir con el fútbol femenino», me decía Desmond ante la estatua a Parr. Los partidos de Dick & Kerr seguían llenando estadios, mientras cada vez más niñas pedían jugar en las calles con sus hermanos. Frankland, entendiendo que era hora de seguir creciendo, decidió organizar el primer partido de selecciones femeninas de la historia, pagando de su bolsillo el viaje de un combinado francés. Y apostó por las mujeres del Dick&Kerr para enfrentarse a las galas. Las francesas entraban al terreno de juego al son de la Marsellesa, con pañuelos que lucían los colores de su bandera. Su capitana era Alice Milliat, una mujer de armas tomar de Nantes que practicaba todos los deportes que podía, del remo al *hockey*, pasando por la natación y el atletismo. Milliat pasaría buena parte de su vida insistiendo a los responsables de los Juegos Olímpicos que las mujeres debían poder participar, pues en los años veinte, una opinión muy extendida era que si una chica quería practicar deportes, se tenían que crear unos Juegos separados para ellas. «Las francesas, según las crónicas, eran bajitas, de apariencia delicada, y provocaban una lluvia de piropos de la grada. Aunque me temo que los periodistas no fueron del todo fieles a la verdad, jugando con las imágenes tópicas que tenía la sociedad inglesa de las damas francesas. Lo que sí sabemos es que las chicas de Preston eran todo lo contrario. Altas, fuertes, duras. Parr, por ejemplo, fumaba mucho», explica Desmond, quien destaca la labor del Museo Nacional del Fútbol de Mánchester para sacar del olvido esos partidos. En los dos primeros encuentros, las inglesas ganaron por 2-0 y 5-2, aunque en el tercero, jugado en Mánchester, las francesas lograron un empate a uno. Como los tres partidos disputados en el norte de Inglaterra habían sido todo un éxito, Frankland decidió que el Dick, Kerr's Ladies jugara por primera vez en Londres, en el estadio del Chelsea, Stamford Bridge. Más de cincuenta mil personas llenaron el campo, viendo cómo las francesas, pese a su coquetería al entrar al campo, se aplicaban de una forma diferente, usando por primera vez el juego sucio, provocando que una de las chicas de Preston acabara con la nariz rota. Como entonces no se podían hacer sustituciones, las francesas jugaron el resto del partido con una jugadora más y ganaron por 1-2. Unas semanas más tarde, las chicas de Dick & Kerr derrotaron a un combinado del resto del Reino Unido por 9-1 ante más de cincuenta y cinco mil espectadores en el estadio Goodison Park de Liverpool. Se habían convertido en grandes estrellas, así que en 1920 devolvieron la visita a las francesas, con una gira por Francia donde empataron tres partidos y ganaron uno. Devolvieron el golpe de Stamford Bridge ganando en París.

Pero su éxito no gustaba a todos. Los directivos de la Federación Inglesa y los presidentes de los clubes de fútbol sentían que ellas se llevaban parte del pastel. Se habían convertido en una amenaza, pues eran populares sin estar bajo el paraguas de su asociación. «A partir de 1920, la prensa se llena de artículos donde personas próximas a la liga de fútbol menosprecian el juego de las mujeres, extendiendo el famoso rumor de que era peligroso que una chica jugase a fútbol, pues podía significar que no lograra quedarse embarazada», argumenta Desmond. El 5 de diciembre de 1921, la Federación Inglesa emitió una circular prohibiendo a los equipos de fútbol ceder sus campos para partidos de fútbol femenino. En el comunicado se afirmaba que «el fútbol no es apropiado para las mujeres», añadiendo que se había encargado un informe a un médico que demostraba que la práctica del deporte no era buena para las mujeres. En un principio, Frankland no se rindió. En 1922 organizó una gira por Estados Unidos. Jugaron nueve partidos y perdieron tres, un buen récord, pues jugaron contra equipos masculinos.

Pese a ello, la suerte del equipo de Dick & Kerr estaba echada. En 1926 la empresa fue absorbida por la compañía estatal eléctrica, y Frankland fue despedido. Las chicas de Preston no se rindieron y crearon un nuevo club, el Preston Ladies, que siguió llenando campos, en esta ocasión pequeños y *amateurs,* con una media de diez mil hinchas durante los años veinte y treinta. Después de colgar las botas, Parr dedicó el resto de su vida a cuidar enfermos en un hospital psiquiátrico. No solía hablar de sus años como futbolista, hasta el punto de que muchos de sus familiares descubrieron su pasado cuando le realizaron los primeros homenajes en los años setenta. «Poco a poco se las fue dejando de lado. Se decía de ellas que eran unas locas, ya no salían en la prensa. Además, la Federación Inglesa mantuvo vigente la normativa que prohibía partidos femeninos en sus estadios hasta el año 1971, cuando finalmente modificó sus estatutos», me decía Desmond. Alice Barlow, una de las jugadoras de ese equipo, pudo dar una entrevista a la BBC antes de fallecer en los ochenta. Emocionada, explicaría que «nos dolió mucho cuando nos dijeron que no podíamos jugar. Creo que fue por envidia, pues éramos más populares que los chicos». Y lo cierto es que los estudios realizados por el Museo Nacional del Fútbol de Mánchester demuestran que muchos fines de semana, los partidos de las chicas de Preston tenían más espectadores que los de la liga masculina. Barlow, a diferencia de Parr, se convirtió en una espectadora asidua a los partidos del Preston North End masculino. «Cada día de partido, alguien me reconocía y me decía que me había visto jugar. Era mi pequeña victoria», recordaría.

1920

Csíkszereda (Rumanía)

El Gobierno que invierte en clubes extranjeros

Tras la Primera Guerra Mundial desaparecieron imperios como el austrohúngaro. Los húngaros, que habían conseguido cierto grado de autonomía dentro del Imperio, pudieron crear su propio país independiente en 1918, aunque los ganadores de la guerra les entregaron unas fronteras que no sentían como suyas. Millones de húngaros quedaron fuera de Hungría.

Un aficionado rumano consiguió burlar a los policías húngaros que cacheaban con esmero a todos los hinchas que entraban en el Puskás Aréna de Budapest. Quién sabe cómo y dónde había escondido esa pequeña bandera blanca, donde había pintado a mano en color negro, bien grande, una palabra: Trianon. Solamente siete letras que ya servían para herir el orgullo del resto del estadio. Para los húngaros, Trianon es una herida. Para los rumanos, una victoria.

Aunque, en el fondo, Trianon no es más que un palacio en Versalles. El rey Luis XIV, deseoso de tener una residencia lejos de París, ordenó su construcción justo donde se encontraba el pueblo de Trianon, que fue derribado. No, al monarca no le importaba demasiado su pueblo. Los reyes tienen estas cosas. El palacio fue encargado en 1687 al gran arquitecto del barroco francés Jules Hardouin-Mansart, quien dibujó en papel y levantó en mármol preciosas salas inimaginables de las que, unos siglos más tarde, los guardias de seguridad tendrían que sacar a algún turista húngaro por escupir en el suelo. En ese mismo lugar, en 1920, se firmó el tratado según el cual los húngaros renunciaban a unas tierras que sentían suyas. Las fotos de la llegada de la delegación húngara, flanqueada por soldados franceses, retrata a un grupo de políticos con bombines y corbatas sabedores de que se dirigen a un callejón sin salida. Viendo la foto, uno siente simpatía por esos tipos a los que les tocaba firmar un documento con unas condiciones que consideraban humillantes.

Una vez finalizada la Primera Guerra Mundial, Hungría se convirtió en un país independiente en 1918, rompiendo sus cadenas con el Imperio austrohúngaro. El Imperio desapareció, y en su lugar surgieron nuevos Estados que, en ocasiones, se pelearon para decidir las fronteras. Vecinos que habían convivido en relativa calma hasta ese momento, se peleaban ahora, afirmando que su pueblo debía ser parte de Checoslovaquia, mientras el tipo de la casa de enfrente decía que eran húngaros. Y, efectivamente, las fronteras soñadas por el nuevo Estado húngaro no coincidían con esas que tenían en mente los ganadores de la guerra, la triple entente formada por británicos, franceses y rusos. Cuando estos pidieron a los húngaros que aceptaran renunciar a casi el cincuenta por ciento de las tierras que consideraban suyas, los dirigentes se negaron. Antes que firmar un tratado que consideraban ofensivo, dimitieron, provocando que el caos se apoderase del joven Estado. En pocas semanas, los comunistas se hicieron con el poder, hasta que fueron derrotados por el ejército rumano, que entró victorioso en Budapest, con el apoyo de la Triple Entente, en agosto de 1919. Las potencias extranjeras auparon al poder un nuevo Gobierno húngaro que intentó, sin suerte, pactar unas fronteras diferentes, proponiendo que en las zonas disputadas se realizara un referéndum para permitir que la población pudiera decidir su suerte. No lo consiguieron. Derrotados, agacharon la cabeza en Trianon el 4 de junio de 1920, firmando un tratado según el cual las zonas con un porcentaje importante de población húngara pasarían a formar parte de Checoslovaquia, Yugoslavia y, sobre todo, Rumanía. Un siglo más tarde, la herida de Trianon sigue doliendo en Hungría. Por eso, los hinchas radicales de Rumanía usaron este nombre para mofarse de sus vecinos en ese partido del año 2015 celebrado en el Puskás Aréna de Budapest. Hinchas que, entonces, no podían imaginar cómo el Gobierno húngaro usaría el fútbol para intentar, de alguna forma, superar las barreras de ese tratado firmado un siglo antes.

Una de las regiones que quedaron fuera de Hungría en 1920, pese a que en ella habitaban muchos húngaros, fue Transilvania. Antes, en los tiempos del Imperio austrohúngaro, esta hermosa tierra formaba parte del reino de Hungría, aunque en su territorio se podía escuchar el húngaro, el rumano, el alemán, el yidis u otras lenguas minoritarias. Joseph Roth, el maravilloso escritor que siempre lloró la perdida de ese imperio políglota, recordaba su infancia en las fronteras del este con nostalgia, cuando en la misma ciudad podían vivir diferentes comunidades que denominaban su urbe con un nombre distinto. Para los húngaros, el corazón de su cultura estaba en Transilvania, más que en Budapest. De allí provenían linajes históricos, como el del maravilloso escritor Miklós Bánffy, quien en 1920 se encontró ocupando el cargo de ministro de Asuntos Exteriores de Hungría. Él era uno de esos políticos que lloró de rabia mientras regresaba de Trianon. En su caso, con razón. Había firmado un documento según el cual todas sus tierras y su castillo pasaban a formar parte de Rumanía. Retirado de la política, recordaría esa época en su trilogía *El reino dividido*. A la nueva Hungría independiente le dolió muchísimo perder Transilvania, aunque entre 1940 y 1945, por decisión de Hitler, los húngaros pudieron recuperar estas tierras durante la Segunda Guerra Mundial. Si en 1920 los rumanos habían expulsado a muchos húngaros que escaparon mientras quemaban sus casas, en 1940 le tocó el turno a los húngaros, que regresaron y cometieron atrocidades contra la población rumana. Cuando finalizó la guerra, y tanto rumanos como húngaros quedaron bajo dominio soviético, se restablecieron las fronteras de Trianon de 1920, con millares de húngaros viviendo en suelo rumano. Allí siguen, convertidos en la minoría étnica más importante de Rumanía.

La tensión entre los dos Estados se puede palpar cuando juegan las dos selecciones. En 2015, un hincha rumano quemó una bandera húngara, así que los miembros de la Federación Húngara respondieron negándose a contratar a un traductor con conocimientos de rumano para el partido que se debía jugar en Budapest. Cuando los periodistas rumanos preguntaron en inglés, se les respondió en húngaro. No entendieron nada. Fuera del estadio, partidos nacionalistas húngaros organizaron una marcha que reunió a más de diez mil personas. Muchas de ellas lucían la bandera del País Sículo (Szekle en húngaro), una región en el corazón de Transilvania donde los húngaros son mayoría. Su bandera, azul con una franja dorada y una media luna, se ha convertido en un símbolo polémico, porque las autoridades rumanas la quieren retirar de los edificios oficiales de los pueblos donde la población es mayoritariamente húngara. Después de que en algún ayuntamiento el partido ganador, formado por húngaros, quitase la bandera rumana para poner la Szekle, se produjeron incidentes. El caso incluso provocó que el ministro de Interior rumano amenazase con expulsar al embajador húngaro de Bucarest, mientras en la capital húngara, la bandera Szekle apareció en el Parlamento de Budapest como muestra de solidaridad. Cuando la selección de Hungría visitó Bucarest en 2015, los hinchas radicales intentaron entrar en el estadio con la bandera Szekle y con la de la casa de Arpad, la bandera histórica del nacionalismo húngaro, que hace referencia a la casa real que creó el reino de Hungría. Un reino que tenía su corazón espiritual en la región de Transilvania.

La bandera del País Sículo aparece casi siempre en las gradas del Csíkszereda. En noviembre de 2018, este equipo de la tercera división rumana sorprendió a todos cuando eliminó a uno de los gigantes del fútbol rumano, el Dinamo de Bucarest, en un partido loco de los octavos de final de la Copa de Rumanía. Como el Csíkszereda es un club del País Sículo, donde los húngaros son mayoría, la prensa de Hungría habló de esa gesta tanto o más que la rumana. Y es que sin el Gobierno húngaro, seguramente el Csíkszereda no hubiera podido derrotar al Dinamo y ascender, poco después, a segunda división. El actual Gobierno de Hungría, presidido por Viktor Orbán, un tipo que ha ido recortando algunos derechos democráticos en los últimos años, ha invertido muchos millones en clubes deportivos situados fuera de Hungría, en zonas donde viven húngaros. Es una forma de sacar el polvo a los libros de historia, usando el deporte para mantener vivas las reivindicaciones de muchos húngaros, disconformes con las fronteras de su Estado pactadas en Trianon.

En 2013, el presidente del Csíkszereda, Zoltán Szondy, envió una petición a Budapest solicitando fondos para crear una academia de fútbol en la zona. Szondy, militante de la Unión Democrática de Húngaros en Rumanía (la coalición política que gana fácilmente en casi todas las elecciones municipales en las poblaciones de la región), se puso en contacto con Zsuzsanna Répás, la secretaria del departamento que tiene el Gobierno destinado a velar por los intereses de ciudadanos húngaros que viven en otros países. Y del despacho de Répás, los documentos pasaron a manos de los responsables de la construcción de la academia de fútbol de Orbán en Felcsút. «Orbán usa el fútbol para reforzar su imagen. Por eso creó en su ciudad natal, Felcsút, un complejo deportivo de primer nivel donde juegan las categorías inferiores de la selección o se organizan torneos. Todo eso en una población que no llega a los dos mil habitantes. Fue su capricho. Y cuando inauguró el estadio de fútbol de Felcsút, donde cabe toda la población, uno de los invitados era Szondy. Él ha sido uno de los contactos utilizados para empezar a invertir dinero en clubes del extranjero —explica la periodista Oroszi Babett—. Para reforzar su discurso nacionalista, ha creado entidades libres de impuestos que invierten dinero en clubes de fútbol de países vecinos, en zonas donde históricamente han habitado húngaros. Así, el Gobierno de Hungría ha invertido más de cincuenta millones en clubes de Eslovenia, Croacia, Serbia, Eslovaquia y Rumanía». La fórmula elegida para poner dinero en el Csíkszereda fue, en un principio, la de establecer una alianza entre la academia de fútbol creada por Szondy con sede en Felcsút.

La academia del Csíkszereda fue inaugurada en 2015, después de la inversión de unos cuatro millones de euros del Gobierno húngaro. Además del Csíkszereda, el Gobierno de Orbán empezó a ayudar económicamente al Sepsi OSK, club de la ciudad sícula de Sfântu Gheorghe, donde el setenta por ciento de la población se siente húngara. En Csíkszereda, que cuenta con unas cuarenta mil almas, la proporción es incluso más alta, con más del ochenta y cinco por ciento de la población hablando húngaro en una urbe que en muchos mapas aparece con su nombre rumano, Miercurea Ciuc. Por eso el club se llama FK Csíkszereda: la gente aquí es magiar y prefiere usar esta denominación. Los sículos tienen sus propias costumbres y dialecto dentro de los húngaros, y usan el deporte para reivindicar su identidad. Por ejemplo, el mejor club de *hockey* sobre hielo de Rumanía es de esta ciudad, y es tan bueno que casi toda la selección rumana la forman sus jugadores. Por eso, durante un Hungría-Rumanía de *hockey* hace unos años, cuando sonó el himno húngaro, muchos jugadores rumanos lo cantaron: eran sículos. Rumanos de pasaporte, húngaros de corazón.

Fundado en 1904, el club ha visto cómo su nombre cambiaba en función de quién estaba al mando. En 1919, ya antes de Trianon, cuando las tropas rumanas tomaron el control de la ciudad, el equipo fue rebautizado con un nombre rumano: Asociația de Educație Fizică din Miercurea Ciuc. Después de la caída del comunismo en 1990, el club sufrió una bancarrota que provocó su descenso a ligas regionales, y fue refundado en 2010 gracias a la iniciativa de gente como Szondy, que dejaron claro que el equipo debía usar un nombre en húngaro. Aún hoy existe un debate sobre cómo se debe llamar al club. Como en la lengua rumana existe un nombre para referirse a la ciudad, la prensa y la Federación de Fútbol, siempre escriben FC Miercurea Ciuc. En el estadio, esta denominación no se encuentra por ningún lado. Dicho estadio ha sido reformado poco a poco con el dinero del Gobierno húngaro, claro.

El Csíkszereda es, junto al DAC, el club que menos esconde su vínculo con el Gobierno magiar. El DAC juega en Dunajská Streda, ciudad en el sur de Eslovaquia, donde el setenta y cinco por ciento de la población se considera húngara. Fundado a inicios del siglo xx, el Club Atlético de Dunajská Streda (DAC) jugó en categorías inferiores en el Estado checoslovaco, con la excepción de los años ochenta, cuando llegó a primera y ganó su único título, la Copa de Checoslovaquia contra el Sparta de Praga. Después de malvivir por culpa de las deudas, en estas últimas temporadas ha renacido gracias al dinero que llega del otro lado de la frontera. En 2017, antes de un partido contra su gran rival, el Slovan de Bratislava, apareció en las gradas del estadio Lászlo Köver, el portavoz del Parlamento húngaro, con su bigote y una bufanda del DAC al cuello. Köver era el fundador del partido Fidesz, el mismo de Orbán, con su programa populista de derechas, que siempre ha incluido luchar por los derechos de los húngaros que viven fuera de las fronteras de Hungría. Los partidos del DAC son peligrosos por la presencia de radicales nacionalistas húngaros de extrema derecha, aliados con los del Ferencváros de Budapest. Ambos grupos cantan la canción *Nélküled*, un tema roquero que reivindica el derecho de los húngaros a recuperar sus tierras perdidas. Cuando la canción sonó en el campo del Csíkszereda, la Federación Rumana multó a la directiva del club.

De momento, el Csíkszereda aún no ha conseguido subir a primera división, aunque cada temporada parece más cerca, mientras hace debutar a chicos formados en su academia, todos con apellidos húngaros. El club ficha futbolistas con pasaportes extranjeros, aunque en muchas ocasiones, son deportistas étnicamente húngaros de Eslovaquia o Serbia. «La implicación política es evidente. Orbán usa el fútbol para rememorar una gran Hungría. Y estos clubes compiten cada vez mejor, pues gozan de unas donaciones económicas que no tienen sus rivales. Hungría debe de ser el único Gobierno del mundo que invierte en equipos de fútbol oficialmente extranjeros», reflexiona Babett. Cuando en 2019 Orbán fue invitado a la inauguración de las instalaciones pagadas de su bolsillo del Backa Topola, club de la liga serbia, se organizó un torneo de equipos infantiles donde participaron clubes como el Csíkszereda o el DAC. Ese día, Orbán pronunció un discurso afirmando que en «esta Europa sin identidad, solamente los pueblos que permanecen unidos tienen futuro». Los asistentes, cómo no, pensaron en el Tratado de Trianon. Europa sigue llena de fronteras que duelen a muchos, incluso cien años después.

1920

US Fiumana (Italia)

Jugar después de desaparecer

Después de la Primera Guerra Mundial, muchos italianos se sintieron heridos, pues su esfuerzo bélico no se vio recompensando en forma de nuevos territorios. El irredentismo reclamaba incorporar a Italia tierras donde se hablaba italiano desde hacía siglos, como la ciudad de Fiume, ocupada por militares y soñadores en 1919, en un experimento alocado que fue clave para el surgimiento del fascismo.

Algunas voces te acompañan toda la vida. Para millones de italianos, la voz de Bruno Pizzul es tan familiar como para ti la de tus abuelos. Durante décadas, Pizzul fue el narrador de los partidos de fútbol más importantes en la RAI, la televisión publica italiana. Cada vez que jugaba la selección italiana o un club de la Serie A andaba por Europa, Pizzul daba la bienvenida a los espectadores con su voz ronca, aunque amable. Esa voz que tienen los padres autoritarios, aunque cariñosos a la vez. Esa voz de quien ha fumado puros y tomado vino, aunque con moderación. Esa voz también forma parte de mi adolescencia, cuando volvía locos a mis padres exigiendo ver, gracias a una parabólica, todos los partidos de la selección italiana que podía. Pese a no tener conexiones familiares, había decidido que Italia sería mi equipo. Y, gracias a Pizzul, aprendí italiano.

Por eso me emocionó poder saludar a Pizzul. Ya jubilado, caminaba con la ayuda de un bastón, aunque lo escondía cuando debía hablar en público. Nunca he sido de molestar a los famosos si me cruzo con ellos, aunque con Pizzul no pude evitar acercarme y contarle mi historia. Le gustó, creo. Y durante unos minutos, reflexionó sobre el exceso de anglicismos en la televisión italiana actual. Sobre la necesidad de ser didácticos. Sobre la belleza de una narración con pasión que no signifique gritar de forma alocada. Pizzul me lo contaba en un pequeño banco, mientras esperaba a entrar en el estadio Flaminio, un recinto deportivo en el norte de Roma, no muy lejos de la Piazza del Popolo. El Flaminio ha sido escenario de todo tipo de encuentros deportivos. Aquí han jugado las selecciones italianas de fútbol o rugby, la Roma y la Lazio, e incluso se jugaron partidos de baloncesto en el centro del terreno de juego, cuando el actor Vittorio Gassman era jugador de primera división y se dedicaba a cazar rebotes antes de romper corazones en la pantalla. La magia de Roma siempre ha sido esta. Cualquier rincón esconde historias que desafían al dios Cronos. El pasado y el presente caminan de la mano. Ese día, Pizzul había sido invitado a presentar un torneo de fútbol entre tres equipos que ya no existen. No obstante, volvían al terreno de juego para mantener vivo el recuerdo de los italianos que, en 1945, habían sido expulsados de sus casas en las regiones de Istria y Dalmacia, hoy parte de Croacia. Millares de italianos son descendientes de esas familias que dejaron atrás sus hogares, las tumbas de sus antepasados y sus raíces, escapando de la represión de los comunistas yugoslavos de Tito. Tampoco fueron bien recibidos en Italia, pues muchos de ellos habían acogido con los brazos abiertos el fascismo de Mussolini.

Ese día de verano de 2011, la Fiumana, el Grion Pola y el Dalmazia de Zadar salieron al terreno de juego del Flaminio después de desfilar detrás de viejas banderas, testimonio de los años en los que en ciudades donde hoy solo se habla croata, la lengua más escuchada era la italiana. Pizzul, uno de esos tipos que siempre sabe más que los demás, añadió que tenía muy presente el recuerdo de otro equipo, el Ampelea de Isola d'Istria, que consiguió jugar federado en las ligas italianas hasta 1955, cuando desapareció. Lo hacía como club refugiado, claro. Al finalizar los partidos, la Fiumana se coronó campeona del torneo, pese a que el Dalmazia tenía el refuerzo de Paolo Negro, exdefensa internacional de la Lazio. Los equipos los formaban jugadores, algunos de ellos ya retirados, con lazos familiares con refugiados de Istria y Dalmacia. También Pizzul, nacido justo al lado de la actual frontera entre Italia y Eslovenia, tenía tíos que habían perdido sus casas en 1945, concluyendo de ese modo más de diez siglos de presencia italiana en las costas orientales del Adriático. Pese a ello, la Fiumana, el equipo más grande de esa región, sigue vivo de alguna forma. Existen asociaciones de seguidores del club. Y, hasta en dos ocasiones, empresarios con raíces en la ciudad de Fiume han intentado refundar el equipo con sede en Turín o en Roma. De momento no lo han conseguido. La ciudad de Fiume, por cierto, no aparece en ningún mapa actual. Ahora se llama Rijeka.

Durante muchos siglos, el italiano se habló en las dos costas del Adriático, especialmente cuando la *Serenissima* República de Venecia expandió sus dominios hacia el sur, controlando ciudades como Dubrovnik, el puerto montenegrino de Kotor (entonces Cataro) o algunas islas griegas. Durante siglos, era normal encontrar italianos en cualquier puerto importante del Mediterráneo, del Líbano a Esmirna, de Corfú a Limasol. Sin embargo, eran más numerosos en las actuales costas croatas. Generaciones y generaciones de italianos conviviendo con los eslavos en urbes como Split, donde tus raíces también condicionaban el equipo de fútbol que amabas. Si el Hajduk era el club de los croatas, el Calcio Spalato era el de los italianos, que defendieron durante décadas que Dalmacia fuese una entidad separada de Croacia para respetar los derechos de los italianos que vivían allí. Estos constituían el veinte por ciento de la población de Split durante la Primera Guerra Mundial. Más al norte, en Fiume, los italianos eran más del setenta y cinco por ciento de la ciudadanía.

La historia de Fiume es muy conocida en Italia. Se ha convertido en una imagen, en una idea y, especialmente, en objeto de debate. Y es que, en Italia, debatir es arte. La ciudad formaba parte del Imperio austrohúngaro, y con el fin de la Primera Guerra Mundial, Italia la reclamó como suya. Italia se había sumado a esa locura que fue la Gran Guerra en el bando de los aliados franceses y británicos. Millares de jóvenes fallecieron en el frente del norte, en esas batallas sin sentido en cimas de más de 3000 metros en los Alpes. La economía sufrió las consecuencias. Las familias también, a medida que volvían a casa sus hijos, algunos de ellos cansados de tantas banderas; otros, más nacionalistas que antes. Cuando la guerra acabó, Italia estaba en el bando ganador. Sin embargo, casi todas sus reclamaciones para expandir más sus fronteras por esas costas dálmatas donde se hablaba italiano fueron rechazadas por sus viejos aliados. Ciudades como Zadar, Split, Dubrovnik o Pula, con sus leones de san Marcos construidos por los venecianos en sus murallas, acabaron dentro del nuevo reino de Yugoslavia. No era una situación fácil. Los eslavos y los italianos convivían en las mismas calles, reclamando los mismos terrenos. Y fueron los yugoslavos los que sintieron que salían mejor parados de los acuerdos de paz.

Con el orgullo herido, con la sensación de ver tu patria humillada y peleándose en las calles con los comunistas que les escupían en la cara cuando volvían a casa, muchos veteranos de guerra se radicalizaron. Solo necesitaban un líder para empuñar las armas de nuevo y tomar por la fuerza eso que consideraban suyo. Ese líder sería un poeta, Gabriele D'Annunzio. En 1919 seguramente era el italiano más famoso. Sus libros se vendían, tenía fama de don juan y había servido como voluntario en el frente, poniendo en riesgo su vida al sobrevolar las líneas enemigas a bordo de los primeros aviones de guerra. En una ocasión, había volado sobre Viena lanzando panfletos escritos de su puño y letra. En otra, participó en una misión casi suicida con pequeños botes para probar algunos de los primeros torpedos de la historia. D'Annunzio amaba la tecnología, como los futuristas, y quería construir una nueva Italia moderna, guerrera, descontrolada. Así que planeó ocupar Fiume, ciudad que había votado a favor de unirse al reino de Italia en un referéndum organizado en 1919, aunque sin suerte. Yugoslavia también la reclamaba, y los aliados optaron por proclamar la Ciudad Libre de Fiume un ente independiente que no dejaba a nadie satisfecho. La ciudad fue ocupada en 1919 por fuerzas expedicionarias aliadas, con la tarea de poner fin a los disturbios entre nacionalistas italianos y croatas. No lo consiguieron. Después de un incidente confuso, más de quince soldados vietnamitas de la Legión Extranjera francesa fueron linchados y arrojados a las aguas del puerto. Fiume era un problema diplomático, y nadie levantaba más la voz que D'Annunzio, un poeta que se había autobautizado como el *vate,* una manera de referirse a sí mismo como poeta y profeta. Era un buen escritor, famoso por sus escándalos sexuales y económicos, aunque también por ser elegido diputado con un discurso cada vez más nacionalista. D'Annunzio se convirtió en el portavoz de aquella Italia herida que soñaba con tener un imperio. Y en 1919 comenzó a publicar artículos en *Il Popolo d'Italia,* un diario dirigido por un tal Benito Mussolini, que haría suyas un buen puñado de ideas del poeta. Fue precisamente en *Il Popolo d'Italia* donde D'Annunzio explicó que liberaría Fiume, tras recibir una carta del Consejo Nacional de esta ciudad donde le decían: «Hemos puesto la mirada en el único *duce* intrépido del pueblo italiano». El *duce,* entonces, era D'Annunzio. Y así fue. D'Annunzio lideró a un grupo de intrépidos veteranos de guerra y ocuparon la localidad, dando inicio a unos meses en que Fiume se convirtió en una ciudad alocada, con fiestas extrañas, orgías y piratas. Sí, piratas. Como el Gobierno italiano, para no iniciar un conflicto con el resto de Europa, no los apoyaba, los soldados de D'Annunzio se dedicaron a la piratería de naves mercantes para conseguir dinero. Era el Estado Libre del Fiume, una aventura que transformó a Fiume en lugar de peregrinaje de aventureros y libertinos, pues se convirtió en uno de los pocos lugares del mundo donde estaba permitido el divorcio y se podía comprar droga sin miedo a ser detenido. D'Annunzio, quien había jugado al fútbol en las playas de su Pescara natal, daba mucha importancia a la educación física. Así pues, cuando ocupó Fiume, tuvo mucho cuidado de organizar eventos deportivos. En febrero de 1920 organizó dos amistosos entre sus soldados y los civiles de Fiume, partidos que los militares perderían. En aquellos encuentros, según han documentado diferentes historiadores, D'Annunzio hizo que sus jugadores vistieran de azul, como la selección nacional, pero con un escudo en el pecho luciendo los colores de la bandera italiana para remarcar su amor por la patria. Es el primer caso documentado de un escudo con los colores de Italia en una camiseta, una idea que gustó tanto, que a partir de 1924 la Federación Italiana decidió que el campeón de liga sería premiado con el honor de lucir este *scudetto* en el pecho durante una temporada. El 10 de octubre de 1924, el Genoa, campeón de liga, salió a jugar el primer partido con este *scudetto,* tradición que aún se mantiene. Las peripecias de D'Annunzio acabaron cuando el Gobierno italiano bombardeó la ciudad y puso fin a la aventura del poeta, en la llamada Navidad de Sangre de 1920. Al final, Italia y Yugoslavia pactaron que Fiume sería parte del reino italiano, y los territorios del interior de Fiume, parte de Yugoslavia. Corría el año 1924.

A diferencia de otras zonas, por lo tanto, Fiume consiguió formar parte del reino de Italia, coincidiendo más o menos con el ascenso al poder del fascismo de Mussolini. En 1926 nacería la Unione Sportiva Fiumana, fundada tras la fusión de dos clubes italianos de la ciudad. Un club que curiosamente lucía los colores de la bandera del Estado Libre de Fiume, la de D'Annunzio: el rojo, el amarillo y el azul. El fascismo reorganizó el deporte italiano al proponer que en casi todas las ciudades los clubes de fútbol se fusionaran para tener una sola entidad fuerte, cosa que hicieron los dos de Fiume, el Club Sportivo Olympia y el Club Sportivo Gloria. El nuevo equipo, convertido en uno de los símbolos de Fiume, ciudad usada por el régimen fascista como símbolo de la nueva Italia, fue admitido directamente en primera división, la Serie A, en la temporada 1928/29. Con todo, el equipo bajó a segunda ese primer año para no volver más. En segunda jugaría derbis contra el Gruppo Sportivo Fascio Giovanni Grions Pola, club fundado por jóvenes fascistas de la ciudad de Pola.

En 1943, el Fiumana jugó su último partido, en plena Segunda Guerra Mundial, cuando Mussolini consiguió de Hitler que, durante unos meses, toda la costa croata, incluidas Split o Dubrovnik, pasaran a ser parte de Italia. Todo acabó en 1944, cuando se confirmó la derrota del fascismo. Y, como buena parte de la población de Fiume había apoyado a Mussolini, la llegada de las tropas de Tito les provocaba pánico. Aunque de todos los italianos que fueron expulsados de sus casas en urbes como Zadar, Split o Fiume, muchos no eran fascistas. Incluso muchos estaban casados con eslavas. En 1945 se puso punto final a una forma de vida, a una cultura que sobrevive en el recuerdo gracias a textos como los de la escritora Marisa Madieri. Ese mismo año, cuando las tropas comunistas entraron en la ciudad, nacía en Fiume el NK Rijeka, club que aún juega en la primera división croata. Algunos historiadores han documentado que ocho jugadores pasaron del Fiumana al Rijeka: eslavos de la ciudad o jóvenes con sangre tanto croata como italiana. Muchos, por tanto, consideran que existe una conexión clara entre el Fiumana y el Rijeka más allá del estadio, pues es el mismo. De hecho, algunos de los mejores jugadores nacidos en Fiume tenían sangre eslava e italiana. Uno era Ezio Loïk, maravilloso jugador que fue fichado por el gran Torino y perdió la vida en el accidente aéreo de Superga de 1948.

Durante los años treinta, Rodolfo Volk brilló en la Roma, otro hijo de Fiume formado en la Fiumana, que tenía sangre eslava, italiana y alemana, ya que sus abuelos habían sido funcionarios del Imperio austrohúngaro. Volk jugó un Roma-Cremonese en 1929 que terminó 9-1, y en el que todos los goles los marcaron jugadores nacidos en Fiume. Otros hijos famosos de la ciudad fueron futbolistas como los hermanos Mario y Nini Varglien, que jugaron en la «Juve», o el primer internacional de Fiume, Marcello Mihalich, un futbolista cuyo nombre es claramente eslavo.

Los descendientes de aquellos italianos que huyeron de ciudades como Fiume o Zadar destacan por mantener vivo el recuerdo de sus abuelos en Italia. Por eso organizan encuentros como el celebrado en 2011, un triangular en el estadio Flaminio con más de dos mil personas en las gradas, algunos de ellos descendientes de los italianos de Dalmacia que ahora viven en Estados Unidos o Argentina. Durante años, incluso existió una Fiumana fundada por refugiados de la ciudad que habían encontrado casa en Turín, donde este equipo jugó en torneos regionales hasta 1985. Puntualmente, la Fiumana vuelve a la vida en eventos, partidos amistosos o reuniones. Su recuerdo aún sigue vivo, mientras se debate sobre si el club fue víctima o cómplice del fascismo. O las dos cosas.

1922

Panionios (Grecia)

Los refugiados que se llevaron su club a cuestas

En 1922, las tropas griegas volvieron a casa derrotadas después de haber intentado conquistar esa parte de Turquía donde la lengua griega llevaba siglos hablándose. No solo perdieron. Los turcos, vencedores, expulsaron de sus casas o asesinaron a millares de griegos. Algunos de esos refugiados empezaron de nuevo cerca de Atenas. Y hasta allí se llevaron a su equipo.

Crisóstomo de Esmirna posa orgulloso en esa vieja foto de estudio. Con una mano sostiene un bastón; con la otra, sus hábitos monacales. Su imagen, medio santificada en blanco y negro, preside un bar lleno de chicos jóvenes. Un parroquiano del bar, con esos ojos vidriosos perdidos de quien bebe demasiado y espera poco de la vida, pasa por delante y se santigua, con esa elegancia tan propia de los ortodoxos. Mira de reojo la foto y se pierde en un rincón, mientras uno de los chicos, con una bufanda del Panionios atada al cuello, cuenta la historia de Crisóstomo. «Lo lincharon en la calle. Sin ningún tipo de respeto, como si fuera un animal. Centenares de cobardes contra un solo hombre, que sufrió martirio con dignidad. Este club está bañado en su sangre», explica Marios. Con una chapa del Che Guevara en la camiseta, Marios mira con respeto la vieja foto de ese sacerdote conservador linchado hacía un siglo en Esmirna, en la otra orilla del Egeo.

A Nea Smirni llegas sin percatarte, pues cruzas un paso de peatones saliendo de Atenas y, cuando has llegado al otro lado, ya has cambiado de ciudad. Y sales de Nea Smirna de la misma forma, llegando a ciudades como Kalithea. Entre Atenas y el mar se levanta una jungla urbana blanquecina, sin gusto ni armonía, como si los griegos hubieran aceptado que después de crear tanta belleza en la antigüedad, ya no tienen la responsabilidad de levantar urbes hermosas. Nea Smirni es fea. Aunque dentro de esos bares cerca del campo del Panionios, encuentras su alma. Sus raíces son alargadas. Tanto, que unen estos barrios griegos con una ciudad al otro lado del mar, en la costa turca.

En 1919 acabó la Primera Guerra Mundial y se desplomaron grandes imperios. El primer ministro griego, Eleftherios Venizelos, había recibido la promesa británica de poder incorporar las poblaciones de la costa turca de Asia Menor, donde vivían millares de griegos, a cambio de dar su apoyo durante la guerra. Y como en 1919 no tenían claro si sus aliados mantendrían su promesa, atacaron para conquistar lo que consideraban suyo. Era la *Megali Idea,* la 'Gran Idea': reconquistar esos territorios históricos donde se había levantado el Imperio bizantino, con capital en Constantinopla, en manos turcas desde 1453. Pero la Gran Idea acabó convertida en la gran derrota. Los griegos invadieron una tierra donde caían los símbolos del difunto Imperio otomano, pero fueron expulsados por los soldados de un nuevo país, la Turquía moderna, liderada por Mustafa Kemal Atatürk. La guerra significó la muerte de millares de personas y acabó con culturas centenarias, pues en 1923, los dos Estados pactaron un intercambio de poblaciones. Medio millón de turcos abandonaron Grecia, y casi dos millones de griegos abandonaron las casas donde habían vivido durante siglos.

La llegada de estos refugiados provocó una crisis humanitaria en Atenas. La ciudad no estaba preparada. No tenía espacio físico. Muchos griegos que habían defendido la unión con sus hermanos al otro lado del mar, los de Estambul o Esmirna, ahora no los querían en sus barrios luchando por el mismo pan. La solución fue construir nuevos barrios y ciudades. Nea Smirni se empezó a construir sin demasiado orden entre Atenas y el Pireo en 1926, cuando esta zona era reino de pastores y cabras. La gente que perdió una casa en Esmirna la encontró en Nea Smirni, como si el nombre mitigara el dolor de haber perdido hermosas viviendas centenarias para acabar en fríos pisos de cemento. En 1930, en esta área ya vivían unas seis mil personas, y, en los años cuarenta, más de quince mil. Con el tiempo, la ciudad pasó a ser un barrio de Atenas, aunque después se convirtió en un municipio dentro de la región de Atenas. En la actualidad, unas setenta y cinco mil personas viven en Nea Smirni, y muchas de ellas tienen sus raíces en la vieja Esmirna. Y la mayoría, cómo no, es hincha del Panionios. Los refugiados que escaparon de los turcos se llevaron con ellos llaves de casas a las que no volverían, canciones, tradiciones y sus clubes de fútbol.

El Panionios había sido fundado en Esmirna, una ciudad a la que habían llegado los griegos muchos siglos antes de Cristo, en esa época en que los navegantes avanzaban en sus barcos acompañados de dioses y leyendas. El club nació en 1890 con el nombre de Orfeón Musical y de Deportes. Era una asociación cultural nacionalista griega con secciones deportivas. En 1898, la entidad fue bautizada con otro nombre: Panionios. Era una declaración de intenciones: *pan* significa 'todo', mientras que *ionios* se refiere al mar Jónico que separa Grecia de Esmirna. El nombre era una forma de decir que todo el mar Jónico, o sea, las dos costas, formaban parte de la misma idea: Grecia. El obispo metropolitano Crisóstomo de Esmirna, un sacerdote que reclamaba en sus discursos que la ciudad era griega y se debía expulsar a los turcos, fue nombrado presidente honorario. Y uno de los primeros escudos de la entidad fue la Victoria de Samotracia, la preciosa escultura encontrada pocos años antes en la isla homónima y que representaba a Niké, la diosa griega de la victoria.

Como los griegos son especialistas en discutir, algunos de los fundadores de la asociación se escindieron, creando otra entidad, el Apollon, llamada así en honor al dios griego Apolo.

Entre las dos entidades nació una fuerte rivalidad, especialmente en concursos atléticos. Los griegos, después de años sometidos por los turcos, reivindicaban su identidad, y el deporte fue una de sus banderas, ya que los conectaba con la vieja Grecia clásica y sus Juegos Olímpicos. Inicialmente, el Panionios y el Apollon destacaron en atletismo, y sus deportistas llegaron a participar en los primeros Juegos modernos en 1896, bajo bandera griega, pese a que eran ciudadanos otomanos. Con el siglo XX llegó el fútbol. Esmirna era una urbe multicultural, un puerto comercial con italianos, ingleses, franceses, judíos y muchos griegos. Pese a ser una ciudad turca, los turcos, mayoría tierra adentro, eran minoría en la ciudad. Fueron los ingleses los que trajeron el primer balón de fútbol. Y, rápidamente, los griegos se apuntaron.

Los socios del Panionios y el Apollon, enfrentados en el deporte, lucharon unidos cuando empezó la guerra, tras la que soñaban con pasar a formar parte del Estado griego. Aunque los sueños, en ocasiones, se convierten en tragedias. Cuando las tropas turcas entraron en la ciudad en 1922, los barrios griegos y armenios ardieron. El obispo Crisóstomo, pese a la presencia de tropas francesas que debían evitar atrocidades, fue sacado a la calle por una turba que lo torturó hasta la muerte. Mientras los buques se alejaban de la costa en un viaje sin retorno para millares de griegos, empezaron a llegar hasta la ciudad turcos de otras zonas para ocupar las casas que quedaban vacías. Esmirna dejó de ser Esmirna y se convirtió en Izmir, su nombre turco. El griego dejó de escucharse después de siglos en la zona.

El Panionios siguió vivo al otro lado de ese mar que llevan en su nombre, en su escudo. Cambiaron de costa. La tradición polideportiva del club provocó que, en muchas cosas, el Panionios fuera un club más moderno que aquellos ya existentes en Grecia. Las primeras secciones de atletismo femenino y baloncesto fueron cosa del Panionios, por ejemplo. El Panionios se convirtió en una de las asociaciones más activas en Nea Smirni, pues era una forma de mantener vivo el recuerdo del hogar perdido. Además, permitía defender el orgullo de los refugiados, en ocasiones marginados por sus nuevos vecinos. El Panionios llegó a ser subcampeón de liga en 1951 y en 1971, ganó la Copa de Grecia en 1979 y en 1998, y no dejó de mantener una fuerte rivalidad con el Apollon, pues los dos clubes se trasladaron a Atenas, aunque este último acabó en unos terrenos al norte de la capital, cerca de otro barrio creado para los refugiados de Esmirna, Nea Ionia. Pese a compartir un destino trágico, la rivalidad se mantiene. Los griegos son gente de tradiciones.

El pasado trágico del club sigue explicando el día a día del Panionios. Sus grupos más radicales, como los Panthers, han organizado campañas para encontrar comida y casa para refugiados de Siria. «Nosotros somos descendientes de refugiados. Esta gente siguió la misma ruta que nuestros bisabuelos, ¿cómo podemos dejarlos solos?», decía Marios, mientras admite que el Panionios no suele llenar su estadio. «El fútbol griego está podrido por la corrupción, la gente no disfruta. Sin embargo, todos los que tenemos el corazón en Esmirna seguimos al Panionios, aunque sea desde la distancia. ¿Sabes que una vez volvimos?», añadió. Sí, en 1971 el destino quiso que el Panionios jugara por primera vez en más de cincuenta años en su viejo estadio. Ese año, el Panionios ganó una competición ya desaparecida, la Copa de los Balcanes. Y el destino quiso que se enfrentara al Altay, un club turco de Izmir. O sea, de Esmirna. Concretamente, el club que se quedó el estadio del Panionios en 1922. Al igual que muchos ciudadanos entraron en casas vacías y las hicieron suyas, también el Altay se quedó unas instalaciones que habían sido construidas por sus vecinos griegos. El Panionios perdió ese partido por 2-1 en un estadio engalanado con centenares de banderas turcas, aunque ganó la vuelta y acabaría proclamándose campeón del torneo.

El Panionios casi desapareció hace una década, cuando la municipalidad de Nea Smirni se hizo cargo del club para evitar males mayores. La entidad había quedado arruinada por culpa de la mala gestión del empresario Achilles Beos. Nacido en Volos, una ciudad que pasó de ser un pueblo a una urbe de millares de habitantes, puesto que allí encontraron casa muchos griegos de ciudades como Esmirna, Beos llegó a Nea Smirni de joven para vivir con sus tíos. Pero en cuanto pudo, se largó y terminó trabajando de guardia de seguridad en discotecas de Estados Unidos. Cuando regresó a Grecia, con su dinero ahorrado, se convirtió en representante de cantantes. En 1998 adquirió la mayor parte de las acciones del Panionios, y nombró presidente a uno de sus cantantes, el popular Lefteris Pantazis, que compuso un nuevo himno pegadizo para la entidad. El club llegó a jugar la UEFA, aunque Beos gastó más dinero del que tenía y casi acaba con el club tan amado por sus familiares. «Los estatutos del club exigen que el diez por ciento de las acciones las controlemos los socios, aunque por aquí han pasado todo tipo de empresarios. Es cíclico, cada década sufrimos bancarrotas y renacemos. Pero se nos da bien renacer», dice Marios saliendo del bar situado en la plaza central de Nea Smirni, camino del estadio. Es día de partido. En el campo aún suena música de Pantazis, aunque hace años que se largó.

Incapaces de olvidar, los socios del Panionios aún tienen en sus bares fotos en blanco y negro del estadio tal como lo dejaron en 1922. Sin embargo, ese estadio ya no existe, pues fue demolido en 2016. «Se hicieron campañas para salvar el estadio, pero estábamos más interesados nosotros que los turcos en defender el campo», se quejan los hinchas del Panionios como Marios. El estadio lo había impulsado el obispo Crisóstomo en 1912, cuando el equipo se había quedado sin instalaciones, porque antes alquilaban una propiedad de una empresa francesa. Crisóstomo encontró el dinero y construyó el estadio en el barrio de Punta, el más multicultural de esa Esmirna plural que ya no existe. Un estadio que fue el orgullo del club hasta que pasó a manos del Altay, equipo fundado por jóvenes turcos en 1910 para plantar cara a las asociaciones deportivas griegas. El Altay abandonó el viejo estadio en los años noventa, y este acabó derribado en 2016. Ese día, en Nea Smirna, algunos ancianos lloraron. Y también jóvenes que ni siquiera han puesto los pies en Esmirna.

1922

Beitar de Jerusalén (Israel)

Los nombres de un equipo manchado por el odio

En 1922, el Reino Unido recibió el mandato de la Sociedad de Naciones de controlar Palestina. Era un regalo envenenado. A Londres le gustaba poder decir que controlaría la Ciudad Santa, Jerusalén, aunque vieron que tanto musulmanes como judíos luchaban entre ellos. Y, a la vez, atacaban a los soldados británicos. A veces, en un estadio.

Para conseguir que los niños estudiaran el alfabeto y los textos religiosos, durante siglos, los rabinos untaron con miel los márgenes de los libros. Así, los pequeños golosos, deseosos de poder chuparse los dedos, pasaban las páginas y seguían las lecturas, convirtiéndose, casi sin darse cuenta, en buenos estudiantes al tiempo que mantenían vivas viejas tradiciones. Durante siglos, un pueblo errante como el judío hizo de sus libros su patria. Todo cambió cuando empezaron a luchar por tener una patria en la Tierra.

Las culturas se construyen sobre sus palabras. Y en el judaísmo, la interpretación de una sola palabra en un texto sagrado puede generar debates entre estudiosos que duran siglos. Quizá por eso, en el fútbol de Israel, los nombres de los clubes nos hablan. Nos hablan de su gente. En un país donde todas las poblaciones parecen tener su Hapoel y su Maccabi, esta división nos remite a las dos almas de Israel, una religiosa y otra laica.

Una tradicional y otra más moderna. Muchos judíos estaban de acuerdo en la necesidad de construir un Estado, aunque se peleaban sobre cómo debía ser. *Hapoel* quiere decir 'obrero', y se refiere a clubes fundados por miembros del Histadrut, una unión de sindicatos socialistas creada en los años veinte, antes del nacimiento del Estado de Israel. Con el tiempo, la cosa se ha difuminado un poco, aunque los hinchas radicales del Hapoel aún muestran hoces y martillos. Los Maccabi, sus rivales, son clubes relacionados con el sionismo más conservador. Se fundaron alrededor de la Unión Mundial Maccabi, una agrupación de asociaciones deportivas judías que tomaban su nombre de una de las antiguas tribus de Israel, los macabeos, sinónimo de fuerza y valentía. A diferencia de las asociaciones Hapoel, estas no eran laicas, sino religiosas, más conservadoras, ligadas al sionismo y con sedes en toda Europa, donde se fundaron muchos equipos llamados Maccabi que desaparecieron con el Holocausto. Los Maccabi enarbolaron la bandera del sionismo, y, durante los años treinta, el Maccabi más famoso, el de Tel Aviv, protagonizó giras por Australia o Estados Unidos, reclamando un Estado judío. Aún hoy en día, el Maccabi de Tel Aviv es el equipo más exitoso y más laureado, tanto en fútbol como en baloncesto.

Y luego tenemos al Beitar, un club escorado todavía más a la derecha que los Maccabi. En este caso, el nombre del club también deriva de una organización política fundada por Zeev Jabotinsky, uno de los grandes ideólogos de la derecha israelí. Jabotinsky era un periodista nacido en Odesa, por aquel entonces un puerto dentro del Imperio ruso. Sus viajes por Europa moldearon su ideología, llegando a la conclusión de que los judíos debían aspirar a tener su propio Estado. Una de sus primeras acciones dentro del sionismo fue participar activamente en la constitución de un grupo de autodefensa judío frente a la amenaza de que se produjeran más pogromos, como el de Kishinev de 1903, cuando más de cuarenta judíos fueron asesinados por una turba. Los judíos siempre habían dejado su destino en manos de Dios. Por eso, muchos consideraron indecente intentar crear un Estado en Palestina, pues eso era cosa del Señor. A día de hoy, la mayor parte de los judíos ortodoxos están en contra de la existencia del Estado de Israel, que consideran cosa de pecadores. Jabotinsky no lo veía igual, y opinó que tocaba armarse. Cuando estalló la Primera Guerra Mundial lideró, junto al activista Joseph Trumpeldor, la formación de un contingente militar judío que formaría parte de los ejércitos aliados, con Jabotinsky como oficial.

Cuando finalizó la contienda, Palestina, la tierra donde los sionistas soñaban con crear el Estado de Israel, dejó de estar controlada por el Imperio otomano y se convirtió en un mandato británico. Jabotinsky se trasladó a vivir a Jerusalén, donde juntó a muchos de los soldados licenciados de la Legión Judía parar formar un grupo de autodefensa que se enfrentó con los palestinos, que no veían con buenos ojos la llegada de millares de judíos. Las autoridades militares británicas lo detuvieron por posesión de armas, aunque lo liberaron después de un año entre rejas, con la condición de que no volviese por allí. Convertido en el líder más radical del sionismo, viajaría por Europa, donde manifestó su admiración por la manera en que Mussolini había accedido al poder y militarizado Italia. Mussolini, quien tenía judíos cerca en los primeros años del fascismo, no adoptaría leyes racistas y antisemitas hasta 1938, motivo por el cual inicialmente Jabotinsky coqueteó con una especie de fascismo judío que debía luchar de forma violenta para crear su Estado. Por eso, en 1931, sus seguidores fundaron el Irgún, la Organización Militar Nacional de la Tierra de Israel, grupo que cometió atentados terroristas contra las tropas británicas y se enfrentó a los palestinos. Los británicos, que habían aceptado el mandato en 1922, deseosos de poder ver la Union Jack en los lugares más sagrados del cristianismo, se habían metido en un polvorín.

Vivir en Tierra Santa era peligroso. Cada día moría alguna persona. En 1937, los británicos realizaron una propuesta para dividir las tierras entre judíos y palestinos, intentando limitar los incidentes, aunque la idea no gustó a nadie. Y de 1936 a 1939, la región vivió la conocida como Gran Revuelta Árabe, liderada por el gran muftí Amin al-Husayni. Los árabes sentían que estaban siendo marginados en su propia región, pues los británicos permitían que llegasen cada vez más judíos, muchos de ellos escapando del nazismo. Y empezaron los ataques terroristas, tanto contra los británicos como contra colonias judías. Centenares de civiles fueron asesinados por grupos palestinos que, al mismo tiempo, se peleaban entre sí por disputas de clanes. El Irgún contestó con su propia campaña de represalias, colocando bombas en mercados y en otros lugares que también causaron cientos de muertos. Finalmente, la revuelta fue aplastada por los británicos, que reprimieron a unos y otros.

Fue en este contexto cuando nació el Beitar de Jerusalén, fundado en 1936 por Shmuel Kirschstein y David Horn, dos chicos que habían emigrado procedentes del este de Europa. Militantes en la asociación fundada por Jabotinsky, decidieron crear una sección de fútbol siendo dos adolescentes. Sus primeros partidos fueron contra equipos de los armenios de la ciudad, pues no querían jugar contra el Hapoel, a los que consideraban impíos por ser ateos. En ese galimatías que era Palestina, los judíos no solamente luchaban contra los británicos y los palestinos. También se peleaban entre ellos. En 1938, las autoridades británicas desmantelarían el Beitar, ya que uno de sus miembros había sido detenido por formar parte del Irgún. No sería el único. El mismo David Horn, uno de los fundadores, fue detenido por militar en el grupo, aunque en su caso no lo pudieron relacionar con ningún acto de sangre. En esos años, el Beitar se convirtió en un espacio ideal para esos jóvenes que soñaban con empuñar las armas. En espera de ser adultos y entrar en el Irgún, jugaban partidos que, en ocasiones, acababan en peleas sobre el terreno de juego. La represión de las autoridades acabó con los partidos del equipo, que estaría más de once meses sin marcar goles.

Sin embargo, cuando los británicos pensaban que tenían la cosa controlada, en 1939 estalló la Segunda Guerra Mundial. Algunos palestinos apoyaron a los aliados; otros se posicionaron con los nazis. Los judíos también se dividieron. Mientras Europa experimentaba su peor infierno, en Palestina se llegaron a vivir incidentes en que sionistas de izquierdas entregaban a los británicos a otros judíos, ya que eran demasiado radicales. Pese a ello, incluso dentro del Irgún y el Beitar, muchos optaron por no atacar a los británicos y colaboraron con ellos contra el nazismo. En 1941, cuando las autoridades permitieron al Beitar seguir jugando, los adolescentes ya empezaban a ser adultos. Y las gradas se llenaron de espías británicos buscando identificar alborotadores que se volvían a preparar para luchar por la creación de su país. En 1944, Jerusalén se llenó de carteles que pedían iniciar de nuevo una campaña violenta contra los británicos. Y corrió la sangre. Los terroristas judíos asesinaron a generales y altos mandos, tanto en Palestina como en ciudades como El Cairo. Pusieron bombas en edificios públicos y hoteles. Decidieron recurrir a la fuerza para que llegase su Estado. Las autoridades, cansadas de tanta violencia, deportaron a 251 personas a campos de prisioneros en África. Entre ellos se encontraban algunos jugadores y directivos del Beitar, como Horn, quienes siguieron organizando partidos entre hilados de espino en el campo donde estuvieron, en Kenia. Dos socios del club se intentaron fugar, siendo asesinados por los soldados sudaneses encargados de vigilar el campo. Aunque los detenidos no pudieron volver a Israel hasta 1948, Shmuel Kirshtein mantuvo vivo el club en Jerusalén, que incluso realizó giras por Estados árabes vecinos donde vivían importantes comunidades judías. En 1945, el Beitar jugaría en Beirut, aunque su deseo de jugar en Alepo, en Siria, acabó con un incidente diplomático cuando la población local protestó por la presencia de una bandera con la estrella de David en el equipo visitante.

Después de la Segunda Guerra Mundial llegaron aún más judíos a Israel, escapando de esa Europa que no los había sabido o querido proteger. Los horrores del Holocausto jugaban a favor de la causa judía, que sentía que tenía cerca la posibilidad de obtener un Estado propio. Eso se tradujo en otra escalada de violencia contra los británicos. En 1946, el Irgún puso una bomba en el hotel Rey David, cuartel general de las fuerzas británicas. Fallecieron 96 personas. Dos de los terroristas eran habituales del estadio del Beitar. Hoy, el hotel Rey David acoge bodas de judíos que vienen de todo el mundo para poder celebrar sus festejos en la ciudad sagrada. «Esta ciudad es fascinante. Por momentos puede ser la más hermosa del mundo, con sus diferencias. Y de repente, todo estalla», me contó allí Darío Fernández, jugador argentino que llegó al Beitar sin saber nada de la política de Israel. «Me tocó aprender rápido», bromeaba. En 1947, los británicos prohibieron por decreto una serie de asociaciones por estar conectadas con grupos armados. Entre ellas, el Beitar. Para seguir en activo, el club usó durante unos meses otro nombre, Nordiah, mientras algunos de sus jugadores, como Asher Benjamin, perdían la vida en ataques contra los británicos. Finalmente, en 1947, las Naciones Unidas proclamaron el Estado de Israel, país que nació manchado de sangre, pues rápidamente estalló la primera guerra contra sus vecinos árabes. Algunos jugadores del club fallecerían luchando en esa guerra, ganada por Israel, aunque el centro de Jerusalén quedó en manos árabes. Al oeste de la ciudad, los barrios poblados por árabes se vaciaron, con sus vecinos expulsados. La ciudad quedó dividida en dos, y por eso el estadio del Beitar se encuentra aquí, en el oeste. No sería hasta 1967 cuando Israel, tras la guerra de los Seis Días, conquistó toda la ciudad.

Con este pasado, el Beitar ha quedado asociado al nacionalismo israelí más rancio. Sus hinchas más radicales, llamados La Familia (en español), han protagonizado incidentes graves, como cuando el club fichó dos jugadores rusos en 2016 que resultaron ser chechenos musulmanes. El Beitar presumía hasta entonces de ser el único club donde jamás había jugado ni un árabe, ni aunque fuese cristiano. Y menos un musulmán. Y de repente, llegaron dos, que serían amenazados de muerte por sus propios hinchas. Cuando Sadayev, uno de los chechenos, debutó con un gol, los miembros de La Familia no lo celebraron y se largaron del estadio. «La tele mostró cómo esa grada se vaciaba, aunque el resto del estadio aplaudió. La hinchada estaba dividida. Solo el portero Ariel Arosh y yo salimos en defensa de los chechenos. Y nos amenazaron de muerte. Yo había salido campeón con el equipo y creía que sería respetado, pero empezaron a llegar amenazas de muerte al centro comercial donde trabajaba mi mujer, que es israelí. Incluso nos lanzaron un molotov al vestuario», recuerda Fernández, quien poco después se marcharía a Estados Unidos.

Los radicales del Beitar han sido sancionados por cánticos racistas contra los árabes, por pedir bombardear Gaza con mayor intensidad o incluso por romper un minuto de silencio en memoria de Isaac Rabin, el primer ministro asesinado por un colono nacionalista israelí. Especialmente complicados son los partidos de liga contra el Hapoel Bnei Sakhnin, el principal club de árabes con pasaporte israelí. Cuando el Hapoel Bnei Sakhnin ganó la Copa del Estado de Israel en 2004, La Familia publicó una esquela en el diario de mayor tirada del país, anunciando la muerte del fútbol israelí. «Los hinchas me decían que lo más importante era ganarle al Hapoel de Tel Aviv, y especialmente al Bnei Sakhnin. Cuando jugábamos en Jerusalén, todo el equipo del Bnei Sakhnin iba a rezar a la mitad de la cancha. Se arrodillaban allí a propósito, para provocar a los aficionados locales. Era como un *haka* de los All Blacks, ellos rezando y los hinchas del Beitar insultando», recuerda Darío Fernández.

En 2017, tres miembros de La Familia fueron detenidos por incendiar las oficinas de su propio club como protesta por la llegada de un empresario al que consideraban impío, Eli Tabib, ya que había sido accionista del Hapoel de Tel Aviv con anterioridad. Tabib, preocupado, intentó ganarse la complicidad de los radicales modificando el nombre del club. En una decisión surrealista, en 2018 anunció que bautizaría la entidad como Beitar Trump Jerusalén, en honor al presidente estadounidense, pues este había decidido trasladar la embajada de Estados Unidos de Tel Aviv a Jerusalén. Si en esta tierra los nombres nos cuentan historias, que un equipo acabase bautizado como Donald Trump parecía una broma de mal gusto. El gesto de Trump era clave, pues el estatus de la ciudad es una de las cuestiones que más división crea en el conflicto entre Israel y Palestina. Los palestinos reclaman la parte oriental de Jerusalén como la capital de su futuro Estado independiente, e Israel quiere la ciudad entera. Las Naciones Unidas, en sus resoluciones, establecen que el estatus final de la ciudad se debe decidir con un acuerdo de paz entre palestinos e israelíes que tenga como base la llamada «solución de los dos Estados». Por eso, mientras tanto, la mayor parte de países tienen sus embajadas en Tel Aviv. La decisión de Trump era un gesto de apoyo al nacionalismo israelí más radical, que ocupa tierras palestinas y expulsa familias árabes. La gente del Beitar lo celebró, aunque el nombre del político estadounidense duró poco en el escudo del club. A finales de 2018, Tabib vendió el club a Moshe Hogeg, un empresario hecho a sí mismo, que aprendió en Estados Unidos que no había que llevar corbata para hacer negocios. Suele vestir una camiseta informal, gafas de pasta y va despeinado, mientras se llena los bolsillos apostando por los formatos digitales, las criptomonedas y las nuevas tecnologías.

Gran aficionado al fútbol, especialmente del Barça, Hogeg descartó eso de jugar con el nombre de Trump cuando compró el club en 2018. Pocos meses después, Hogeg ya había presentado una denuncia contra los radicales del club por haber recibido amenazas de muerte en su propia casa. ¿La razón? Estaba negociando que el 49 % de las acciones fueran compradas por un jeque árabe. El club donde los radicales no querían a futbolistas musulmanes, de repente podía acabar en manos de un jeque de los Emiratos Árabes Unidos. «Todo por política.

Para buscar apoyos, el Gobierno de Israel había establecido relaciones diplomáticas con Estados musulmanes que no reconocían su existencia. En 2020 se llegó a un acuerdo con los Emiratos Árabes Unidos. Y, poco después, se entablaron negociaciones para comprar parte del Beitar», me explicaba el periodista Aviad Segal.

Los miembros de La Familia decidieron interrumpir los entrenamientos del equipo, llenaron los muros de pintadas y las redes de amenazas de muerte. Sin embargo, la mayor parte de los seguidores del Beitar parecían a favor de esta operación, ya que les permitiría aspirar por fin a ganar títulos. El equipo no ha ganado la liga desde 2008, cuando el propietario era el empresario nacido en la Unión Soviética Arcadi Gaidamak, un hombre de negocios que intentó ser alcalde de Jerusalén, sin éxito, y que viaja por el mundo con pasaporte de Angola para evitar ser detenido, porque tiene varias causas abiertas. «Con el paso de los años, el Beitar se ha convertido en el equipo de muchas personas de Jerusalén, sin más. Sin tener las ideas racistas de los radicales», me contó Segal, mientras que, entre bromas, me traducía las noticias en hebreo sobre la desaparición del jeque de Dubái, Hamad bin Khalifa Al Nahyan, quien finalmente no compró las acciones del club: «Parece que era todo un engaño, una operación extraña». El jeque resultó ser un farsante, y los radicales pudieron respirar tranquilos. Aunque la mayor parte de hinchas, deseosos de ver a su equipo ganar títulos, no. «La afición del Beitar ha cambiado. Te puedes encontrar todo tipo de gente. En 1998, cuando ganaron una liga y salieron a las calles, se encontraron con miembros de la comunidad LGTBI que celebraban que Dana International, una transexual, había ganado Eurovisión. Las portadas de la prensa al siguiente día, con los admiradores de Dana International y los aficionados del Beitar juntos, fue motivo de esperanza», recuerda Segal. En Tierra Santa siempre se necesita esperanza. Esperanza en que, algún día, llegará la paz.

1923

Júpiter (España)

Pistolas escondidas dentro de un balón

En 1923, el capitán general de Cataluña, Miguel Primo de Rivera, lideró un golpe de Estado militar. La dictadura reprimió con dureza los movimientos obreros, especialmente los anarquistas, y persiguió a los partidos separatistas. Un club de fútbol se movía entre esas dos corrientes: el Júpiter. Fue reprimido, por supuesto, aunque decidió defenderse.

Una de las tareas de los historiadores consiste en romper corazones. En ocasiones, a un historiador le toca indagar, escarbar e investigar, para acabar decepcionando al mundo al explicar que una historia emotiva que todos dan por cierta, en realidad no sucedió. Un trabajo parecido al del periodista, en el fondo. Aunque en ocasiones, los periodistas nos dejamos llevar por la sed de éxito y seguimos explicando mal los relatos para satisfacer al lector. Preferimos mantener la ilusión de la gente defendiendo leyendas sin base histórica, como esa que cuenta que en Kiev, durante la ocupación nazi de la Segunda Guerra Mundial, un equipo de fútbol local ganó un partido contra unos alemanes a sabiendas de que la victoria comportaba la muerte. ¿Cuántas veces se ha contado que los futbolistas fueron fusilados, aún con las botas puestas, en el estadio? Pues no sucedió. Algunos de esos jugadores serían ejecutados después, cierto. Aunque todos volvieron a casa duchados el día del partido. Incluso alguno sobrevivió a la guerra.

Una leyenda que siempre me habían contado era que los socios del Júpiter habían escondido pistolas y explosivos durante la dictadura, pues eran anarquistas. La historia se explica de boca en boca, entre cervezas y aceitunas, en los maravillosos campos regionales de Barcelona. Esos que fueron mi escuela como periodista. Ante algunas historias, uno se siente culpable al dudar, al preguntar si todo eso sucedió de verdad, aunque esa debería ser la tarea de todo historiador y todo periodista. En ello pensaba tomando una horchata en El Tío Che, uno de los locales más amados del barrio del Poblenou de Barcelona. Un negocio que abrió sus puertas hace más de cien años, en el local donde en 1909 existía la antigua cervecería Cebrián. Fue allí donde los hermanos escoceses Mauchan fundaron el Club Esportiu Júpiter. A falta de cervezas, tomamos una de las mejores horchatas de la ciudad, herencia de diferentes generaciones de una familia procedente de La Nucía, que llegó a Barcelona pensando en tomar un barco hacia Argentina. Pero se quedaron.

A la sombra de un gigante como el Barça, en Barcelona resisten orgullosos clubes de barrio, algunos de ellos con nombres curiosos, como el Europa, entidad que llegó a visitar el Parlamento Europeo aprovechando su nombre, o el Júpiter. Si bien no existe consenso a la hora de decidir si en este club se introdujeron armas de fuego en balones para burlar a las autoridades, sí se sabe que el curioso nombre se debe a un concurso de globos aerostáticos en la playa de la Mar Bella. Donde ahora se bañan extranjeros que valoran más el mar que los barceloneses de toda la vida y han comprado un piso para vivir en este barrio de moda, antes mojaban sus pies obreros que no sabían nadar. También los propietarios de las numerosas fábricas que habían convertido el Poblenou en una de las zonas más industriales de Cataluña. Eran empresarios, muchos de ellos extranjeros, que dedicaban su tiempo libre a las nuevas modas, ya fuesen estéticas, culturales o deportivas. Por eso organizaron ese concurso de globos que fascinó tanto a los hermanos Mauchan, quienes bautizaron a su equipo con el nombre del globo ganador. El mismo día que el globo Júpiter se elevó más que los otros, David Mauchan, el hermano que se había traído de su Escocia natal un balón de fútbol, propuso ese nombre a los amigos que habían reclutado. Los Mauchan habían llegado para trabajar en una fábrica textil, pues dominaban el uso de los telares más modernos. Y compartieron su pasión por el *football* con sus compañeros de fábrica, fusionando dos equipos *amateurs* que ya existían, el Anglo Español y el Stadium Nacional, para que naciera el Júpiter. «El Poblenou era el gran pulmón industrial de Cataluña. Como aquí existían terrenos no muy lejos de una ciudad que no dejaba de crecer, los empresarios construyeron aquí las fábricas. Y los trabajadores empezaron a vivir cerca, en una zona donde antes solo existía un pequeño pueblo de pescadores», explica Andreu Mitjans, quien trabaja en el Archivo Histórico del Poblenou.

El Poblenou había sido uno de los núcleos habitados del antiguo municipio de San Martín de Provensals, una urbe que en 1897 sería engullida por una Barcelona que no dejaba de crecer desde que había derribado sus murallas medievales. De ser un pequeño barrio de agricultores y pescadores cerca del mar, el Poblenou pasó a ser conocido como el «Mánchester catalán» por su gran cantidad de fábricas, denominación que también ostentaba en esa época mi ciudad, Sabadell. Existían diversas «Mánchesters» catalanas, por lo tanto, con sus fábricas, sus movimientos obreros y sus equipos de fútbol. En este caso, el Sabadell llegó más lejos que el Júpiter.

Precisamente en la zona de las viejas casitas blancas de pescadores del Poblenou, que aún existen, todo un milagro en una ciudad en ocasiones demasiado obsesionada por parecer moderna, se asentaron muchos anarquistas ya a mediados del siglo XIX, y crearon una comunidad de icarianos. Se trata de un movimiento iniciado por el socialista utópico francés Étienne Cabet, que soñaba con crear Icaria, una ciudad ideal fundada sobre principios comunitarios donde todo el mundo trabajaría por intercambio de actividades, sin sueldo ni dinero de por medio. Uno de los impulsores de la comunidad en el barrio fue Narcís Monturiol, quien posteriormente sería famoso por crear uno de los primeros submarinos de la historia. En el barrio se explica que cuando los icarianos franceses compraron unos terrenos en Estados Unidos para poner en práctica sus ideales, algunos de los miembros de la comunidad barcelonesa emprendieron ese viaje, que acabó mal. Los diferentes intentos de levantar ciudades más justas en el «lejano oeste» acabaron en tragedia, entre enfermedades, peleas y que algunos empresarios norteamericanos les tomaron el pelo. Aquí, como en la cuestión de las pistolas dentro de los balones de fútbol, los historiadores tienen dudas sobre cuál fue la implicación real de esos catalanes en esa aventura americana para construir Icaria.

Barrio politizado, el Poblenou vio cómo pasaban por sus calles personas como Buenaventura Durruti, figura clave del anarquismo español. La fuerza del movimiento obrero tardó poco en llegar al campo de fútbol del Júpiter, quien en su escudo ya presumía de sus raíces: la bandera catalana, coronada por una estrella azul de cinco puntas, demasiado revolucionaria en opinión de las autoridades, que tenían las calles del barrio llenas de agentes secretos. Y algunos de esos agentes se dejaban ver en los dos primeros campos del Júpiter. El primer campo del equipo fue el de la Bota, en la zona de Mar. Después jugó hasta en tres campos diferentes del barrio, dos de ellos no muy lejos de la horchatería El Tío Che, que había abierto sus puertas después de que cerrase la cervecería, pasando a ser uno de los puntos de encuentro para los aficionados del club. El campeonato regional de fútbol catalán despertaba entonces pasiones, provocando que clubes como el Barça o el Espanyol planificasen construir estadios cada vez más grandes. Era la Barcelona que se entregaba al teatro, el cine y los espectáculos en el Paralelo, soñando ser como París. La que convertía a los primeros futbolistas en héroes de los jóvenes, soñando ser como los británicos. Y con bombas, pistolerismo y sueños revolucionarios de los que soñaban ser como Rusia. Con un libro de historia en la mano, esa Barcelona parece un lugar apasionante para haber vivido en ella. Aunque también se trataba de una ciudad dura, de ahí que fuera conocida como la *Rosa de foc* ('rosa de fuego').

Todo estalló en 1923. Y tenía sentido que fuese en Barcelona. España había ido perdiendo sus colonias en guerras que herían su autoestima. Era un viejo reino buscando un sitio en una Europa moderna, y cada partido político parecía tener una receta distinta. Unos hacia la izquierda, otros hacia la derecha. Unos la querían romper, otros unirla por la fuerza. Y todas las ideologías se mezclaban en Barcelona, donde los militares empezaron a actuar sin pedir permiso a las autoridades, como cuando en 1905 asaltaron las redacciones de la revista satírica catalanista *Cu-Cut* y el periódico *La Veu de Catalunya*, en respuesta a una viñeta satírica sobre el ejército. En 1909 estalló la Semana Trágica, cuando parte de la población de Barcelona y otras ciudades catalanas se levantaron contra un decreto para mandar más tropas a la guerra de Marruecos. Esa contienda se saldó con una dura derrota del ejército español a manos del líder rifeño Abd-el-Krim, que venció en Annual en 1921. La inestabilidad política condujo al golpe de Estado liderado por el capitán general de Cataluña, Miguel Primo de Rivera, el 13 de septiembre de 1923.

La dictadura persiguió rigurosamente a los movimientos obreros, como el anarquismo. En el Poblenou, decenas de personas serían detenidas, algunas de ellas, socios del Júpiter, que ya había pasado los dos mil afiliados, una cifra significativa en esa época. Y es en este periodo cuando surge la leyenda de los balones armados. «En esos años, los balones de fútbol se ataban con cordeles. Y se cuenta que los anarquistas los desataban para meter dentro una pistola desmontada», explicaría el anterior presidente del club, Julio Nacarino. Muchos historiadores dudan de la veracidad de la anécdota, que se transmitiría de generación en generación. Aunque en el club creen que alguna cosa debió de suceder si ya se contaba cuando Nacarino era niño, en los años treinta. Aprovechando que un equipo de fútbol se podía mover con cierta facilidad, los revolucionarios anarquistas usaban los balones para trasladar su material. Desplazamientos que, en ocasiones, seguían más de cien aficionados, ya que el Júpiter se coronaría campeón del Campeonato de España de Segunda Categoría, título que le permitió ser invitado al partido más famoso de su historia.

El domingo 14 de julio de 1925, el Barça y el Júpiter jugaron un amistoso en el estadio de Les Corts. El equipo azulgrana celebraba haber ganado la Copa del Rey, mientras que el Júpiter sacaba pecho con su título. El partido también servía para rendir homenaje a la sociedad coral del Orfeó Català, entidad muy ligada al catalanismo. Cosas de la vida, esos días, un buque de la Marina Real británica estaba anclado en el puerto de Barcelona, y su banda de música fue invitada al partido. Cuando estos tocaron el himno español, la *Marcha real,* el público reaccionó con una sonora pitada. En las gradas, los obreros del Júpiter y los socios del Barça, de orígenes más variados, se unieron en la pitada. Los dos clubes serían severamente castigados. En el caso del Júpiter, el equipo suspendió sus actividades durante seis meses. El escudo ya había sido modificado incluso antes del partido, en 1924, cuando el juez de instrucción Cristóbal Fernández presentó una denuncia al considerar que el emblema, con las cuatro barras y la estrella azul, se parecía demasiado a la estelada, la bandera independentista catalana. Igualmente duras fueron las sanciones al Barça. Su presidente, Joan Gamper, incluso se exilió. «También se impuso un nuevo escudo, más sobrio, y tocado por una corona real. Muchos miembros del club fueron encarcelados, otros continuaron luchando», recordaría Nacarino, quien entonces era un niño. Nacarino contaría cómo durante esos duros años de atentados y represión, «el club daba al movimiento gran parte de sus ganancias. En un breve espacio de tiempo, el estadio se transformó en un arsenal». Muchos anarquistas habían optado por la lucha armada durante una época complicada que acabó en 1930. Con el fin de la dictadura, el Júpiter recuperó su escudo. Y una de las primeras cosas que realizó, en 1931, fue recibir al líder catalanista Francesc Macià, que acababa de salir de la cárcel, para que, en un acto simbólico, le devolviera al club su escudo. A su vez, el equipo le entregó una insignia de oro y brillantes al presidente de la Generalitat. Entonces, el Júpiter se movía entre el anarquismo y el catalanismo de izquierdas.

La paz duró poco. El 19 de julio de 1936, al amanecer, las sirenas de las fábricas del Poblenou alertaron a los trabajadores del golpe de Estado militar que daría inicio a la Guerra Civil. «Nuestros viejos se acuerdan muy bien de ese día. La muchedumbre se dirigió al campo; todo el mundo estaba presente, incluso algunos futbolistas. Hacía calor, y el terreno de juego era un hervidero de hombres. Las armas escaseaban, pero, de repente, se empezó a cantar. Era una vieja melodía, el himno de la rebelión de Asturias: «¡A las barricadas!». Al final, los trabajadores recogieron los fusiles y se alinearon ordenadamente, en el espacio entre las dos porterías. Desde allí, desde el campo del Júpiter, salieron para empezar la revolución», recordaba Nacarino. Desde el estadio salieron dos camiones llenos de deportistas y socios, la mayoría militantes de la Federación Anarquista Ibérica, la FAI. Algún experto en movimientos obreros de la época cree que si algunos de los miembros de la FAI se reunieron en el campo con los socios del club, fue porque aún escondían armas en las tribunas del campo.

El final de la Guerra Civil cubrió de nubes un club claramente alineado con los derrotados. Durante doce meses, las autoridades franquistas incluso cambiaron el nombre del Júpiter, que pasó a llamarse Hércules. Si cambiar el escudo podía tener un sentido para los dirigentes fascistas, el cambio de nombre parecía una venganza sin más contra una entidad a la que consideraban «roja». Fueron años difíciles en los que el exfutbolista del Júpiter, Carlos Ibañez García, militante de la

CNT, sería uno de los más de mil setecientos ejecutados en el campo de prisioneros del campo de la Bota. Ironías del destino, las autoridades franquistas convirtieron el lugar donde el Júpiter había jugado sus primeros partidos en un espacio para la represión. Otros deportistas del club, como Juan Font, uno de los campeones de España de Segunda Categoría en 1925, había fallecido en el frente durante la guerra.

Pese a que en 1942 el club pudo recuperar su nombre, se había convertido en una entidad maldita para los ganadores de la guerra, que llegaron a debatir su desaparición, convirtiendo al Júpiter en el filial del Espanyol. Esos planes no fructificaron, aunque en 1948, los dirigentes de la Federación ordenaron al club abandonar el Poblenou para jugar en el campo de la Verneda, en el distrito de Sant Martí. Allí sigue, convertido en uno de los equipos con más solera de esa zona de Barcelona. El Júpiter no pudo recuperar su escudo hasta el año 1990, cuando una nueva generación de aficionados reivindicó el legado histórico anterior a la Guerra Civil. «Diferentes factores explican este retorno a los orígenes. En primer lugar, la voluntad de la junta directiva del club; en segundo lugar, el contexto social de Barcelona; y, en tercer lugar, una ola que se vive en toda Europa de muchos clubes modestos de reivindicar sus orígenes populares», explicaba el historiador Francesc Poblet en 2019, cuando el Júpiter recibió en su campo de la Verneda al Clapton, un equipo de Londres que había decidido jugar esa temporada con una camiseta en homenaje a las Brigadas Internacionales que lucharon en el bando republicano durante la Guerra Civil. El partido, organizado para rememorar la proclamación de la Segunda República en 1931, unió un poco más al Júpiter con sus raíces. Raíces que diferentes Gobiernos han intentado arrancar, aunque siempre sin éxito.

1932

The Strongest (Bolivia)

La batalla bautizada por un club

En 1932, los paraguayos y los bolivianos iniciaron una guerra cruel que aún hoy pocos europeos conocen. Presionados por empresas petroleras y guiados por un sentimiento nacionalista gigantesco, las dos naciones perdieron millares de jóvenes en un conflicto donde un club de fútbol de La Paz marchó al frente casi en su totalidad, hasta el punto de que una batalla lleva su nombre.

En noviembre del año 2017, la población boliviana de Tarata vivió unos días extraños. Casi todos los vecinos participaron como extras en el rodaje de *Fuertes,* un filme ambientando en la guerra del Chaco. Óscar Salazar y Franco Traverso, los directores, eligieron Tarata por el parecido de su precioso centro colonial con La Paz de los años treinta del siglo xx. Algunos vecinos se vistieron de traje, siguiendo los patrones de la moda de la época. A otros les tocó ser extras en una escena donde aparecían futbolistas. «El filme trata de esto. De cómo un grupo de futbolistas, con toda la vida por delante, marcharon a luchar en una guerra cruel, mostrando el mismo valor en el campo de batalla que en el terreno de juego», explicaba Salazar. Los hinchas del Club The Strongest siempre presumían por ser el único club de fútbol del mundo que ha dado nombre a una batalla bélica, y ahora tenían su propia película. «Cómo no vamos a estar orgullosos de nuestra historia. Decenas de deportistas y aficionados del club dieron su vida por Bolivia. Ese sacrificio no se olvida», me decía el historiador Iván Aguilar en una cafetería dentro de la librería Gisbert, en el centro de La Paz.

Las historias del pasado siguen vivas en el centro de la ciudad. En la siguiente esquina de la librería Gisbert se encuentra el corazón político de La Paz, la plaza Murillo. Cuando la visité, una gran pancarta en una esquina pedía: «Mar para los pueblos». O sea, el Gobierno seguía reivindicando que Bolivia pudiera recuperar una salida territorial al océano Pacífico, una herida que duele desde la guerra del Pacífico de 1879 y 1884, cuando los chilenos se quedaron todos los puertos bolivianos, dejándolos aislados en el centro del continente. Si esa guerra sigue presente en el día a día, cómo no va a doler la guerra del Chaco, de 1932 al 1935, más reciente. La historia boliviana está viva y es descarnada, como lo fue el linchamiento del presidente Gualberto Villarroel en 1946, cuando este militar fue arrastrado por una turba que lo llevó del Palacio de Gobierno hasta el centro de la plaza, donde lo colgaron medio desnudo de una farola. La farola aún sigue en su sitio, a solo veinte metros del kiosko donde, en 1908, un grupo de estudiantes del American Institute y del Colegio San Simón fundaron el The Strongest, un club de fútbol nacido en el corazón geográfico de la ciudad, sin imaginar que desempeñaría un papel clave en la historia contemporánea del país. Inicialmente, los estudiantes querían bautizar su equipo como Strong Football Club, aunque finalmente apostaron por esta otra fórmula. Y así nació el Club The Strongest, la única entidad deportiva del mundo que da nombre a un episodio de una contienda bélica: la batalla de la Cañada Strongest, una de las pocas victorias bolivianas sobre las tropas paraguayas durante la guerra del Chaco, el conflicto armado más sangriento del siglo xx en Sudamérica.

Entre el 9 de septiembre de 1932 y el 12 de junio de 1935, Paraguay y Bolivia se enfrentaron por el control del Chaco Boreal, una zona rica en recursos naturales. Presionados por empresas petroleras extranjeras deseosas de abrir pozos buscando oro negro, los dos Estados se enzarzaron en un conflicto que acabó con la vida de más de cien mil personas. Después de tres años extenuantes que destrozaron la economía de las dos naciones, los Gobiernos, presionados por Estados Unidos, firmaron un alto el fuego que confirmaba la victoria paraguaya, aunque los bolivianos conservaron el veinticinco por ciento del terreno disputado. No sería hasta el año 2009 cuando se fijaron definitivamente las fronteras de un conflicto que hacía subir la tensión cada vez que las selecciones de los dos países se veían las caras en un terreno de juego. Si en Paraguay los ecos de esa vieja guerra aún resuenan en el principal estadio del país, bautizado con el nombre de Defensores del Chaco, en Bolivia, la hinchada de The Strongest recuerda el sacrificio de su gente en el campo de batalla. «Es una imagen muy potente. Los jugadores pasaron de luchar en un terreno de juego a un campo de batalla, usando el mismo lema guerrero», me comentó Aguilar en esas hermosas calles del centro de La Paz, las mismas por las que caminaron los fundadores del club, alumnos de buena cuna que podían estudiar en colegios extranjeros. Aguilar fracasó en sus intentos para que pronunciara bien el cántico de guerra de The Strongest, que aún resuena antes de cada partido: *¡K'alatakaya, huarik'asaya!* Un cántico en lengua aymara que significa 'rompe la piedra, tiembla la vicuña' que, supuestamente, también se entonó cuando los futbolistas del club colgaron su uniforme negro y amarillo para vestir uno militar y luchar contra las tropas paraguayas. Yo fracasé en mi empeño para que pronunciara algunos apellidos catalanes, pues la librería Gisbert la fundaron en 1907 Francisco y Esteban Arnó, de Mataró. En 1922, ellos emplearon a José Gisbert, quien acabaría siendo dueño del negocio. El apellido Gisbert es respetado en Bolivia. José era el tío de Teresa Gisbert, una de las mejores historiadoras del país y madre de Carlos Mesa Gisbert, presidente boliviano del 2003 al 2005. Una familia que habló catalán hasta hace poco, mezclado con los idiomas autóctonos que Teresa Gisbert aprendió en sus largos viajes buscando obras de arte andinas. En Bolivia, el tiempo parece regirse por otras reglas. Pasado y presente se funden en cada esquina.

El fútbol había llegado a Bolivia procedente de Chile, de la mano de los ingenieros ingleses que trazaban túneles, carreteras y líneas de tren en los Andes. La liga boliviana no nacería hasta el año 1950, aunque en los años treinta, la ciudad de La Paz ya tenía un torneo local que despertaba pasiones entre las hinchadas de los equipos. Fue la época del nacimiento de la rivalidad entre el Bolívar y el The Strongest, conocido popularmente como El Tigre por sus colores, negro y amarillo. Cuando estalló la guerra, el The Strongest era el mejor club del momento. «Entonces contaba con unos mil quinientos socios, entre señoras, caballeros, jóvenes y niños, de los cuales seiscientos partieron a las arenas chaqueñas, y se sumaron al Primer Cuerpo del Ejército», explica el historiador paceño Guillermo Mejillones Quispe. El presidente del club, Víctor Zalles, envió una carta al jefe del Estado Mayor General en la que afirmaba tener «el honor de dirigirme a usted para llevar a su conocimiento que el directorio que presido ha resuelto ofrecer todo el contingente de reservistas que militan en el Club The Strongest. Juzgo que el ofrecimiento que formulo en nombre de centenares de socios del club, dispuestos todos ellos al sacrificio de sus vidas en aras de la defensa del hogar patrio, ha de merecer una acogida favorable». Dos de los tres hermanos del presidente Zalles no volverían del frente. Las guerras siempre repiten este ciclo, con millares de hombres deseoso de ir a luchar, sin imaginar que muchos perderán la vida. En los relatos épicos, la guerra puede parecer bella. Aunque jamás lo ha sido.

En ese año 1932, toda la sociedad boliviana se movilizó. También The Strongest, entidad que tenía un alto número de militares en sus filas. «Entrar en el ejército significaba tener un trabajo estable, bien pagado. Muchos deportistas de la época eran soldados, ya que, entonces, el deporte era *amateur* y necesitaban ganarse la vida», decía Aguilar, exdirectivo del club e historiador. Los socios que se quedaron en casa organizaron bailes benéficos o sorteos en la sede del club, donde «se creó un servicio de correos para las familias de los movilizados, la "correspondencia del soldado", para colaborar con prisioneros de guerra y familiares de oficiales y soldados». Se mandaron más de cinco mil cartas, algunas a la capital paraguaya, Asunción, donde centenares de bolivianos capturados por el enemigo pasaron años como prisioneros de guerra, algunos de ellos en estadios de fútbol convertidos en campos de prisioneros. Víctor Hugo Estrada Cárdenas se contaba entre los cautivos. Era uno de los mejores futbolistas de The Strongest, quien, después de ser herido en combate en diversas ocasiones, fue capturado por el ejército paraguayo. Estrada Cárdenas contaría de vuelta a casa que había sido tratado con «honores» por su fama como deportista. Otro era Renato Sainz Lora, que había jugado con Bolivia el primer Mundial de la historia, celebrado en 1930 en Uruguay. Sainz era subteniente del Regimiento Azurduy del ejército, donde compartía armas con sus compañeros de equipo José Rosendo Bullaín y José Toro. Sainz estaría cautivo en Asunción hasta 1935, cuando se pactó un intercambio de prisioneros.

La guerra, cruel y larga, podría haber acabado antes, pues durante la primera fase del conflicto, las tropas paraguayas, a las órdenes del general José Félix Estigarribia, superaron las líneas bolivianas. La importancia de la batalla de la Cañada Strongest, conocida como Cañada Esperanza en el bando paraguayo, se debe a que evita una derrota boliviana total en los primeros meses de la contienda. En esa batalla, librada entre el 10 y el 25 de mayo de 1934, los paraguayos se quedaron a cien metros de tomar una zona clave de pozos petrolíferos, pues era la llave para tomar las ciudades de Tarija o Santa Cruz, y dejaba sin recursos al enemigo. Los bolivianos sorprendieron con un contraataque y capturaron a más de mil seiscientos soldados paraguayos, aunque la lenta reacción de los generales bolivianos, timoratos, evitó que la victoria fuese incluso más aplastante. «Inicialmente fue conocida como la batalla de la Cañada Cochabamba, aunque con el paso del tiempo se bautizó como Cañada Strongest, cuando se supo que tantos miembros del club participaron en ella», explicaba Iván Aguilar. Esa fue la única victoria importante de Bolivia en esta guerra librada en un clima asfixiante, en el infierno verde del Chaco. Y el sacrificio de The Strongest fue muy importante, pues en esta batalla perdió la vida José Rosendo Bullaín, un jugador del club nacido en Oruro que tenía a su cargo la Batería 8 de Artillería. Otros futbolistas de The Strongest que perdieron la vida en la guerra fueron Luis Emilio Aguirre y el poeta Froilán Pinilla, autor de la letra del himno del club.

En su *Historia del fútbol boliviano*, Carlos Mesa Gisbert, el futuro presidente de Bolivia y familiar de los propietarios de la librería, explicaría que «en la sangrienta guerra del Chaco, que enfrentó a Bolivia y Paraguay, uno de los episodios heroicos para las armas bolivianas fue la defensa de la Cañada Strongest. Uno de los jugadores atigrados de entonces participó en el combate y, para alentar a sus compañeros, disparaba su fusil al grito de «¡Huarikasaya…!». Por eso, el nombre del club quedó para siempre en la historia. Un grupo de hinchas y un jugador atigrado que defendieron con éxito una posición boliviana rebautizaron el lugar denominado originalmente Cañada Cochabamba por el de Cañada Strongest». Aguilar dudaba de la veracidad de esta versión, aunque, después de años de trabajo, han podido documentar la presencia de decenas de socios en esa batalla, además de los deportistas ya conocidos. Pero ¿entonaron estos el famoso grito de guerra del club antes de asaltar posiciones enemigas? Si bien no tenemos pruebas, los hinchas de El Tigre no lo dudan. Habrá que creerlo.

«Existen muchas historias sobre el origen de este cántico, aunque todas apuntan a Pancho Villarejo, periodista y directivo del club, que era un gran estudioso de la lengua aymara», defiende Aguilar. Durante los años veinte y treinta, Villarejo estudiaba las tradiciones de los pueblos autóctonos que vivían en la zona de La Paz, recuperando sus cánticos y leyendas. Y le gustó particularmente este grito que hablaba de la dureza de un pueblo que había defendido su lengua pese a la imposición del español. «Romper la piedra y asustar a la vicuña, un animal que resiste en climas muy duros, significa ser fuerte. No rendirse». Así que Villarejo lo propuso como cántico motivador del The Strongest antes de los partidos. Según algunas fuentes, lo sugirió durante una noche de san Juan muy fría, cuando los socios del club intentaban calentar sus almas bebiendo alcohol. Según otras fuentes, fue antes de un partido amistoso en 1931 contra el mejor equipo de Sucre, la ciudad con la que La Paz rivaliza por ser la capital boliviana. «Tenemos documentado el cántico ya en partidos de los primeros años de la década de los treinta, así como en reuniones durante la guerra. Eso refuerza la idea de que el cántico se usó en la guerra, como contarían las personas que participaron en ella», decía pensativo Aguilar.

Algunos de los testimonios de esa batalla también explicaron que unos días antes del choque en la Cañada Strongest se jugó el llamado «último partido», cuando, durante un breve cese de hostilidades, se organizó un encuentro amistoso entre soldados de los regimientos Lanza 5 de Caballería y el 16 de Infantería. El árbitro fue Mario Alborta, la estrella de Bolívar que había jugado el Mundial de 1930. Y como capitán de uno de los conjuntos estaba otro mundialista, Eduardo *Chato* Reyes Ortiz, gran estrella de The Strongest y el fútbol boliviano, pues durante sus estudios en Inglaterra llegó a debutar con el Southampton. Así, uno de los primeros extranjeros en brillar en el Reino Unido se jugó la vida en ese conflicto, donde caería Bullaín, autor de uno de los goles de ese último partido donde se mezclaron aficionados y futbolistas en el terreno de juego. En el bando paraguayo se jugaron partidos similares, con deportistas de primer nivel reclutados por el ejército. Aunque otros, como Arsenio Erico, fueron enrolados en una selección de fútbol enviada a Argentina para recaudar fondos. Y Erico se quedaría en esa tierra, brillando en el Independiente de Avellaneda. La guerra tiene estas cosas, siempre sonríe a alguien.

La guerra del Chaco destrozó la economía de dos naciones pobres. Cuando finalmente se acordó el alto el fuego, se pactaron unas fronteras no muy diferentes a las que estaban en litigio en 1932. Muchos se preguntaron por qué tantas personas se habían dejado la vida en esas tierras bajas, húmedas y duras. La población boliviana, cansada, dio la espalda a esos militares que seguían hablando de una victoria que no llegaba, mientras reclutaban soldados cada vez más jóvenes. Con todo, los militares siguieron escribiendo la historia del país. También los futbolistas de The Strongest. Nuevas generaciones que ya solo luchaban en los terrenos de juego. Y, últimamente, en un filme.

1933

FC Bayern de Múnich (Alemania)

Un presidente en el campo de concentración

En 1933, Adolf Hitler subió al poder. Era la culminación del ascenso meteórico de ese veterano de guerra austríaco que una década antes había fracasado con un intento de golpe de Estado en Múnich, la ciudad donde algunos de sus seguidores se pelearían en las cervecerías locales con los futbolistas de un club que sufrió de lleno el ascenso al poder del nazismo: el Bayern.

Con una mano en un bolsillo y un cigarro colgando de la boca, Benno Elkan parece tener la mirada perdida. Era 1956. Después de siete años trabajando duro, Elkan tenía lista la escultura de su vida, y había abierto las puertas de su estudio a la prensa. Las autoridades británicas le habían pedido una pieza para regalar a Israel como símbolo de buena voluntad con el joven Estado que, surgido de las cenizas de la Segunda Guerra Mundial, ya provocaba nuevos incendios en Oriente Próximo. Nacido en 1877 en Dortmund, Elkan era entonces uno de los escultores más conocidos de Europa. Había escapado de Alemania en 1935, cuando trabajar a la sombra de la esvástica resultaba imposible siendo judío. Y recaló en el Reino Unido, su nuevo hogar, donde le llegarían las noticias del asesinato de muchos de sus familiares en los campos de exterminio. Su recuerdo se convirtió en esa escultura. Elkan imaginó una gran menorá de bronce con siete brazos de grandes dimensiones.

Brazos llenos de pequeños relieves que describen las penurias y luchas por la supervivencia del pueblo judío, del Antiguo Testamento a Auschwitz. El candelabro gigante se convirtió en un libro de texto visual, capaz de contar diferentes historias a la vez. Y ese día de 1956, Elkan posaba delante de su gran obra sin sonreír. La escultura se instalaría en la explanada delante del edificio del parlamento de Israel, la Knéset. Allí sigue, en un jardín rodeado de rosas.

En septiembre del año 2004, una delegación del Bayern de Múnich visitó la menorá de Benno Elkan y depositó a sus pies un ramo de flores y una bufanda del club antes de un partido de Champions en el campo del Maccabi de Tel Aviv. No era un gesto casual. Benno Elkan, uno de los mejores escultores del siglo xx, había sido también uno de los fundadores del Bayern. «Nuestro club tiene la obligación de recuperar la memoria de sus socios judíos. El Bayern siempre fue un club abierto, tolerante, con una historia que debemos reivindicar, pues el Bayern intentó proteger a sus socios judíos en los años treinta. Así que toca recuperar su nombre, ahora que muchos no quieren mirar hacia el pasado», me explicaría unos años más tarde Dietrich Schulze-Marmeling, historiador que ha trabajado sobre el pasado judío del club más laureado del país. Gracias al trabajo de diferentes investigadores, el Bayern descubrió quién era uno de sus fundadores. Y le dedicó un espacio en su museo a Elkan, entre trofeos y botas de fútbol.

Tener una obra de arte en un museo deportivo era una forma de cerrar el círculo, pues el Bayern nació rodeado de artistas, sin más pretensión que gozar del deporte. Jamás hubiera imaginado que acabaría cotizando en bolsa, convertido en una multinacional. En el año 1900, los futbolistas del MTV de Múnich, un club polideportivo de la ciudad, se pelearon con su directiva cuando esta rechazó su petición para que defendiesen la adhesión de la entidad a la Asociación de Fútbol del Sur de Alemania. Así que los futbolistas se reunieron en la posada Bäckerhöfl, entre cervezas, para decidir qué debían hacer.

La mitad de los jugadores propusieron escindirse y emprender su propio camino. Los otros prefirieron seguir en el MTV, sin imaginar que se condenaban así a ser olvidados. De modo que los once futbolistas rebeldes pagaron su parte de la cuenta en la posada y se largaron al restaurante Gisela, en el barrio de Schwabing, una zona famosa por los artistas que poblaban sus calles. Allí nació el Bayern, enrolando a algunos amigos que conocían de sus peripecias nocturnas por el barrio, como el mismísimo Benno Elkan, entonces un estudiante de arte fascinado por los deportes. De los diecisiete fundadores del Bayern, dos eran judíos. Elkan era uno de ellos. Educado en el extranjero, se había enamorado del fútbol gracias a profesores ingleses que había tenido en internados de Suiza; después participó en la fundación del Dortmunder Sports Club 1895 en su ciudad natal. Un club que no debe confundirse con el Borussia, y que aún existe malviviendo en la octava división alemana. En 1897, Elkan viajó hasta Múnich para hacer los exámenes de acceso a la prestigiosa academia de arte privada del pintor Walter Thor. Sería admitido, y conocería a los demás fundadores del Bayern en las calles de Schwabing.

El Bayern nació así. Entre risas y brindis, en un ambiente fascinante. Pensaba en ello paseando por el campo de concentración de Dachau, a catorce kilómetros de Múnich. Durante el Mundial de Fútbol de Alemania, en el verano de 2006, la Federación Alemana organizó visitas a Dachau para los hinchas que habían venido de medio planeta a ver el torneo. Como periodista enviado, me apunté a una de ellas. Allí aprendí que muchos socios del Bayern fueron internados entre esos muros. Los mismos aficionados del club se encargaban de hacer visitas guiadas para que nadie olvidase lo que había sucedido en su tierra. Para los amantes de la historia, Múnich es un sitio extraño. Allí se celebra la vida en las mismas cervecerías donde Hitler pronunció sus primeros discursos. Donde la modernidad se junta con la tradición. Donde se cantan goles no muy lejos del primer campo de concentración levantado por los nazis poco antes de llegar al poder, en Dachau. Donde se encarceló a uno de los presidentes más importantes del Bayern.

El primer presidente del club fue Franz John, un fotógrafo. Nacido en el estado de Brandenburgo, cerca de Berlín, experimentaba con la fotografía en las calles de ese barrio lleno de personajes que provocaban las miradas de desprecio de los bávaros más tradicionales, fieles al Papa de Roma y monárquicos. Los fundadores del Bayern eran diferentes, pese a que inicialmente eligieron como sus colores el azul y el blanco, los mismos de la bandera de Baviera, una tierra que había sido un reino independiente durante buena parte de su historia. Poco después, el Bayern adoptaría el rojo para diferenciarse del que sería su gran rival, el Múnich 1860, un club fundado dentro de un gimnasio por chicos de las mejores familias bávaras, casi todas ellas católicas. El Bayern era diferente. Una entidad donde se encontraban vecinos de Múnich de toda la vida con gente que estaba de paso. Con católicos, protestantes y judíos que compartían mesa y vestuario. Sin embargo, muchos de ellos se dejaban ver poco por los templos religiosos, puesto que preferían reinventar el mundo, ya fuese en un estudio, con la escultura o la fotografía, o en un estadio de fútbol. El presidente que sucedió a John fue el holandés Willem Hesselink, un estudiante de química y filosofía. Sí, estudiaba dos carreras a la vez y también sacaba tiempo para ser uno de los delanteros de moda del equipo. Hesselink era un tipo peculiar, que dejó para la posteridad una tesis doctoral sobre el vino de Porto antes de convertirse en uno de los primeros expertos en el uso de la ciencia para intentar solucionar crímenes en los Países Bajos. Los primeros héroes del Bayern no eran gente común. Eran almas libres, como el tercer presidente, Angelo Knorr, un químico que ejercía de mecenas de artistas y sufriría un destino trágico. En 1913 lo detuvieron por ser homosexual. Por aquel entonces, eso era delito en Alemania. Knorr se vería obligado a pasar por centros psiquiátricos para «curarse» de sus problemas, forzado por su familia. Falleció por depresión a los cincuenta años. Cuando Knorr fue detenido, el presidente del Bayern ya era Kurt Landauer, quien se encargaría de proteger a Knorr cuando la policía interrogó a la directiva de la entidad, para indagar sobre el comportamiento del químico.

Landauer sigue siendo el padre del primer gran Bayern de la historia. El primer gran presidente de la entidad. Y el primero de confesión judía. «El éxito del Bayern a partir de los años sesenta enterró el pasado anterior de la entidad. Parecía que solo existía el presente y el futuro, como si no se quisiesen recordar las épocas malas. Y eso provocó que se hablara poco de que el Bayern ya había ganado algunos títulos cuando su presidente y su entrenador eran judíos», defiende Schulze-Marmeling. En 1901, Kurt Landauer pagó por primera vez su cuota como socio del club. En 1902, debutaba como jugador. Hijo de una familia judía bávara, marcharía poco después a Suiza e Italia para estudiar y trabajar. Cuando regresó, en 1911, tardó poco en ser elegido presidente, entendiendo que un club de fútbol debía ser gestionado con otros métodos. Consiguiendo los primeros contratos publicitarios y buscando entrenadores lejos de Múnich para mejorar el nivel del los jugadores, logró superar a los otros equipos de la región. Así, ficharía al austríaco Richard *Dombi* Kohn, un entrenador famoso por sus conceptos defensivos. Gracias a Dombi, quien era judío como Landauer, el Bayern ganaría el campeonato de fútbol alemán por primera vez en 1932. Kohn fichó a buenos jugadores, como Oskar Rohr, un hombre que se opuso siempre al nazismo y fue capturado por la Gestapo cuando jugaba en Francia. Rohr acabaría encarcelado y condenado a luchar en el frente ruso, aunque sobrevivió.

Menos de medio año después de la victoria del Bayern en la final del Campeonato Alemán de fútbol, en enero de 1933, Adolf Hitler fue elegido canciller. Y ya en junio de 1933, el ministro de Educación y Cultura, Bernhard Rust, anunció que los clubes deportivos debían purgar a sus atletas y directivos judíos o marxistas. El Bayern no quiso hacerlo. Otros clubes, como el Múnich 1860, sí. Pese a ello, Kohn prefirió marcharse al Barça, donde en agosto de 1933 daba una entrevista en *El Mundo Deportivo,* en el hotel Oriente, recordando cómo el Bayern le había organizado una fiesta de despedida. Los nazis consideraban el Bayern como un *Judenklub,* un 'club de judíos', por detalles como este. En vez de expulsar de malas formas a sus socios de esta confesión, los despedían con honores. Landauer inicialmente no dimitió, aunque el ambiente se empezó a volver irrespirable. Uno de sus primos, el abogado Michael Siegel, fue conducido por el centro de la ciudad por los nazis con los pantalones cortados y un cartel colgado del cuello que decía: «No volveré a quejarme a la policía», pues había presentado una denuncia contra un nazi. Landauer dimitiría pocos días después y se convertiría en el jefe de publicidad de la editorial Knorr & Hirth, cargo en el que duró poco, pues los nazis forzaron a la empresa para que lo despidiera. Acabó trabajando en la lavandería de un familiar.

La noche del 9 al 10 de noviembre de 1938, la campaña de odio de los nazis contra los judíos desembocó en la Noche de los Cristales Rotos. Más de 91 ciudadanos judíos fueron asesinados en toda Alemania. Las autoridades, en vez de mantener el orden, participaron en los saqueos de comercios judíos, como la lavandería de los Landauer, la quema de sinagogas o la destrucción de dos estatuas de Benno Elkan. Las calles alemanas acabaron llenas de cristales de los escaparates rotos. Más de treinta y tres mil judíos fueron encarcelados, entre ellos, el propio Landauer. Con el número de prisionero 20009, fue internado en Dachau, en la sala cuatro del bloque ocho. Landauer sería liberado gracias a las condecoraciones que tenía de cuando había luchado en la Primera Guerra Mundial con el ejército alemán. Gracias a ese expediente de guerra y a las presiones de la directiva del Bayern, lo soltaron. Eso sí, salió más flaco y con golpes por todo el cuerpo. Landauer sabía que debía escapar de una Alemania que se entregaba a una orgía de odio y racismo. Así que se marchó a la vecina Suiza gracias al dinero prestado por el Bayern, pues lo había perdido todo por culpa de las leyes antisemitas. Los caminos del directivo y el club se separaron, aunque cinco años más tarde se cruzaron otra vez. En 1943, ya durante la Segunda Guerra Mundial, el Bayern jugaría un amistoso en Zúrich. Ese día, Landauer se acercó al hotel donde descansaba el Bayern y le entregó una nota al capitán, Konrad Heidkamp, pero un agente de la Gestapo la incautó rápidamente y recordó al futbolista que no tenía permitido relacionarse con Landauer. La venganza de los jugadores del Bayern fue aplaudir a su antiguo presidente cuando lo vieron en las gradas, antes del partido. Landauer lloró, emocionado.

Entre los nazis de la ciudad, el Bayern se había ganado durante muchos años la fama de ser el club de los judíos, aunque estos no fueran mayoría entre su masa social. En 1934, los jugadores, después de una cena de equipo, se pelearían en las calles con un grupo de camisas marrones, los miembros de la Sturmabteilung, una milicia vinculada al Partido Nazi. Dos años después, durante los Juegos Olímpicos de Berlín, el delantero Willy Simetsreiter se fotografió con el atleta norteamericano Jesse Owens, el deportista de color que había roto el sueño de Hitler de demostrar en los Juegos la superioridad de la raza aria. El defensa Sigmund Haringer también sería multado por definir una manifestación nazi como «una payasada». Y Konrad Heidkamp escondió en su casa las copas ganadas por el Bayern cuando el mariscal Hermann Göring pidió donar todo el metal posible para ayudar a la máquina de guerra nazi durante la Segunda Guerra Mundial.

Landauer volvería a Múnich después de la caída de Hitler. Sus tres hermanos y una hermana habían sido asesinados durante el Holocausto. Solamente había sobrevivido otra hermana, que había emigrado a Palestina durante los años treinta. Landauer sería elegido presidente del Bayern de nuevo, manteniendo el cargo hasta 1951. Fueron unos años en que fue citado a declarar por el tribunal que juzgaba a los ciudadanos alemanes acusados de haber sido nazis, pues durante su época como presidente en los años treinta, su vicepresidente, August Harlacher, era militante del Partido Nazi. Trabajador de la banca, Harlacher se había unido al Partido el 1 de julio de 1930. El 9 de julio de 1930, solamente ocho días después de darse de alta en las oficinas nazis, Harlacher fue elegido miembro de la junta directiva del Bayern. Así que Landauer fue llamado a declarar en 1947 en la Cámara de Justicia de Múnich durante el juicio a Harlacher, quien sería condenado a una multa de mil marcos en su proceso de desnazificación. Tuvo suerte, pues evitó la cárcel o una multa superior, ya que solamente fue definido en la sentencia como un «seguidor» del nacionalsocialismo, gracias a que personas como Landauer declararon que era una persona «apolítica» que había creído que los nazis podrían mejorar Alemania, sin tener después el valor de alzar la voz cuando entendieron su error. En su declaración ante el juez, Landauer explicaría que «nuestra cooperación siempre fue fluida», definiendo la relación como amistosa. «Siempre me consultaba sobre cuestiones difíciles relacionadas con el club después de mi dimisión. Cuando salí del campo de concentración de Dachau, en diciembre de 1938, el señor Harlacher vino a verme a mi apartamento privado un domingo por la mañana para averiguar cómo me sentía», declararía. En unos años extraños, un judío y un militante del Partido Nazi charlaban amistosamente sobre cómo ayudar al Bayern, mientras Europa se dirigía al abismo. Al tiempo que el Bayern ayudaba a Landauer para llegar a Suiza, también añadía en sus estatutos leyes nazis. No todo fue blanco o negro. Por eso, en 2018, la directiva del Bayern encargó a Frank Bajohr, un historiador del Instituto de Historia Contemporánea, que investigase el papel del club en el nacionalsocialismo para poder explicar la historia tal y como fue. Directivos como Harlacher usaron sus contactos para conseguir buenos jugadores en la misma época en que los futbolistas se peleaban con miembros de las SA. Pese a todo, durante el nazismo, el Bayern quedó a la sombra del Múnich 1860, club que sería mimado por las nuevas autoridades, hasta el punto de ficharles por decreto a dos futbolistas internacionales.

Después de abandonar la presidencia en 1951, el nombre de Landauer quedó enterrado bajo los éxitos de un nuevo Bayern, nacido en los años sesenta. «Cuando se empezó a investigar esa época, un vicepresidente del club, Fritz Scherer, admitió que el Bayern no quería enfatizar sus raíces judías por miedo a tener mala imagen en una época en que estaba apostando por un mercado internacional», me explicó Schulze-Marmeling delante de la calle Kurt Landauer, inaugurada muy cerca del nuevo estadio del Bayern, el espectacular Allianz Arena, antes de un partido de Champions League. Sí, los hinchas del club no permitieron que personas como Landauer fueran olvidadas e iniciaron campañas para recuperar su nombre «en una época en que las ideas de extrema derecha han vuelto. La afición del Bayern, por lo tanto, ha decidido defender a sus socios judíos décadas más tarde». El resultado se ha traducido en conferencias, libros, un filme, un monumento y la visita a la menorá de Elkan en 2004, entre otros actos. Presionado por sus aficionados, el Bayern incluso pagó de su bolsillo un campo de fútbol inaugurado al este de la ciudad en 2010 para el club de la comunidad judía local, el TSV Maccabi de Múnich. El campo se llama Kurt Landauer, cómo no. Cuando lo visité, jugadores de diferentes razas perseguían la pelota por el césped. Muchos de ellos, hijos de emigrantes musulmanes. «De eso se trata, ¿no?», medio bromeó Uri Siegel, uno de los líderes de la comunidad judía de Múnich. Y sobrino de Kurt Landauer. Siegel, quien fallecería en 2020, era un hombre feliz. Sentía que, finalmente, se había hecho justicia. «Todo el mundo habla de Beckenbauer, de las Champions… Pero sin gente como mi tío, el Bayern no sería lo que ha sido. Es bonito ver a tanta gente joven recordar su nombre».

1935

Kidus Giorgis Sport Club (Etiopía)

El santo que lideró a un pueblo contra el invasor

Durante siglos, Etiopía fue el único reino africano que consiguió seguir libre, sin formar parte de ningún imperio colonial europeo. Cuando los italianos fijaron sus ojos en Etiopía, su primer intento de ocupación acabó en derrota. Sin embargo, en los años treinta volvieron con más fuerza e Italia consiguió dominar en el país africano durante un tiempo. Un corto periodo en que el fútbol también fue una herramienta de resistencia.

Etecha Birru estaba revisando unos documentos cuando entré en el local. Al principio no se percató de nuestra presencia, pues no anda bien del oído. Cuando finalmente nos vio, nos quiso sacar del local a empujones. Ni esperaba visitas, ni las quería. «Ya hablo yo con él», me dijo Samson, que nos hacía de traductor. Fue una suerte, ya que Etecha solo habla amárico. Gracias a Samson, pude saber cómo se había convertido con solamente doce años en un *Arbegnoch,* uno de los guerrilleros etíopes que habían luchado contra la ocupación italiana. A sus ochenta y ocho años tenía un porte señorial, aunque el peso de las décadas había curvado su espalda. Tenía la mirada profunda de quien se ha enfrentado a la muerte. En la guerra perdió familiares y amigos. No tuvo infancia. «No era época para andar jugando, se debía luchar contra los invasores», nos dijo. En África, muchos niños se han convertido en adultos sin quererlo.

Etecha nos dejó husmear por la sede de la Asociación Patriótica Etíope, en una transitada avenida de Adís Abeba. El local estaba lleno de polvo. Las ventanas, rotas. Era un lugar ruinoso. Allí habían acabado los últimos héroes de la guerra contra los italianos. En los años sesenta, la asociación que reunía a los *Arbegnoch* había ocupado un majestuoso palacio de tres plantas donado por el emperador Haile Selassie. Pero todo fue diferente cuando el emperador fue ejecutado y enterrado de mala manera bajo el lavabo del Palacio Imperial. El Derg, la junta comunista que tomó el poder, persiguió a los *Arbegnoch,* puesto que los consideraba fieles a Haile Selassie. Los viejos guerrilleros se quedaron sin sede y muchos fallecieron en la calle, abandonados. Tendrían que esperar a finales de los años noventa para que el nuevo Gobierno les donase estos bajos para que no molestasen demasiado. La mayoría tenía entonces más de setenta y cinco años, y se reunían más en los funerales de sus camaradas que en esta sede llena de viejas fotos que habían caído al suelo, descolgadas de la pared. Nadie las volvía poner en su sitio. Una de esas fotos destacaba en medio de tantas imágenes de guerrilleros, pues era un futbolista. «Kidus Giorgis —me dijo—. Yidnekatchew Tessema» añadió. No tenía ni idea de qué me estaba hablando. Me sentí mal, pues deduje que era alguien importante para los etíopes. Esa noche, en un hotel de Adís Abeba lleno de parejas españolas que estaban esperando para adoptar niños, busqué información por internet. Así descubrí la historia del San Jorge. Y es que *Kidus Giorgis* quiere decir eso, 'san Jorge'.

Tessema era solamente un estudiante de catorce años cuando, cruzando el céntrico puente de Ras Mekonnen, se encontró con Ayele Atnash y George Ducas. En ocasiones, ese tipo de encuentros fortuitos permiten escribir grandes historias, aunque entonces, ellos no lo sabían. Atnash y Ducas habían creado pocas semanas antes un equipo de fútbol, pero les faltaban jugadores. Así que le propusieron a Tessema jugar esa tarde un partido contra un equipo formado por estudiantes armenios. Tessema aceptó y marcó los dos goles de la victoria por 2-0. Así, como en un juego de chiquillos, nació el club más popular de Etiopía, el Kidus Giorgis, aunque entonces se llamaba Arada, el céntrico barrio donde vivían esos chavales. Como no tenían dinero para comprar equipamiento deportivo, iban de casa en casa cantando la canción tradicional *Hoya Hoye*. Los vecinos les daban pan que ellos, a su vez, vendían para poder comprar camisetas, porterías o balones. Era diciembre del año 1935, y su mayor preocupación era marcar goles. Pero sus padres tenían otras cosas en la cabeza.

Tres meses antes, más de cien mil soldados italianos habían invadido Etiopía. Inicialmente, los italianos avanzaron muy lento y Mussolini llegó a destituir al general De Bono, temeroso de sufrir una derrota similar a la de 1896, tras la humillación italiana en la batalla de Adua, cuando las tropas de Menelik II, enarbolando un estandarte con la imagen de san Jorge mientras atacaban, acabaron con la vida de siete mil italianos. Mussolini puso al frente de las tropas al veterano general Pietro Badoglio, que llegó a utilizar gas mostaza contra la población civil, pese a que su uso estaba prohibido según las convenciones de la época. En mayo del año 1936, las tropas italianas entraron en Adís Abeba. Haile Selassie marchó al exilio. Etiopía había caído, pero no se sentía derrotada.

Millares de hombres marcharon a las montañas para convertirse en guerrilleros. En la ciudad, incluso el fútbol se convirtió en escenario de la lucha por recuperar la libertad. A finales del año 1936, esos chicos que habían creado un equipo se convirtieron en adultos. Conscientes del momento que vivían, rebautizaron su club como Kidus Giorgis, el santo que recordaba a los etíopes la victoria de Adua. Además, cambiaron los colores de su camiseta marrón y blanca por los de la bandera etíope: amarillo, rojo y verde. Las autoridades italianas requisaron las camisetas y las quemaron. La respuesta de los chicos fue usar las camisetas viejas de color marrón encima de unas nuevas equipaciones que consiguieron con los colores nacionales.

El Kidus Giorgis se convirtió poco a poco en un símbolo. Según recordaría Tessema años más tarde, justo antes de la entrada de las tropas italianas ya habían empezado a sumar hinchas, dado que fueron el primer equipo formado por etíopes capaz de ganar partidos contra armenios o europeos.

La ocupación fascista fue sangrienta, aunque también dejó un legado que aún hoy explica la Etiopía moderna. Los primeros cines, los cafés modernos y la pasión por el fútbol o el ciclismo llegaron con la invasión. Etiopía, uno de los reinos cristianos más antiguos del mundo, era el único de los países africanos que nunca había sido colonizado. Relativamente aislado, no conoció el deporte moderno hasta finales del siglo XIX, cuando algunos aristócratas enviaron a sus hijos a colegios ingleses. En 1924, un grupo de funcionarios británicos organizó el primer partido de fútbol del país. Muchos etíopes, gente de honor muy religiosa, lo consideraron pecaminoso, aunque sus hijos se enamoraron del juego, y en los años treinta formarían los primeros equipos locales, a pesar no estar muy organizados. Con la llegada de los italianos, el deporte se estructuró, aunque segregado por razas. Así, los blancos jamás competían contra los etíopes. En 1937 se fundó la Asociación Deportiva para Indígenas, con el objetivo de organizar el deporte para los etíopes, separando de paso las diferentes comunidades que pueblan Etiopía. Divide y vencerás. Uno de los funcionarios de esa Asociación era Yidnekatchew Tessema.

Los italianos persiguieron a las familias que habían tenido buena relación con el emperador. La idea era dividir a la población local, así que ofrecieron cargos a quienes habían caído en desgracia bajo el mandato de Haile Selassie. Gente como Tessema. Su padre había sido ministro de Correos de Iyasu V, un emperador que había sido depuesto en 1916 tras un golpe de Estado orquestado dentro de su propio palacio con apoyo británico. Iyasu V se había inclinado hacia el islam en un país mayoritariamente cristiano. Cuando fue derrocado, sus ministros marcharon al exilio. Tessema se quedó sin una figura paterna y pasó su juventud internado en un instituto donde se convirtió en un patriota. Cuando entró a trabajar en esa asociación que organizó el fútbol etíope, Tessema empezó a soñar en la estructura que crearía para potenciar el deporte local una vez los italianos fueran expulsados. Aprendió lo mejor del enemigo.

Durante los años de la ocupación nacieron las primeras ligas. Una para italianos y otra para etíopes, torneo que ganó dos veces el Littorio Wube Squadra. Bajo este nombre se escondía el *Kidus Giorgis*. Una de las medidas impuestas por el fascismo fue que todas las entidades deportivas tuvieran nombres italianos, pese a que no permitían a estos equipos jugar contra los europeos. Tessema recordaría que algunos clubes rivales incluso recibían más dinero de las autoridades, para evitar así que los campeones fueran esos chicos que escondían debajo de la camiseta los colores de la bandera. En una tierra donde el relato oral tiene mucho valor, se contarían historias sobre policías italianos que organizan partidos del Kidus Giorgis con la esperanza de atrapar guerrilleros en la grada, ya que muchos patriotas iban a ver sus encuentros. O sobre las victorias del club contra equipos europeos. La ley lo prohibía. Seguramente, esos partidos no se jugaron jamás, pero sí quedaron documentados hasta tres partidos que no pudieron acabar por incidentes entre hinchas y policías.

El Kidus Giorgis ya era un símbolo de la resistencia, y es que algunos de sus primeros jugadores se convirtieron en guerrilleros. Otros marcharon con el emperador a su exilio en Bath, Inglaterra. Cuando las tropas británicas procedentes de Kenia atacaron a los italianos tras el inicio de la Segunda Guerra Mundial, el pueblo se levantó contra los ocupantes. En 1941, el emperador entró en Adís Abeba triunfante, y la población entonó el himno nacional de la época, *Ethiopia hoy des Yebelesh,* una composición escrita por el armenio Kevork Nalbandian con letra de uno de los primeros socios del Kidus Giorgis, Yoftahe Nigussie. Los jugadores del Kidus Giorgis participaron en el desfile, luciendo sus camisetas detrás del emperador.

Con el retorno de la libertad, Tessema se puso manos a la obra. Entendió que Etiopía debía entrar en una nueva era, más fuerte, más moderna. Ya en 1941 propuso que el Kidus Giorgis jugara un partido contra el Fortitudo, un club formado por italianos que habían decidido quedarse en Adís Abeba, ya fuera porque no simpatizaban con Mussolini o porque se habían casado con mujeres etíopes. Durante el fascismo, el Kidus Giorgis tenía prohibido jugar contra clubes de italianos, así que era un partido de gran carga simbólica. Aprovechando la ocasión, el equipo estrenó ese día su nueva camiseta, la misma que sigue usando ahora: amarilla con un escapulario rojo encima. Rojo para recordar la sangre de los mártires, y en forma de V para recordar que Etiopía salió victoriosa. El Kidus Giorgis, por cierto, ganó ese partido por 4-1. Tessema marcó un gol.

A los veintiocho años, Tessema se convirtió en el primer ministro de Deportes de Etiopía y en el primer presidente de la Federación de Fútbol. En 1944 nació la primera liga etíope, formada por el Fortitudo italiano, el Aratat de los armenios, el Olympiakos de los griegos y el British Military Mision de los británicos. El Kidus Giorgis fue el único equipo etíope de ese torneo, ganado por los soldados británicos. En 1947, Tessema reorganizó la competición, ya solamente con equipos etíopes. Y lo hizo sin dejar de jugar en su amado Kidus Giorgis. Pero quería más. En 1948, la selección etíope jugó su primer partido contra la colonia francesa de Somalilandia. En ese partido, Tessema actuó como presidente de la Federación, entrenador, capitán y delantero. Cuando decidió colgar las botas, en 1958, había marcado 318 goles en 365 partidos. Tenía treinta y siete años.

Yidnekatchew Tessema también sería uno de los padres de la Confederación Africana de Fútbol (CAF), entidad de la que sería presidente de 1972 a 1987. Cuando nació esta asociación, solamente había cuatro territorios independientes en una África colonizada: Sudáfrica, Egipto, Sudán y Etiopía.

A Tessema, por cierto, no le temblaría el pulso para expulsar a los sudafricanos como señal de protesta por el *apartheid*. En 1962, Etiopía se proclamaría campeona africana por primera vez, tras derrotar a los egipcios. Tessema, pese a ser vicepresidente de la CAF, no presenció el partido en el palco, pues le tocaba estar en el banquillo: era el seleccionador de los campeones. Para los etíopes, se convirtió en un mito. Para los africanos, en un símbolo, dado que fue él quien lideró el boicot de las selecciones africanas en las eliminatorias de clasificación para el Mundial de 1966. Entonces, África no tenía ni una sola plaza fija garantizada en la fase final. El boicot de Tessema forzó a la FIFA a replantear su postura. Y en el Mundial de 1970, por primera vez, África tuvo una plaza garantizada.

Tessema falleció en 1987, sumido en el dolor. Después de años de represión contra los ciudadanos, el emperador fue depuesto tras un golpe de Estado encabezado por los comunistas, que perpetuó el ciclo sangriento. Muchos amigos de Tessema fueron asesinados. El Derg, la junta comunista liderada por Mengistu Haile Mariam, dejó con vida a Tessema, ya que era el presidente de la CAF. No obstante, el Derg, al igual que habían hecho los italianos, decidió cambiar los nombres de todos los equipos para vincularlos a sectores del Estado; tomaron el ejemplo de la URSS. El Kidus Giorgis acabó bautizado como Addis Ababa Brewery, vinculado a una fábrica de cerveza. Diecinueve años después recuperó su nombre, el que le habían otorgado unos adolescentes para recordar una batalla ganada y dar esperanza a sus vecinos después de una derrota.

1936

Unión Española (Chile)

La Guerra Civil en la otra punta del mundo

Cuando España se rompió en dos con la Guerra Civil, también las comunidades de españoles en otras tierras sufrieron el mismo destino. En Chile, donde tenían un Frente Popular y miraban hacia Europa divididos en bloques de izquierda y derecha, un equipo de fútbol quedó marcado como embajador del franquismo. Y sufrió las consecuencias.

Cada vez que he visitado Santiago de Chile, he acabado en el Cementerio General. Una ciudad de más de dos millones de tumbas donde se esconden historias cruzadas que nos cuentan el recorrido de un país. El cementerio donde Pinochet tenía listo un mausoleo para ser eterno, aunque sus cenizas acabaron escondidas en una finca privada, porque las autoridades no permitieron su entierro en ese lugar para evitar incidentes. El lugar donde Salvador Allende sí descansa en paz, en una tumba donde nunca faltan flores. Como tampoco faltan flores en el patio 29, la zona al norte del cementerio donde la dictadura enterró en fosas comunes a más de dos mil víctimas ejecutadas cruelmente. Armando, un trabajador del cementerio, me contó cómo «los cuerpos llegaban sin rostro, pues les habían disparado en la cabeza. Con las manos atadas». A pocos metros, en un nicho humilde, enterraron al poeta Pablo Neruda. Su funeral fue uno de los primeros actos de desafío a la dictadura de Pinochet, aunque luego trasladaron a Neruda a otra tumba más bella con vistas al Pacífico, como él quería. Curiosamente, también Pinochet descansa en una casa con vistas al Pacífico. Aunque él no lo quería así. En el cementerio también se encuentra un mausoleo pagado por el Colo Colo, el club más popular del país, para sus mejores exjugadores; la tumba de Víctor Jara, el cantante asesinado por los militares, o los panteones propiedad de sociedades de inmigrantes que llegaron a Chile procedentes de otros rincones del mundo. Se encontraban con sus paisanos en centros sociales donde, pagando una cuota, podían usar instalaciones como bibliotecas o gimnasios, asegurarse un servicio médico y una tumba en estos mausoleos para descansar rodeados de gente de su tierra. Y allí están aún esas tumbas escritas en italiano, árabe, croata o catalán, en el panteón que visité buscando los restos de Francesc Trabal, un escrito nacido en mi ciudad, Sabadell, ya que estaba siguiendo sus pasos. Hasta allí me acompañó mi buen amigo Jorge Nazar, que después me paseó por las calles cercanas al cementerio, donde sus antepasados palestinos, llegados de Belén, levantaron sus negocios textiles y sus cafés. «Y allí detrás está el estadio de la Unión Española, cerquita del cementerio», me explicó. Y, cómo no, visitamos el estadio.

El 18 de mayo de 1897 se fundó en Santiago el Centro Español de Instrucción y Recreación. La idea era dar un lugar de encuentro a la comunidad española. Chile no tenía ni cien años de vida como país independiente, y algunos ciudadanos aún se sentían españoles. Otros eran inmigrantes pobres que habían llegado a finales del siglo XIX a Chile, escapando de la inestabilidad de una España fracturada por las guerras carlistas. En Santiago, casi el cinco por ciento de la población era entonces española. En ese centro se encontraban ancianos que podían hablar de sus recuerdos de la madre patria y bailar danzas tradicionales. Los más jóvenes preferían practicar deportes, por lo que surgieron diferentes secciones. Dos de ellas, el Ciclista Ibérico y el Ibérico Balompié, adquirieron vida propia lejos del centro. Ambas asociaciones se fusionarían en 1922, y dieron lugar a la Unión Deportiva Española. Compraron los terrenos detrás del cementerio mientras la ciudad de Santiago se expandía en todas direcciones, creciendo también por el norte, hasta cruzar el río Mapocho.

«La Unión Española siempre ha competido contra los grandes de Chile. Tenemos ligas, y en 1975 llegamos a la final de la Libertadores. Nos quedamos a un paso de ser el primer club chileno campeón de América», me explicaría José Marino, uno de esos personajes tan pasionales que por momentos te asusta con su grado de obsesión. Además de investigar la historia del club, colecciona todo lo que encuentra relativo a la Unión, y en su casa tiene más de setecientas camisetas oficiales usadas por futbolistas. La Unión juega su gran derbi contra el Audax, el club de la comunidad italiana. Y también se bate en el campo de juego contra el Palestino, fundado por la importante comunidad de esta tierra que llegó en los primeros años del siglo XX, formada por cristianos árabes que no se sentían a gusto en el Imperio otomano. El pasado sigue muy vivo en Chile. Y la Unión Española aún carga con la cruz de una Guerra Civil siempre dura, que enfrenta a hermanos. Una guerra que aunque se libró lejos, en España, destruyó la convivencia dentro del club. «La Guerra Civil dividió a la comunidad española de Chile entre defensores de Franco y republicanos. Y eso afectó al club, pues se ganó la fama de ser franquista», admite Marino, mientras reivindica que no es cierto que los socios del club modificaran su escudo para que el águila que lo preside fuese como la franquista. «No, fue anterior. Aunque, como se parece, la gente piensa que fue un homenaje a Franco. El escudo data de 1934, cuando se organizó un concurso entre los hinchas para crear un nuevo símbolo representativo. El diseño ganador fue un águila imperial, inspirado en el escudo de los Reyes Católicos. Asociarla al periodo de Franco es querer ensuciar una insignia cuyo nacimiento es anterior. A partir de 1940, Franco también utilizó un águila como emblema en la bandera española. Y aunque se parecen, no son iguales». La similitud de las águilas y saber que algunos socios efectivamente eran franquistas le provocaron tantos problemas al club que, en los años setenta, cuando mandaba el Gobierno de izquierdas de Salvador Allende, el presidente de la Unión decidió que el equipo jugaría sin el escudo en la camiseta. «Abel Alonso, el presidente de esa época, era contrario a Franco, por ejemplo. No es cierto que seamos un club de franquistas», me argumentaba Alonso, quien tiene raíces gallegas.

Cuando estalló la Guerra Civil en 1936, la comunidad española ya llevaba diversos días enfrentada, con una oposición manifiesta entre militantes de izquierdas y derechas. Españoles divididos tanto en su visión de Chile como de España. «Chile también vivía una época inestable a nivel político, y otros actores aprovecharon la Guerra Civil española para hacer su propaganda. En Chile se seguía lo que sucedía en España con pasión, con programas de radio y la creación de periódicos franquistas o republicanos. Y en la Unión, el club se posicionó con el franquismo, pues buena parte de sus directivos eran gente adinerada que se había forjado un futuro, codeándose con las clases dominantes chilenas, contrarias a las ideas de izquierdas», sostiene el historiador Pablo Muñoz. Además, en esa época existía otro club de fútbol, el Club Deportivo Social y Cultural Iberia, donde se encontrarían españoles más humildes que se posicionaban a favor de la República. No queda claro el origen del nombre, pues una visión romántica dice que se optó por Iberia como símbolo de reconocimiento a la diversidad cultural de España, mientras que otros argumentan que, en verdad, se llamó así porque uno de los fundadores tenía trabajo en una casa de seguros con este nombre, que puso algo de dinero para ayudar al equipo a dar sus primeros pasos. Un club que pronto se politizó y donde los socios, muchos de ellos catalanes, apostaron por una camiseta azulgrana en honor al FC Barcelona, al que consideraban símbolo de las libertades republicanas. Durante la Guerra Civil, el club catalán había realizado una gira por México y Estados Unidos con el objetivo de recolectar dinero para la causa republicana, gira que se había seguido en la prensa chilena. Poco después de la gira azulgrana, las gestiones del poeta chileno Pablo Neruda permitieron que centenares de refugiados republicanos pudieran encontrar asilo en Chile, después de un largo viaje en el barco *Winnipeg*. Uno de ellos era José Balmes, hijo de un alcalde republicano de Montesquiu, en Cataluña. Balmes, quien triunfaría como pintor y militaría en la izquierda chilena, escapando de Pinochet en los años setenta, cuando se exilió en Francia, recordaba en 2009 en una entrevista cómo la Unión Española «siempre fue de la ultraderecha, empezando por el escudo, que es el águila de san Juan, el símbolo más evidente de la dictadura sangrienta de Franco, y que ya fue retirado de todos los edificios públicos de España pero que sigue en la camiseta de la Unión. Cuando llegamos exiliados, hace casi setenta años, supimos que el Círculo Español estaba lleno de fascistas, y que los republicanos se agrupaban en torno al Iberia, donde estuvo el cura Lizana. De eso no tienen la culpa ni el entrenador ni los jugadores, por cierto, ni tampoco las nuevas generaciones de hinchas, pero no me pida que vaya por la Unión, porque a mí ese equipo jamás me ha gustado».

Sí, la Guerra Civil se vivía en los estadios de fútbol, aunque en lo deportivo, la Unión tenía más nivel, en parte gracias a las aportaciones de socios que habían tenido éxito en sus negocios. A medida que las noticias sobre las victorias de Franco en España provocaban que se descorchasen botellas en algunos círculos de españoles en Chile, la Unión Española salía a jugar en un ambiente cada vez más crispado. El 24 de abril de 1939 le tocaba jugar el gran clásico contra su rival, el Audax italiano. En el terreno de juego ganó la Unión por 4-0, y en las gradas se produjeron peleas. Y no, no eran a causa de la rivalidad futbolística. Unos meses antes, en 1938, había subido al poder el abogado con raíces vascas Pedro Aguirre Cerda, después de ganar unas elecciones muy igualadas. Aguirre Cerda y su Partido Radical formaban parte de un Frente Popular inspirado en el español, que perdía en los campos de batalla lo que había ganado de forma legítima en las urnas. Las crónicas de la prensa de la época nos hablan de partidos donde los aficionados acababan a tortazos, con militantes del Frente Popular en las gradas esperando a la afición de los «hispanos» al considerarlos franquistas. Tanta fue la presión contra la Unión Española, que en los primeros meses de 1939 la directiva del club acordó jugar bajo el nombre de Central, para intentar evitar ser asociado con el franquismo. El primer partido bajo este nombre lo perdieron 4-2 contra el Colo Colo, y no consiguieron evitar los abucheos hacia sus jugadores y los insultos hacia un Franco que el 1 de abril de ese mismo año proclamaba la victoria en los muelles de Alicante.

Cuando finalizó la Guerra Civil, los dirigentes de la Unión organizaron un acto en su estadio de Santa Marta para celebrar el triunfo de Franco. Una delegación del club también participaría en otro acto similar en la plaza de Chacabuco el 18 de Julio de 1939, para celebrar el Día del Alzamiento Nacional, entre banderas y algún brazo elevado en salutación fascista. En los terrenos de juego, la situación se volvió tan insostenible, tanto para los dirigentes como para los jugadores, que se tomó la decisión de retirar al equipo de todas las competiciones. Se alegó que «se le quería asignar a la Unión Española un carácter político del que carece por completo, pues se limita única y exclusivamente a una labor deportiva, ajena a cuanto se aparte de este aspecto. El público hace objeto a sus deportistas y a los miembros de la colectividad residente de manifestaciones desagradables e injustas cada vez que algunos de sus representantes actúan en alguna competencia», según defendieron en un comunicado. «Chile, después de Francia y España, fue una de las tres repúblicas del mundo que tuvieron un Gobierno comandado por un Frente Popular de izquierdas. Es posible afirmar que en Chile, el gran apoyo que ostentaba Pedro Aguirre Cerda, primer presidente del Frente Popular Chileno, se manifestó también en la antipatía hacia el club hispano, en una forma de apoyo al derrocado Frente Popular Español», sostiene Pablo Muñoz.

Durante semanas, la Unión vivió fuertes debates internos sobre cuál debía ser su futuro. Finalmente, en 1940, regresó a los campos cuando los ánimos estaban más calmados, pues muchos países ya habían reconocido al Gobierno de Franco. Además, el inicio de la Segunda Guerra Mundial proporcionó otros motivos para las peleas entre los militantes de izquierdas y derechas de un país con una importante comunidad italiana y alemana. Dichas comunidades vivieron el mismo conflicto interno que habían pasado durante esos años los españoles de Chile, con amigos que se dejaban de hablar. Pese a que muchos de los jugadores de la Unión se habían ido a otros clubes durante esos meses de inactividad, la directiva consiguió armar una buena plantilla en un breve periodo de tiempo, y en 1943 ganarían su primer título de liga profesional. Durante esos años, los partidos contra el Iberia seguían siendo peligrosos, ya que se producían muchas peleas en las gradas. Sin embargo, el Iberia se fue perdiendo poco a poco en categorías inferiores, hasta el punto de fusionarse, en 1969, con el Deportes Los Ángeles, un club de la localidad de Los Ángeles, en la región de Bío Bío, lejos de Santiago. Incluso dejó de vestir de azulgrana, aunque con el paso de los años, estos colores fueron recuperados, más por *marketing* para asociarlos a los éxitos deportivos del Barça que por cuestiones ideológicas. El recuerdo de esos años en que en las gradas del modesto campo del Iberia, situado en el barrio de Independencia de Santiago, se encontraban republicanos españoles ya casi se ha perdido.

También se ha ido perdiendo el recuerdo de esas celebraciones franquistas que organizaron los directivos de la Unión en 1939. «La Unión es un equipo que cae simpático en general, muy familiar», me explicaría Abel Alonso, presidente del club durante muchos años. Natural de Bilbao, su padre pasó más de siete años en las cárceles franquistas. Cuando salió pudo escapar a Francia, donde, durante los años cincuenta, trabajó de lo que pudo hasta encontrarse con su familia, que había llegado a Chile en 1939. Trabajaron de forma incansable para labrarse un futuro, empezando con un modesto negocio de zapatos. En pocos años ya tenían fábricas y una cadena de zapaterías. «En los años sesenta entré en la Unión Española. Y le dediqué los mejores años de mi vida», recuerda Alonso, quien admite que mucha gente aún entonces miraba con malos ojos al escudo del club por su semejanza con el franquista. «Durante los años de Allende lo visitamos en muchas ocasiones. Y luego, con Pinochet, también nos tocó», me dijo sin querer mojarse mucho. Cuando Pinochet subió al poder, rápidamente quiso que el fútbol fuera una de las distracciones del pueblo, por lo que inició una época donde se modificaron las estructuras de los equipos para que fueran empresas privadas. Eso permitió que los clubes que tenían un mecenas brillaran. Y la Unión tenía a Alonso, que se permitía el lujo de fichar a los mejores jugadores de equipos grandes como el Colo Colo o la Universidad de Chile. Un antifranquista había acabado presidiendo un club con fama de franquista bajo la dictadura de Pinochet. Alonso se convertiría incluso en directivo de la Federación, responsable de temas administrativos en los años ochenta, cuando Chile jugó el Mundial de España. Entonces ya había salido de la Unión, que sufriría problemas económicos a finales de esa misma década. Fue entonces cuando «el Gobierno de España nos ayudó para poder reformar el estadio de Santa Marta, que estaba tan viejo que casi no se podía jugar en él», me contó José Marino. Una placa recuerda ese dinero que llegó de la madre patria en unos años en que España ya era una democracia. Y era Chile quien salía de su dictadura.

Las dos tierras han seguido unidas por el destino de millares de familias. Por las historias de refugiados de dos dictaduras. Y por las extrañas amistades, como la de un dictador como Pinochet con el rey Juan Carlos. O por el juez español Garzón, que persiguió al dictador chileno en los juzgados. O por las gestiones de Abel Alonso, quien sigue volviendo a Bilbao cuando puede. Y así recuerda cómo estuvo muy cerca de conseguir que la Unión Española fuera campeona de América en 1975, en esos años en que le tocaba bajar la cabeza delante de Pinochet. Él, hijo de alguien que nunca lo hizo delante de Franco.

1938

Hakoah de Viena (Austria)

Renacer después del Holocausto

Cuando Hitler consiguió entrar victorioso en su tierra natal, Austria, en el llamado Anschluss, uno de los mejores equipos de fútbol de Viena era el de la comunidad judía. Ese club, que había ganado una liga, quedó condenado a sufrir cuando Austria paso a ser parte del Reich. Con el tiempo, el Hakoah pudo renacer, aunque ya nada era lo mismo.

«En los años veinte, todo el mundo cantaba las letras de Löhner-Beda. Aún hoy sus canciones son populares, pero casi nadie sabe que él fue el autor», explicaba el doctor Paul Haber mientras miraba la foto en blanco y negro de un sonriente Löhner-Beda. «Lo mataron en Auschwitz. Estaba ya enfermo, y los *kapos* lo acusaron de trabajar poco. Lo apalearon delante de los otros presos, como medida de escarmiento», añadió. Me quedé sin palabras. Después de unos segundos, Haber rompió el silencio y continuó con su relato. «Los nazis lo detuvieron poco después del *Anschluss* y lo mandaron a Dachau. Luego pasó por Buchenwald, donde llegó a escribir un himno de los presos. Era un hombre vital. Por eso fue de los primeros detenidos por los nazis en 1938. Toda su familia, esposa e hijos, también fue asesinada». La foto de Löhner-Beda colgaba en la pared de las modernas oficinas del Hakoah de Viena, el club del cual fue fundador. Las instalaciones se encuentran en un lugar idílico, dentro del Prater, el gran parque de atracciones famoso por su noria, y justo al lado del Danubio. Algunas historias tristes se han escrito en parajes hermosos.

El 14 marzo de 1938 las tropas alemanas entraron en Viena. Millares de austríacos salieron a recibir al ejército nazi con el brazo en alto. Otros se escondieron en sus casas, asustados. Algunos se quitaron la vida, como el mejor futbolista de la época, Matthias Sindelar. Durante los primeros días bajo el yugo nazi, el número de accidentes domésticos en la capital fue sorprendentemente alto. Los nazis no querían que se supiese que muchos austríacos preferían quitarse la vida antes que vivir bajo su dominio. Otros accidentes eran en realidad asesinatos, cometidos cuando alguien se resistía a ser detenido. Hitler por fin tenía lo que soñaba. El *Anschluss*. O sea, la unión entre Alemania y Austria, su tierra natal. Después de años desestabilizando al Gobierno austríaco, el pintor fracasado que no había sido aceptado en la Academia de Viena regresaba victorioso. Las potencias extranjeras miraron hacia otro lado, sin querer entender que, tarde o temprano, les tocaría plantar cara a ese monstruo. «La comunidad judía ya había sido atacada por los esbirros nazis los meses anteriores. Cuando los nazis ocuparon Viena, nuestras instalaciones fueron nacionalizadas, y la mayor parte de socios, enviados a los campos de exterminio —explicaba Paul Haber—. Éramos un símbolo. Los nazis nos quisieron eliminar». No pudieron.

El Hakoah había nacido en 1909 por iniciativa de Robert Stricker, político que sería asesinado en Auschwitz en 1942, del dentista Ignaz Herman Körner y, cómo no, de Fritz Löhner-Beda. «La elección del nombre no era casual. *Hakoah* quiere decir 'fuerza' en hebreo. Los fundadores eran personas influenciadas por las ideas de Max Nordau», defendía Haber. No, claro que no era una casualidad. Era una reacción. Entonces, el antisemitismo crecía sin parar en una Europa que se iba entregando a los brazos del fanatismo. Y algunos judíos no estaban dispuestos a quedarse quietos.

Si el padre de Fritz Löhner-Beda modificó su apellido, Loewy, por Löhner para parecer más austríaco, el hijo sacaba pecho sin esconder su confesión. El caso Dreyfus lo había marcado. En 1894, cuando Fritz era un niño, el capitán del ejército francés Alfred Dreyfus, un judío alsaciano, fue condenado por espionaje de forma injusta, en un caso denunciado por el escritor Émile Zola en su famoso artículo «Yo acuso» *(J'accuse)*. El caso dividió a la sociedad francesa, evidenciando el antisemitismo imperante entre políticos y militares, y marcó un punto de no retorno para personas como Theodor Herzl, un periodista húngaro que cubrió el caso en directo. Junto a Max Nordau, Herzl fue el padre del sionismo, la doctrina que defendía que los judíos debían crear su propio Estado, preferentemente en la antigua tierra de Israel. En el Segundo Congreso Sionista, celebrado en Basilea en 1898, Nordau creó un nuevo concepto de emancipación al que llamó *Muskuljudentum*. Es decir, un judaísmo musculado, fuerte, valiente, para romper los tópicos sobre judíos temerosos que no respondían a las agresiones. Los fundadores del Hakoah se habían sumado al movimiento, confeccionando una equipación con la estrella de David como escudo. Orgullosos de su fe, no podían imaginar que, unas décadas más tarde, los nazis exigirían a los judíos usar esa misma estrella con otros fines. En una Viena donde el alcalde Karl Lueger defendía que ningún austríaco debía ser «lacayo de los judíos», el Hakoah alzaba su voz.

El crecimiento del club llegó después de la Primera Guerra Mundial. Como el Hakoah quería jugar solamente con judíos, los directivos de la entidad viajaron por media Europa para fichar futbolistas de esta confesión, ya fueran austríacos, húngaros o checos. Uno de los fichajes estrella fue un centrocampista del MTK de Budapest llamado Béla Guttmann, el hombre que se convertiría en uno de los mejores entrenadores de la historia con el paso de los años y ganó dos Copas de Europa con el Benfica. En 1920, el Hakoah ascendió a la élite. Y ya en su primera temporada acabó segundo en la tabla.

En 1922, el Hakoah alquiló unos terrenos al lado del Prater, en el barrio de Leopoldstadt, para construir sus nuevas instalaciones, con un estadio para veinticinco mil espectadores, piscina, gimnasio y pista de atletismo. En una ciudad donde llegaban muchos judíos emigrantes de zonas rurales del este, la masa social no dejaba de crecer, permitiendo pagar buenos sueldos a los futbolistas. «En esos años, la directiva entendió que era una buena idea hacer giras por Europa para ganar dinero y conectar con las comunidades judías de diferentes ciudades. El club se convirtió en un símbolo para muchas personas a las que se negaban sus derechos», me explicó Haber con respecto a unas giras legendarias. Así, en 1923, el Hakoah se convirtió en el primer club del continente capaz de derrotar a un equipo inglés en suelo británico, goleando 1-5 al West Ham. En 1924 se impusieron 1-2 al Ferencváros en Budapest, y al Polonia de Varsovia por 0-5. Con todo, el gran reto de esa gira era visitar al gran campeón checo, un Slavia de Praga que encadenaba dos años sin perder como local. El Hakoah no se amilanó y se impuso por 1-2, con dos goles del húngaro Alexander Neufeld. Los checos intentaron vengarse pidiendo jugar una revancha en Viena, donde llegaron a adelantarse 1-5 en el marcador. Pero el Hakoah, en una segunda parte épica, se impuso 6-5. Las gestas del Hakoah provocaron que un empleado de seguros checo judío se interesara por el club. Se llamaba Franz Kafka. «Entonces llegaban cartas de admiradores de medio mundo», se emocionaba Haber en las oficinas del club. En enero de 1925, el Hakoah se embarcó en una gira por Egipto y por Palestina, donde fueron recibidos por más de siete mil personas. Los jugadores pudieron visitar Jerusalén en un viaje cargado de simbolismo.

El mejor año de la historia del Hakoah fue 1925, y no solo por sus giras. En uno de los partidos más recordados, empataban 2-2 con el Wiener Sport Club cuando el portero Alexander Fabian se rompió el brazo. Y, como entonces no se podían hacer cambios, este acabó jugando de delantero y marcó el gol del triunfo al rematar un centro del húngaro Ernö Schwarz a falta de cinco minutos para el final. Unas semanas más tarde, el Hakoah se proclamó campeón por primera y última vez. Convertido en el equipo de moda, el Hakoah planificó su gira más ambiciosa ese verano, y cruzó el Atlántico para jugar en Estados Unidos, donde llegaron a ser recibidos en la Casa Blanca por el presidente Calvin Coolidge. «Esa gira lo cambió todo. Los trataron como a estrellas de cine. Salían en los periódicos, los invitaron a fiestas, había chicas…», me contaba el presidente. A los futbolistas, Estados Unidos les pareció un país más seguro, con más dinero y menos antisemita. De hecho, el único incidente que tuvieron en esa gira fue con rabinos ortodoxos locales, que se indignaron cuando descubrieron que jugarían en Chicago en *sabbat,* el día de reposo. Cuando llegó el momento de volver, muchos futbolistas decidieron quedarse. Dos de ellos, Béla Guttmann y Rudolph Nickolsburger, incluso fundaron el Hakoah de Nueva York, equipo que fue capaz de ganar la National Challenge Cup en 1929. No fue la única fuga de talento que sufrió el equipo, pues otros futbolistas emigrarían esos años a Palestina, donde fundaron otro Hakoah en Tel Aviv. Sin sus mejores futbolistas, el conjunto vienés descendió a segunda en 1928, aunque pronto logró volver a primera. Pero jamás fue el mismo.

Tampoco Austria era la misma. En 1929, Löhner-Beda fue coautor del libreto de la opereta de Franz Lehár *Land des Laechelns* ('Tierra de sonrisas'), su mayor éxito. Pero si los años veinte trajeron esperanza, la siguiente década fue una pesadilla. En los estadios, las agresiones contra los jugadores del Hakoah empezaron a ser frecuentes. En un partido en el campo del Ostmark, por ejemplo, se lanzaron piedras a los hinchas del Hakoah entre insultos racistas. Como respuesta, el club reclutó a los miembros de su sección de lucha libre para que defendieran a sus futbolistas. Y no eran unos tipos cualquiera. Los luchadores del Hakoah ganaron hasta 127 títulos internacionales entre los años 1929 y 1934, liderados por Nicholas

Mickey Hirschl, hijo de un carnicero *kosher*. Hirschl llegó a ser campeón de Europa, y en 1932 ganó dos medallas de bronce en los Juegos Olímpicos de Los Ángeles. «Los testimonios de la época dicen que algunos simpatizantes nazis se volvieron a casa con la cabeza abierta después de conocer a nuestros luchadores», contaba Haber con una sonrisa. Hirsch, por cierto, se alistaría en el ejército británico en Palestina para luchar contra los nazis en la Segunda Guerra Mundial. Fallecería en Australia, rodeado de hijos a los que bautizó con el nombre de sus familiares asesinados en Auschwitz. Otra sección de éxito fue la de natación femenina, liderada por Ruth Langer, Judith Deutsch y Lice Goldner, tres chicas que firmaron una carta denunciando al régimen nazi y negándose a participar en los Juegos Olímpicos de Berlín de 1936 en señal de protesta.

Muchos socios del club vieron cómo sus negocios eran apedreados. El Hakoah incluso puso seguridad en su sede después de recibir amenazas, pero no dejó de crecer y fundar nuevas secciones, como las de waterpolo, ajedrez o turismo de esquí. Además, tenían una orquesta que organizaba bailes y un precioso restaurante. Un refugio de paz antes de la tempestad. En marzo de 1938, las tropas nazis rompieron las fronteras, entre ellas, esa donde había trabajado el padre de Hitler. Solamente tres días después del *Anschluss*, las nuevas autoridades cerraron todas las instalaciones del Hakoah. Los resultados deportivos de sus equipos fueron anulados. Y el presidente del club, Dezsö Herbst, fue obligado a entregar todos los documentos en una comisaría, donde observó, con lágrimas en los ojos, cómo se confiscaban todas las instalaciones y se entregaban en propiedad al Partido Nazi. Esa misma noche, Herbst volvió a casa y organizó su fuga al Reino Unido con sus hijos y su esposa, la mejor jugadora de tenis de la época, Liesl Herbst. Habían entendido que no se podía esperar piedad de los nazis. Jamás volvieron a Austria.

Cuando las tropas soviéticas entraron en Viena en 1944, la comunidad judía había quedado reducida a un centenar de personas. Pese a todo, el Hakoah fue refundado ya en 1945, aunque el equipo de fútbol, casi sin jugadores, desapareció en 1949, después de tres años en categorías regionales. Viena, la ciudad donde en los años veinte habían llegado a vivir ciento sesenta y cinco mil judíos, tenía entonces una población judía de ocho mil almas, algunos de ellos supervivientes de los campos de exterminio que se habían quedado en Austria. Pero la comunidad no se rindió. Después de décadas de lucha, el Hakoah logró que se le reconociera el derecho de arrendamiento sobre sus antiguas instalaciones. «Nos sacaron los nazis, así que teníamos derecho a volver», defendía Haber. El Hakoah firmó en 2001 un acuerdo con el Gobierno austríaco y el ayuntamiento para comprar parte de los terrenos por diez millones de euros, dinero que sacaron de ayudas estatales y préstamos que devolvieron poco a poco, gracias a los beneficios del uso de las nuevas instalaciones. Cuando se inauguró la nueva sede, en 2008, Paul Haber se encargó de dar el discurso inaugural: «El régimen nazi se ha ido, el Hakoah ha sobrevivido». El Hakoah había vuelto a su casa. Y, dentro de su renacer, ha recuperado su equipo de fútbol, que juega en ligas regionales. Aunque, a diferencia de los años veinte, admite jugadores de todas las confesiones. «Es el momento de ser abiertos, de no cerrar puertas. No podemos permitir que se repitan los errores del pasado», sentenció Haber bajo la foto de Fritz Löhner-Beda.

1945

V-Varen Nagasaki (Japón)

El fútbol para no olvidar el pasado

Las bombas atómicas que explotaron encima de Hiroshima y Nagasaki pusieron punto final a la Segunda Guerra Mundial. Las dos urbes se convirtieron en un aviso de cómo puede acabar el planeta si no se frenan los discursos de odio, y también en un símbolo de la lucha contra las armas nucleares. Y el fútbol desempeñó su papel en el renacer de estas ciudades.

El 11 de noviembre de 2017, el presidente del V-Varen Nagasaki, Akira Takata, correteaba por la pista de atletismo del estadio con un megáfono en la mano. *«All for Nagasaki!»*, chillaba en inglés, mientras una cámara de televisión lo perseguía. Aunque era el máximo responsable del club, Takata se había puesto una camiseta del equipo y jadeaba mientras corría, con una sonrisa de oreja a oreja. Pese a tener sesenta y ocho años, parecía más joven, sin una sola cana en una cabeza llena de nuevas ideas. Por primera vez en la historia, el V-Varen había ascendido a la J-League, la primera división japonesa, solamente cinco años después de debutar en segunda. Y Takata ya tenía claro cuál sería el día más importante la siguiente temporada, la del debut en primera. «¡El derbi de la paz!», explicó a la prensa. Quería convertir el partido contra el Sanfrecce de Hiroshima, uno de los mejores clubes de Japón, en un gran alegato contra las armas nucleares. «En Nagasaki tenemos una obligación de luchar por la paz mundial por culpa de nuestro pasado. Quizá solamente es un pequeño paso adelante, un gesto simbólico, pero debemos ir en esta dirección. El deporte tiene la fuerza para inspirar a la gente, para mandar mensajes. No se trata de ganar o perder, se trata de tener una oportunidad de mejorar el mundo y cuidar a nuestra comunidad», explicó Takata.

Nagasaki es una ciudad especial. Como sucede en Hiroshima, el visitante tarda bastantes horas en conseguir olvidar lo que sucedió aquí en 1945 y gozar de los placeres que ofrecen estas urbes situadas en entornos hermosos, en puertos naturales. Por eso fueron bombardeadas en 1945 con las dos primeras bombas atómicas de la historia. Por sus puertos y por sus fábricas. Eran objetivos de guerra, aunque eso significase asesinar a millares de civiles. Sus nombres se han repetido tanto desde entonces que, en ocasiones, cuesta recordar que detrás de esas dos palabras convertidas en símbolos, Hiroshima y Nagasaki, existen dos ciudades llenas de vida. Cuesta recordar que la vida continuó. Que encima de las casas calcinadas se levantaron nuevos edificios. Que una generación entera aprendió a mirar hacia el futuro, sin olvidar ese pasado que acompaña los pasos del visitante. En el Parque de la Paz de Nagasaki, los ancianos y ancianas que sobrevivieron a la bomba siguen recogiendo firmas contra las armas nucleares. Así pasan los años de su jubilación, creando pequeñas grullas de papel de origami, símbolos de la paz, mientras esperan que algún turista o un curioso se pare a hablar con ellos. Cuando firmas contra la proliferación de armas, te entregan una grulla. Y la guardas en tu cartera durante años, confiando en que dure toda la vida. Visitar los parques memoriales y los museos de Hiroshima y Nagasaki impresiona.

El 9 de agosto de 1945, el bombardero B-29 Bockscar, pilotado por el comandante Charles Sweeney, lanzó *Fat Man*, la bomba de veintiún kilotones que estalló sobre Nagasaki. *Fat Man* se cobró la vida de cuarenta mil personas en esta ciudad al sur de Japón. Pese a todo, fue menos mortífera que *Little Boy*, el artefacto lanzado unos días antes en Hiroshima, el 6 de agosto, por el Boeing B-29 Superfortress, comandado por el coronel Paul Tibbets, que bautizó la nave con el nombre de su madre, Enola Gay. *Little Boy* estalló sobre una ciudad sin apenas montes ni desniveles. Unas ciento cuarenta personas perdieron la vida, y el radio de destrucción fue superior al de la montañosa Nagasaki, donde los montes protegieron algunos barrios de la ciudad. Solamente seis semanas después de la explosión, las primeras tropas norteamericanas llegaron a una ciudad que encontraron destrozada, con los hospitales llenos de gente falleciendo a causa de los efectos secundarios de la radiación. El infierno duraría años, con diferentes generaciones sufriendo las consecuencias derivadas de la radiactividad.

Japón se había rendido. Tocaba volver a empezar, y la vida volvió poco a poco a Nagasaki. El 1 de enero de 1946, en un descampado en la zona de Isahaya, un grupo de soldados norteamericanos jugaron un partido de fútbol americano. «Todo era destrucción. Cuando llegamos, solamente había escombros, la ciudad no existía. Poco a poco, levantamos estructuras y limpiamos zonas para poder ejercitarnos. Y allí se jugó el famoso partido de Año Nuevo», recordaba en 2005 al *The New York Times* Gerald Sanders, un marine de Oxford, Ohio, que jugó ese partido, bautizado por la prensa como la Atom Bowl. Los marines, tristes por pasar la Navidad lejos de casa, jugaron ese partido de fútbol americano con la presencia de varios jugadores profesionales de la NFL. Los Nagasaki Bears, liderados por un *quarterback* de la Universidad de Notre Dame, Angelo Bertelli, perdieron por 14-13 contra los Isahaya Tigers de Bill Osmanski, jugador de los Chicago Bears. El partido se jugó ante dos mil marines y un puñado de japoneses en el campo de entrenamiento bautizado con el nombre de Atomic Athletic Field. Los ganadores de la guerra se permitían hacer bromas en una ciudad con un nivel de radiación altísimo. Los japoneses no estaban para bromas, avergonzados como se sentían por la derrota y por los crímenes cometidos en nombre de su bandera en la guerra. Aunque ya miraban hacia el futuro, trabajadores como son. Y donde hay vida, hay deporte. Asumiendo la derrota, se entregaron especialmente al béisbol, una de las pasiones de los ganadores de la guerra. En Hiroshima aún sigue siendo el deporte más popular, y su equipo, los Carp, se convirtió en uno de los símbolos del renacer de la ciudad. «Los Hiroshima Carp fueron clave en el renacer de la ciudad. Después de la guerra, el equipo creó una identidad, por eso es tan amado. Curiosamente, antes de la guerra, Hiroshima tenía mucha tradición futbolística, con equipos formados en la universidad o en la fábrica de la Mazda que llegaron a jugar finales de copa. Pero después de la guerra, Japón, derrotado, renació manteniendo vivas algunas tradiciones y adoptando sin tapujos otras de los ganadores. O sea, de los americanos. Si hubiesen llegado tropas británicas, Japón habría creado una liga profesional de fútbol en el año 1950. En su lugar, se apostó por el béisbol. Aunque nunca se dejó de jugar en Hiroshima, siempre con un equipo que era propiedad de la Mazda», asegura el periodista británico Sebastian Moffett, autor del libro sobre la historia del fútbol nipón *Japanese Rules*. En Nagasaki jamás han tenido grandes equipos deportivos, como sí sucede en Hiroshima. Y eso que siempre ha sido una de las ciudades más abiertas de Japón. En el siglo XVI, mientras el resto del país seguía cerrado a los europeos en época de guerras civiles entre clanes de samuráis, ya habían llegado a la ciudad portugueses, españoles y holandeses, provocando que fuese la zona donde más nipones se convirtieron al cristianismo en su momento. El fútbol ya se había jugado en colegios o universidades de Nagasaki en la década de los años diez y veinte, aunque la ciudad jamás consiguió tener un club de primer nivel hasta el siglo XXI, cuando el V-Varen ascendió a primera.

En Japón todo tiene su simbolismo, y los nombres de los clubes de fútbol no iban a ser menos. «Cuando nació la liga profesional en los años noventa, cada ciudad elegía con cuidado el nombre, intentando que fuese moderno e internacional, aunque fiel a la identidad de cada ciudad», me explicaba Kotaro Mizukami, un periodista y buen amigo japonés. «Cuando surgió el equipo de Nagasaki sobre la base de dos equipos antiguos, eligieron este nombre porque la letra v tiene cuatro significados diferentes: la v de *variedade* ('diversidad') y *vitoria* ('victoria') en portugués, y *vrede* ('paz') y *varen* ('viaje') en holandés». Es decir, las lenguas de los navegantes europeos que llegaron a Nagasaki hace siglos, unidas a un mensaje de paz. Así son los japoneses: organizaron concursos y realizaron encuestas para poder encontrar el nombre ideal.

Sin embargo, en sus primeros años el equipo no funcionó, perdido entre la segunda y la tercera división japonesa. A principios del siglo XXI, los políticos de la región de Nagasaki incluso se preguntaron si tenía sentido seguir apoyando al club, pues estaba mal gestionado, con medias de solamente cuatro mil espectadores en las gradas. El fantasma de la bancarrota empezó a sobrevolar el estadio. Y entonces apareció Akira Takata. Nacido en 1948 no muy lejos de Nagasaki, en uno de esos pueblos que se salvaron de la radiación en 1945 gracias a los montes que ejercían como escudo, Takata se había dedicado a mil oficios antes de irse a vivir a Alemania en los años setenta. Allí presenció los Juegos Olímpicos de 1972 y vio, horrorizado, los actos de homenaje a las víctimas del ataque terrorista a la delegación de Israel cometido por un comando palestino. Takata volvió a casa triste. En Europa había sido feliz, aunque también había visto en directo cómo cuesta romper el ciclo de la violencia. En Nagasaki empezó a recordar a las personas con quemaduras que pedían limosna por las calles cuando él era un niño. Fueron años de pobreza, de ciudadanos haciendo colas en los hospitales, aquejados de un cáncer provocado por la radiación de la bomba, como les sucedió a algunos de sus familiares. Por un lado, estaba decidido a mirar hacia el futuro, aunque por el otro, no dejaba de pensar en el pasado.

Takata había vuelto de Alemania con una pelota de fútbol bajo el brazo, deporte del que se había enamorado en ese país y que practicaría en equipos *amateurs* de Nagasaki. Con todo, no dejaba de ser un pasatiempo, pues su vida era su negocio. Tomando las riendas de la tienda de cámaras de fotografía y vídeo de su padre, no paró hasta levantar un imperio con la venta de productos digitales por internet. Excéntrico, creó su propio programa de radio y un canal de teletienda. En una ocasión, entrevistó a un perro en un programa de máxima audiencia. Deseoso de ayudar a su comunidad, se convirtió en uno de los patrocinadores del primer club profesional de fútbol de la ciudad cuando este nació, el V-Varen. Takata soñaba con ver un equipo que tuviese en Nagasaki un papel similar al que tenían los equipos alemanes en su ciudad, un punto de encuentro para todos los vecinos que sirviese para enviar mensajes positivos a la sociedad. Así que siguió como patrocinador hasta el mes de enero de 2017, cuando el club quedó a un paso de la bancarrota. Fue entonces cuando decidió dejar los negocios en manos de su hijo y adquirir en propiedad el V-Varen. En menos de dos años, triplicó la asistencia al estadio y consiguió subir a primera. El día del ascenso, Hisanobo Nishino lloró en las gradas. Era uno de los pocos aficionados que había renovado cada temporada su abono para ver los partidos del club en las gradas. Había empezado a seguir al club en 2005, cuando aún no había sido admitido en el sistema de fútbol profesional y presenciaba partidos contra equipos de universidades o de fábricas. Había ido a campos vacíos, animando solo. Y, ese día, mientras Takata daba vueltas por la pista de atletismo, él lloraba emocionado en unas gradas llenas, recordando a su familia. Cuando jugaba al fútbol de niño, en equipos de barrio, quien lo acompañaba al campo cada mañana eran sus abuelos, dos supervivientes de la bomba. Dos ancianos que pasaron su jubilación en el Parque de la Paz recogiendo firmas contra la energía atómica, hasta que fallecieron pocos años antes del ascenso a primera del V-Varen. «Para mí, todo forma parte de la misma idea. Tener un equipo como este para inspirar a las nuevas generaciones y trabajar para no olvidar lo que sucedió», me contaría cuando visité el estadio de Nagasaki, donde él había liderado una iniciativa para instalar una mesa donde se pudieran recoger firmas contra las armas nucleares cada día de partido.

Con el ascenso a la élite, Takata empezó a pensar en el partido contra el Sanfrecce Hiroshima. «Las dos ciudades que más sufrimos durante la guerra. Tenemos que hacer alguna cosa», había dicho Takata ya el día del ascenso delante de las cámaras de televisión. Pocos días después recibió una carta del alcalde de Hiroshima, Kazumi Matsui, en la que este le mostraba su deseo de colaborar. «Al igual que Nagasaki, Hiroshima sufrió un ataque nuclear. Somos seguramente los dos únicos equipos de fútbol en el mundo en una posición como esta, y esto es ideal para promover la paz y pedir que desaparezcan las armas nucleares», manifestaba Matsui. En 2015, cuando era patrocinador del club, Takata ya había liderado una iniciativa destinada a mantener vivo el recuerdo de lo que había sucedido en 1945. Desde entonces, cada agosto, cuando se cumple el aniversario de los bombardeos, el V-Varen Nagasaki juega con una camiseta especial, recordando la bomba y promoviendo la paz. Se invita a los últimos ancianos supervivientes al encuentro, y fuera del estadio se recogen firmas contra la energía atómica. Las camisetas usadas en estos partidos tienen estampada de fondo la imagen de la estatua de la paz que preside un parque memorial de la ciudad, así como grullas de papel, símbolo de buena suerte en Japón.

Con el apoyo de los alcaldes de Hiroshima y Nagasaki, en diciembre de 2017 Takata contactó con Kaoru Koyano, el director general del Sanfrecce de Hiroshima, con una idea en su cabeza: pedir a los directivos de la J-League, la primera división japonesa, modificar el calendario de la temporada para que el partido entre los clubes de Hiroshima y Nagasaki se jugara coincidiendo con el aniversario de la tragedia. La federación accedió. Y el 11 de agosto de 2018 las dos entidades se enfrentaron por primera vez en Hiroshima, con más de cinco mil hinchas visitantes en las gradas. Los dos equipos vistieron camisetas especiales, con el Sanfrecce luciendo el número 86 y el V-Varen, el 89. «El 8 recuerda que los hechos ocurrieron en agosto, y el 6 y el 9 representan los días del bombardeo», explicó en una rueda de prensa conjunta Koyano, un banquero de Tokio que fue contratado por los propietarios del Sanfrecce para presidir el club. Koyano había conectado tanto con la afición, que incluso un dibujante creó una caricatura suya bautizada como *Koyanon*, de la que se venden peluches y llaveros. Y cuando recibió la llamada de Takata, supo estar a la altura. «Cuando llegas a Hiroshima, percibes la fuerza de la ciudad y todo lo que llegó a sufrir. Conocer a los supervivientes es algo impactante. Por eso, el club tiene que reforzar siempre esta idea: la paz no tiene precio», explicó antes del partido de agosto de 2018, que el Sanfrecce ganó por 2-0. Fue un día hermoso, con actos solemnes antes de que el colegiado diera inicio al partido. El brasileño Patric, del conjunto local, me explicó una vez que había aprendido más historia en un solo día que en años de escuela. «Un trabajador del club me dijo un día: "Imagina que, en pocos segundos, toda la gente que ves en el estadio fallece. ¿OK? Pues ahora imagina cuatro estadios llenos. Y que todos mueren en segundos". Eso fue la bomba». En el partido de vuelta en Nagasaki, como ya había sucedido en la previa del partido de ida, se realizaron visitas guiadas al museo y al Parque de la Paz de Nagasaki, con hinchas llegados de Hiroshima entregando regalos a ancianos que sobrevivieron a la bomba atómica. El Sanfrecce ganó otra vez 0-2, en una temporada en la que acabó segundo. Por su parte, el V-Varen descendió como colista. Pero Takata no se rindió. Sabía que existían cosas más importantes que la victoria o la derrota dentro del terreno de juego.

1947

East Bengal (India)

Viejas heridas en la India del siglo XXI

En 1947, el Gobierno británico dejó marchar a la joya de su Imperio, la India. Después de años de una relación de amor y odio, se pactó la independencia. Pero eso no supuso el nacimiento de un Estado, sino de dos. Uno de mayoría hindú y otro de mayoría musulmana, un parto bañado en sangre, con matanzas y millones de refugiados. Muchos de ellos convirtieron un club en su símbolo de resistencia.

Mamata Banerjee, la gobernadora del estado de Bengala Occidental, asumió personalmente la tarea de encontrar un inversor nuevo para el East Bengal FC. «En Calcuta, el fútbol es muy importante. Tanto, que Banerjee decidió buscar esa empresa para intentar reforzar su posición. Si cuidas al East Bengal, cuidas a una parte de la población que no siempre la había votado», me explicaba el periodista Joydeep Thakur. Intentar comprender la India no es fácil. Un país gigante con decenas de lenguas, grupos étnicos y diferentes religiones, donde algunos estados, como Kerala, siempre votan a partidos comunistas, mientras otros dan sus votos a partidos nacionalistas de derechas con discursos racistas. Que los políticos usen el fútbol para reforzar su posición no sería nada asombroso, aunque puede sorprender que sea en la India, donde los tópicos nos dicen que aman más el críquet o el *hockey* sobre hierba. «Parece que el fútbol no gusta. No es cierto. Se sigue la Premier, se sigue la liga española, y en algunas ciudades como Calculta o Goa, el fútbol desata pasiones», me explicaría el exfutbolista Andrea Orlandi, que jugó en la liga profesional india.

Y precisamente esta competición, la Indian Super League, había puesto contra las cuerdas a la junta del East Bengal. Sus directivos necesitaban un nuevo inversor para poder entrar en el torneo. Y no lo encontraban. Así que la gobernadora se puso manos a la obra. El embrollo había empezado en 2013, cuando al ver que cada vez más indios consumían fútbol, diferentes empresarios apostaron por crear una nueva liga, copiando un formato parecido al de la NBA. Un torneo con ocho equipos, sin ascensos ni descensos. Y una eliminatoria o *play-off* final para decidir el campeón. El torneo era una buena metáfora de la India moderna, un país donde por momentos te puedes sentir en otras épocas, entre comunidades vestidas de forma tradicional, cuando toda la nación se ha entregado a una carrera para ser el país más poblado del mundo, y también uno de los más modernos. India es así. Un país de extremos.

Los ocho equipos se crearon expresamente para entrar en esta liga. En vez de reclutar a los clubes que ya existían, se fundaron nuevas entidades con nombres modernos, a la americana, controlados por una mezcla curiosa de grupos industriales, estrellas de Bollywood o grandes campeones del críquet. Las normas de la liga permitían fichar entrenadores famosos, como Marco Materazzi o Zico, así como jugadores franquicia, como Alessandro Del Piero, Robert Pires, David Trezeguet o el catalán Joan Capdevila. Y como el torneo funcionó, pronto se amplió a diez equipos. El siguiente paso fue asegurarse de que el campeón de la liga pudiese participar en la Champions de la AFC, dejando fuera de este torneo continental a quien ganaba la tradicional liga de fútbol india, que se seguía jugando. La otra liga tampoco era un torneo joven. Se había fundado solamente en 1996, cuando, por primera vez, la India pudo tener una liga nacional, superando años y años de caos de torneos regionales. Pese a tener clubes fundados en el siglo XIX, durante los años de dominio británico, hubo que esperar a finales del siglo XX para que la Federación pudiera organizar su primer torneo unificado. La calma le duró poco, con el nacimiento de la Super League. De repente, la India también parecía complicada de entender a través del fútbol. Si en 1995 no tenía ninguna liga, en 2014 tenía dos. Y, aunque inicialmente los creadores del nuevo torneo afirmaron que las dos ligas podían coexistir sin problema, rápidamente quedó claro que el viejo torneo estaba contra las cuerdas.

En 2017 empezaron los rumores sobre la posibilidad de que algunos de los clubes históricos del país valorasen cambiar de torneo para formar parte de esa Super League donde se movía más dinero. Se entablaron negociaciones con el Mohun Bagan, uno de los clubes con más tradición de Calcuta. La capital del estado de Bengala Occidental siempre ha sido la capital del fútbol indio, con tres equipos históricos: el Mohun Bagan, el East Bengal y el Mohammedan FC. Pero en 2014 nació el cuarto equipo de la ciudad, el Atlético de Calculta, para jugar en la Super League. El nombre era una referencia al Atlético de Madrid, pues la entidad española era uno de los accionistas del nuevo club. La alianza duró hasta 2018, cuando el Atlético de Madrid se bajó del barco y el equipo fue rebautizado como ATK, al quedar bajo el control del grupo empresarial RPSG Group, un gigante del sector energético, con el apoyo de la gran estrella del críquet Sourav Ganguly, que se convirtió en el segundo máximo accionista. Juntos lideraron las conversaciones para fusionar su club con el Mohun Bagan. En 2010 lo hicieron a lo grande, pues compraron la mayor parte de las acciones de una entidad fundada en 1889. Y así nació el ATK Mohun Bagan, con Ganguly como cara visible. «Fue un gesto significativo. Uno de los nombres más populares del críquet indio entendió el potencial del fútbol e invirtió en él», explica el español Antonio López, entrenador del club. López ganó la liga con el Atlético de Calculta en 2014, y en 2020 fue el responsable de un segundo título con el ATK, justo antes de la fusión con el Mohun Bagan. «El potencial del fútbol local es increíble. Ya el primer año la gente me paraba por la calle. Estamos hablando de una área metropolitana de quince millones de habitantes donde este deporte ya se seguía mucho. Y ahora más», expone.

El Mohun Bagan, con un nuevo nombre, aterrizaba en la Super League, aunque eso significaba que Calcuta podía perder su gran derbi, el Mohun Bagan-East Bengal. «A todo el mundo le interesaba que el gran derbi de Calcuta se pasara a jugar en la nueva Super League. Y para ello se debía encontrar un patrocinador o nuevos accionistas para el East Bengal», admite López. El caso acabó llegando a los palacios del Gobierno regional. «Era un año especial para el East Bengal, pues era su centenario. Gracias a la llegada de la empresa de cemento Shree, el club pudo finalizar su cambio de liga. El derbi pasaba de una competición a otra», añade Joydeep Thakur. Y ese gigante de la construcción se convirtió en el máximo accionista del East Bengal, admitido finalmente en una Super League que, si ya funcionaba, con la llegada del derbi de Calculta subió aún más las audiencias. El gran enfrentamiento llegaba al siglo XXI. Una rivalidad de antaño. Un derbi duro, en ocasiones desagradable, pues se mezclaban las pasiones deportivas con la historia de una ciudad que en 1947 vio llegar a miles de refugiados, alterando su demografía. «El East Bengal es el club amado por los refugiados que llegaron procedentes de Bangladés, mientras que el Mohun Bagan sería un equipo seguido por los bengalíes originarios de Calcuta», explica Thakur. Los nombres ya dejan claras algunas cosas. Calcuta es la capital de Bengala Occidental. Y uno de sus clubes se llama Bengala Oriental. Significativo.

La rivalidad había nacido en 1921, cuando se jugó el primer derbi, un empate sin goles. Eran los años en que los británicos aún se paseaban como señores por la India, la joya de su Imperio. Muchos indios los admiraban. Otros los odiaban. Y muchos tenían una relación de amor y odio con ellos: adoptaban modas británicas mientras soñaban al mismo tiempo con ser independientes, ya que sabían que si no tomaban cartas en el asunto, siempre mandarían los europeos. El fútbol jugó su partido en esta lucha. En 1911, el Mohun Bagan se convirtió en el primer club formado por indios capaz de ganar el equivalente de la FA Cup, la IFA Shield, contra un club de británicos, en este caso, los militares del Regimiento de East Yorkshire. La victoria fue usada por la prensa nacionalista india, moldeando la personalidad de un club que, aún hoy, se define como el «Club Nacional de la India». Sus socios solían ser entonces miembros de las familias acaudaladas de Calcuta, capaces de mandar a sus hijos a buenas escuelas. Los bengalíes siempre se han sentido diferentes al resto de la India, con sus grandes nombres de la literatura, como Bankim Chandra Chatterjee o Rabindranath Tagore, sus universidades y sus tradiciones. «Existen casos de racismo contra los bengalíes dentro de la India, pues solemos tener la piel más oscura, aunque también se dice de nosotros que somos un poco soberbios con el resto del país», admite medio entre risas Thakur. El Mohun Bagan encarnaba este sentimiento de superioridad de los bengalíes occidentales, de las clases adineradas de Calcuta. Su rival es diferente. El East Bengal nació en 1921, cuando la directiva del Jorabagan, club de un barrio al norte de Calcuta, se peleó después de la decisión de dejar fuera de un partido contra el Mohun Bagan al delantero Sailesh Bose. El vicepresidente de esa entidad, el empresario Suresh Chandra Chaudhur, disconforme con el resultado de la disputa, decidió liderar la creación de un nuevo club, y lo bautizó East Bengal, como su tierra natal. Los inmigrantes que llegaban a Calcuta procedentes de Bengala Oriental engrosaron su masa social.

En ese mosaico de lenguas e identidades que es la India, los bengalíes son uno de los grupos lingüísticos más numerosos. La zona quedaría dividida en 1947, con el fin de la soberanía británica, momento en que nacieron dos Estados. Uno de mayoría musulmana, el actual Pakistán. Y otro de mayoría hinduista, la India. Fue un parto complicado, pues se cometieron matanzas en las dos regiones, provocando uno de los dramas de refugiados más grande del siglo XX, con más de veinte millones de desplazados. En Bengala, la situación era compleja, puesto que en la zona occidental, la mayor parte de la población era hindú, y nadie dudaba de que deseaban formar parte de la India, pero en la Bengala Oriental, los musulmanes eran mayoría. Así que se organizó un plebiscito en la parte oriental para que la población pudiese decidir su futuro. Y votaron formar parte de Pakistán, un Estado musulmán, pese a estar separados de este por millares de kilómetros. No era una decisión fácil. Los habitantes de Bengala Oriental eran culturalmente bengalíes, como sus vecinos que quedaban dentro de la India. Pero como eran musulmanes, prefirieron separarse de ellos, y de paso provocaron que millares de bengalíes orientales, que hubieran optado por ser indios, escaparan a Calcuta, donde, aún hoy en día, «la ciudad sigue dividida en parte entre los bengalíes que ya vivían aquí y los orientales, que llegaron refugiados. Los bengalíes occidentales se conocen como ghotis, mientras que los orientales son los bangals. Los primeros se sienten más modernos y, en ocasiones, menosprecian a los bangals. Eso ha provocado que el derbi tenga un componente social muy fuerte», explica Thankur. El inglés Robbie Fowler, exjugador del Liverpool, acabó como entrenador en el East Bengal en 2020. Y para intentar aclarar la rivalidad, la comparó con el Old Firm, el derbi de Glasgow, donde la afición del Rangers está formada por escoceses protestantes que siempre han vivido allí, mientras que la afición del Celtic la componen irlandeses católicos que llegaron buscando trabajo.

Para los miles de refugiados orientales llegados en 1947, el East Bengal se convirtió en su casa. Su orgullo. Un club fundado por gente con la que compartían raíces, que podía plantar cara al Mohun Bagan, el club apoyado por esas familias que les negaban buenos empleos o sueldos. «No sé si la palabra es racismo, pues todos son bengalíes, pero existe mucho odio. Se han visto pancartas deseando la muerte a todos los refugiados, por ejemplo.

Y no hablo de los años setenta, hablo de hace poco», recuerda Thankur. En los años setenta llegaron aún más refugiados bengalíes a Calcuta, pues en Bengala Oriental había estallado la guerra. Pese a que habían votado ser parte de Pakistán, los bengalíes orientales pronto descubrieron que había sido un error. Pakistán se había convertido en un Estado difícil de gobernar: culturalmente, sus dos mitades no tenían nada que ver. En el oeste, panjabís y pashtunes. En el este, los bengalíes. Y como Bengala Oriental, más pequeña geográficamente, estaba más poblada, en las elecciones siempre ganaban sus partidos, provocando una crisis política que acabó con un golpe de Estado liderado por los militares del Pakistán Occidental. Y estalló la guerra, un conflicto medio olvidado para el resto del mundo durante el que se cometieron atrocidades y millones de bengalíes cruzaron la frontera, buscando refugio en la India. Inicialmente, el Gobierno indio no quiso apoyar a los independentistas bengalíes, levantando líneas y líneas de alambre de espino en la frontera para evitar la llegada de los refugiados. Aunque los bengalíes orientales que ya vivían en Calcuta los acogían y organizaban actos, como partidos de fútbol, con el objetivo de recaudar fondos para apoyar a las milicias que luchaban por la independencia de Bengala Oriental. Al final, en 1971, la India apoyó a los independentistas bengalíes. Y nació un nuevo país, Bangladés.

«La rivalidad vivió un nuevo impulso en los años setenta, pues la mayoría de refugiados que llegaron eran de origen humilde y musulmanes. Esta gente no suele votar a partidos nacionalistas indios, como el partido de la gobernadora Mamata Banerjee. Por eso, su movimiento para buscar apoyo económico al East Bengal se interpretó como una forma de ganar votos entre las personas con raíces orientales, para reforzar su posición», sostiene Joydeep Thakur. Pese a que en la ciudad existía un club centenario vinculado a la comunidad musulmana, el Mohammedan FC, los refugiados de la guerra de los años setenta preferían al East Bengal. Y los hinchas del Mohun Bagan siempre los han despreciado.

El derbi de Calcuta sigue siendo terreno fértil para hacer política, ya sea en los despachos o en las gradas. En 2019, el Gobierno de la India, controlado por el Partido Popular Indio de derechas, votó a favor de un proyecto de ley que garantizaba el derecho a la nacionalidad india a todos los refugiados llegados antes del año 2014 que pudieran acreditar haber sufrido persecución religiosa en Afganistán, Pakistán o Bangladés. La ley solamente se aplica a cristianos, hinduistas, sij, budistas o parsis. O sea, los musulmanes quedan excluidos. En un club con tantos aficionados hijos de refugiados de guerra y musulmanes, esa ley no gustó. Así que en un derbi contra el Mohun Bagan, los aficionados más radicales del East Bengal sacaron una pancarta gigante donde se podía leer: «Tierra comprada con nuestra sangre, no con papeles» junto a un lema contra la ley. En la pancarta también aparecía una imagen enorme de Bantul el Gigante, un personaje de cómic muy popular creado por Narayan Debnath, dibujante hijo de emigrantes de la Bengala Oriental. Debnath creó el cómic inspirándose en su amigo Manohar Aich, otro refugiado que se convirtió en el primer indio ganador del concurso de Míster Universo de culturismo. «Son nombres clave para los bengalíes orientales. Se burlaban de ellos por ser pobres y delgados. Y, de repente, uno de los suyos era uno de los hombres más fuertes del planeta. Cuando empezó la guerra de liberación de Bangladés, Debnath publicó cómics donde Bantul luchaba contra el ejército de Pakistán. Las balas rebotaban en su cuerpo. O sea, es un símbolo de resistencia de los bengalíes orientales, por eso su imagen está en el estadio del East Bengal», me ilustraba Thakur. En la India, al principio uno tiene la sensación de no entender nada. Y luego, poco a poco, se hace la luz. Y vas entrando en un mundo fascinante de extremos, sensibilidades, lenguas y héroes. Un mundo que también ha llegado a la Super League de fútbol, gracias al derbi que divide a los bengalíes. Aunque, de alguna forma, también los une. Los dos equipos saben que son más fuertes si se juega el derbi.

1948

Al Wehdat Sport Club (Jordania)

Los extranjeros que ganan la liga

Un nuevo mundo con sus nuevos conflictos nació después de la Segunda Guerra Mundial. En 1948, Israel reafirmó su independencia con una guerra en la que derrotó a sus vecinos árabes, lo que provocó un éxodo de refugiados palestinos. Muchos acabaron en Jordania, donde han encontrado en un equipo de fútbol uno de sus símbolos.

«Los jordanos no existen», dijo, y se quedó tan tranquilo. Mi intención no era discutir esa afirmación, pues Amer era ciudadano jordano y no iba a ser yo, un extranjero, quien le llevara la contraria. «No, no existen. Bueno, quedan algunos... Por el desierto y en los palacios. Pero, en el fondo, los jordanos no existen. Los jordanos... Bueno, los jordanos somos casi todos palestinos», añadió. Y siguió conduciendo. El coche de Amer dejaba atrás el aeropuerto de Amán y se dirigía al centro de la ciudad. Después de unos minutos observando desde la autopista polígonos industriales y centros comerciales, apareció una zona llena de callejuelas con mercados improvisados en cada esquina. «Al Wehdat», señaló con la cabeza Amer.

Al Wehdat, o simplemente 'el campo', como muchos aún lo conocen, es una zona laberíntica, diferente a los barrios armoniosos del resto de Amán construidos con una elegante piedra blanca. «Hace tanto que llegaron los refugiados, que olvidas que esto es un campo de refugiados», dice Jihad Nijem, un estudiante de la zona que ha documentado fotográficamente las calles donde se ha criado. Y tiene razón. Cuando te hablan de campos de refugiados, imaginas tiendas de campañas. Pero Al Wehdat incluso tiene edificios de diez plantas. Aquí, cada familia construyó su hogar como pudo, abrieron negocios, escuelas. Y crearon un club de fútbol.

Con dieciséis títulos de liga, el Al Wehdat es uno de los clubes árabes más importantes. Estos últimos años no ha dejado de ampliar su palmarés, fichando brasileños, tunecinos o senegaleses. Cuando juega, sus partidos se siguen también fuera de Jordania, puesto que es uno de los símbolos de la causa nacional palestina. «Es el club de los palestinos. No puedes ser hincha de este club si no tienes sangre palestina», dice Amer, quien admite que, de joven, se pegó con hinchas rivales en las gradas del viejo campo del Al Wehdat, ahora utilizado solamente para sesiones de entrenamiento. «En Jordania, los que siempre han tenido el poder no han visto con buenos ojos a los palestinos. Y eso vale tanto para los negocios como para el fútbol», añade Jihad. Jordania tiene diferentes almas. Y un partido de fútbol las pone cara a cara.

En 1948, más de veinte mil palestinos se asentaron en el llamado Nuevo Campo de Refugiados de Amán, sin sospechar que este campo, rebautizado como Al Wehdat, pasaría a ser su casa durante generaciones. Escapaban de la guerra con la que Israel había reafirmado su existencia, expulsando palestinos mediante las armas. Primero durmieron en tiendas de campaña y, a medida que pasaron los años, entendieron que volver a su hogar no sería una cuestión de meses. Así que comenzaron a construir casas y organizaciones, como su club de fútbol. «Los hinchas de otros equipos antes nos gritaban que éramos extranjeros, que nos largáramos. Ahora sucede menos», cuenta Jihad Nijem. «Sucede menos porque quedan pocos jordanos», añade bromeando Amer. Su broma es esa, decir que no quedan jordanos.

Amer exagera, aunque solamente un poco. Los llamados jordanos no dejaban de ser una tribu árabe en el sur de Siria. Cuando los franceses y británicos se repartieron la zona como si fuera un pastel después de la Primera Guerra Mundial, se inventaron Jordania, la región que quedó en manos británicas, diferenciada de la Siria controlada por los franceses, al norte. Por eso, muchos jordanos dicen que, en el fondo, los jordanos son sirios. En una zona compleja como pocas, un ciudadano jordano puede presumir de sus raíces sirias y a la vez mostrarse indignado por la presencia de millones de refugiados de la guerra de Siria estos últimos años. «Nos quitan el trabajo», decía Yussuy, un chico con ropa cara pese a que también presumía de tener una abuela nacida en Damasco. Yussuy, hincha del Al Faisaly, el gran rival del Al Wehdat, también se quejaba de los palestinos. «Gozan de todos los privilegios de Jordania, pero envían el dinero a sus familiares palestinos. Y no se sienten jordanos», argumentaba.

Cuando los británicos se largaron de Jordania, los jordanos crearon su Estado. Y Jordania ha ido evolucionando de forma sorprendente gracias en parte a sus ciudadanos originarios de Palestina. Algunos analistas en Israel suelen decir, con mala leche, que los palestinos no pueden pedir un Estado porque ya lo tienen: Jordania. Se calcula que entre el cincuenta y el setenta por ciento de la población jordana tiene sangre palestina. A partir de 1948, los palestinos superaron en número a los jordanos por dos razones. En primer lugar, porque ese mismo año Jordania aprovechó la guerra contra Israel para ocupar la zona palestina de Cisjordania y, de esta forma, controlar Jerusalén. En segundo lugar, porque en esa misma época acogió a millares de refugiados expulsados de las zonas del nuevo Estado de Israel. La pequeña Jordania pasó a triplicar su población gracias a unos palestinos que llegaban a un país donde los jordanos, una minoría, controlaban el ejército, el Gobierno y la policía. El centro palestino de Amán cifra en 3,4 millones los palestinos en Jordania, donde existen quince campos de refugiados diferentes.

En estos campos se organizaron grupos armados que soñaban con volver a Palestina. Al Wehdat fue uno de los bastiones de la Organización para la Liberación de Palestina (OLP). Armadas y bien organizadas, estas milicias crearon un Estado dentro del Estado. El Gobierno jordano perdió el control de parte del territorio, la tensión aumentó y acabó en un estallido de violencia. «La policía no podía entrar en Al Wehdat. Estaban las milicias armadas, era como un Estado palestino libre fuera de Palestina», cuenta Amer. Tanto poder acumularon los palestinos que, al final, el rey Huseín se vio obligado a actuar, presionado por Estados Unidos. Los palestinos, liderados por la OLP de Arafat, acusaban a los jordanos de buscar la paz con Israel. El rey Huseín acusaba a los palestinos de falta de respeto. Al final, en 1970 se vivió el conocido como Septiembre Negro, con millares de muertos. El Gobierno jordano pudo controlar la situación en 1971, después de derramar más sangre, y llegaron los acuerdo de paz con los que la OLP se trasladó al Líbano. Ya sin violencia, llegó el momento para el deporte. Llegó el momento del Al Wehdat.

El club había sido creado en 1956 con el apoyo del Alto Comisionado de las Naciones Unidas/ONU para los Refugiados. Gracias a su labor en los campos de refugiados nacieron escuelas, asociaciones culturales y clubes deportivos como el Al Wehdat. El equipo creció tanto que se convirtió en el símbolo de todos los palestinos de Jordania. La camiseta usa los colores de la bandera palestina. Y el escudo es la mezquita de Al Aqsa, en Jerusalén, uno de los lugares más sagrados del islam. «Cuando empezamos a salir del campo para hacer negocios, nos llamaban despectivamente *mukhayyamjiyye* ('los que proceden del campo'). Ese desprecio se convirtió en nuestro orgullo. Cuando nuestro club empezó a ganar títulos, cantábamos en el estadio que nadie podía derrotar a los *mukhayyamjiyye*. Esta es nuestra identidad —explica Jihad Nijem, al que bautizaron con un nombre significativo—. *Jihad* quiere decir 'luchar por una causa noble', aunque, como el islamismo radical lo usa en sus guerras santas, a muchos extranjeros les asusta mi nombre», admite resignado. Su nombre era una forma para que sus padres le recordaran cada día que el reto era volver a sus casas de Palestina, ocupadas por Israel.

En 1975 el club ascendió a primera y en 1980 ganó su primera liga. «No es una casualidad que el ascenso llegara después de la violencia de 1970 y 1971. En 1970, en la zona donde se encuentra el estadio, fallecieron más de trescientos militantes palestinos en un ataque del ejército jordano. Ya sin violencia, el deporte pudo brillar. Los palestinos necesitábamos sentirnos orgullosos de algo, y ese algo fue el Al Wehdat», explica Jihad. En sus primeros años, en el club solamente podían disputar partidos jugadores del campo de refugiados. Luego, con el dinero de empresarios palestinos que habían triunfado en Jordania, se empezó a fichar a jugadores de nivel, lo que generó el nacimiento de una fuerte rivalidad contra el Al Faisaly, el equipo de los jordanos auténticos, es decir, los que tenían antepasados que siempre habían habitado esa zona. El Al Faisaly siempre ganaba la liga. Y, de repente, aparece un club palestino y se le sube a las barbas.

Fundado en los años treinta por jóvenes nacionalistas árabes indignados por la presencia británica, el Al Faisaly tiene más trofeos que ninguna otra entidad jordana, pues ha ganado incluso títulos internacionales. Controlado por miembros de la aristocracia, el Al Faisaly tiene una afición que demuestra que aún quedan divisiones profundas entre los palestinos y los jordanos. Sus hinchas solían cantar una canción en los derbis que decía: «*Wahid, itnen, talagha ya Abu Hussein*», o sea, 'Uno, dos, divórciate de ella, hijo de Huseín', en referencia a la boda del rey Abdalá, hijo de Huseín, con Rania, hija de palestinos. Los hinchas del Al Wehdat cantan: «*Allah, Wehdat, Al Quds Arabi*», o sea, 'Dios, Al Wehdat y Jerusalén para los árabes'. Sueñan con el retorno, con volver a Palestina. «Los hinchas más radicales del Al Faisaly sueñan lo mismo: que los palestinos se larguen», bromea Amer.

Actualmente, el Al Wehdat está controlado por Bashar al Hawamdeh, empresario que ha llegado al Parlamento jordano después de salir del campo de refugiados. Cristiano, como algunos palestinos, al Hawamdeh ha acusado a las fuerzas de seguridad del Estado de agresiones a los hinchas de su equipo y ha denunciado que sigue existiendo «odio hacia los palestinos». En 2010, más de 250 aficionados de los dos equipos acabaron en el hospital tras unos enfrentamientos que provocaron un comunicado de la mismísima Casa Real en el que se pedía calma. «Los incidentes llegaron en unos años de tensión, cuando el Gobierno derechista de Israel anunció un plan de segregación del territorio palestino para evitar que convivieran judíos y palestinos. Muchos jordanos temieron que eso significara la llegada de más palestinos», explica la periodista Nisreen el Shamayleh. Del 2009 al 2011, la violencia en el derbi creció, recordando los peores momentos, como los años ochenta, cuando llegaron a fallecer hinchas después de una pelea fuera del estadio provocada por la aparición de una imagen de Yaser Arafat en las gradas.

En 1986, el Gobierno jordano llegó a prohibir al Al Wehdat usar su nombre y jugar en su campo. Hasta 1988, el club jugó bajo la denominación Al Deffatain, una expresión que se puede traducir como 'los dos bancos', refiriéndose a la unión de las dos orillas del río Jordán, es decir, Palestina y Jordania. En 1989, el Gobierno autorizó al club a recuperar sus símbolos, a medida que la tensión se reducía y la relación entre el rey Huseín y Yaser Arafat mejoraba. Durante los años noventa, el Al Wehdat pudo jugar por primera vez en Palestina. En 1996, el mismo Arafat dijo: «Una vez, cuando no teníamos voz, el Al Wehdat fue nuestra voz». El club había sido invitado a jugar un amistoso en Israel para fomentar la paz, pero la directiva no aceptó y prefirió jugar un amistoso en Palestina, en Hebrón, delante de más de cuarenta mil hinchas. Ese día, los jugadores del equipo de origen palestino besaron el césped, demostrando la conexión de la entidad con los territorios palestinos, donde han jugado en más ocasiones desde entonces.

Cada vez que el Al Wehdat visita Palestina, los hinchas del Al Faisaly se indignan, como si fuera una demostración de que, en el fondo, muchos palestinos no quieren ser jordanos. Y cada vez que el Al Wehdat gana la liga jordana, en Palestina muchos lo celebran. Pasan los años y el club sigue jugando con dos almas, una a cada lado del río Jordán. Pero la relación con el Al Faisaly no mejora. Para este club, el Al Wehdat no deja de ser un club extranjero que gana su liga.

1950

Gimcheon Sangmu FC (Corea del Sur)

Hacer el servicio militar marcando goles

*El mundo se estaba reponiendo de la Segunda Guerra Mundial,
pero la recuperación quedó empañada con la Guerra Fría. De
1950 al 1953, más de tres millones de civiles fallecieron en la
guerra de Corea, uno de los países que más había sufrido por la
ocupación japonesa. El país quedó dividido en dos. Oficialmente,
ambos Estados siguen en guerra. Y eso afecta también a su deporte.*

«Oficialmente estamos en guerra. Aunque lo olvidamos casi
siempre, ya que, por suerte, tenemos paz —decía con una
sonrisa Seo Ji-Eun—. Y vivimos mejor que en el norte, eso
seguro», añadía. El paralelo 38 ejerce de frontera entre dos
naciones tan diferentes que parecen de mundos distintos. Al
norte se encuentra el país más hermético del mundo, un régimen comunista férreo donde el Estado controla incluso los
peinados que se permiten a la población. Al sur, un país que
se ha entregado al capitalismo más agresivo, con empresarios
sin escrúpulos y todo tipo de oportunidades para tocar el cielo.
O acabar en las calles mendigando. Las dos Coreas son, en el
fondo, la misma tierra. Históricamente, Corea había conocido solamente dos realidades: unida u ocupada por extranjeros, como los japoneses. En las dos Coreas se habla la misma
lengua. Y muchas familias quedaron divididas por la frontera
establecida en 1953. Durante muchos años, los dos países fue-

ron de alguna forma dictaduras. Una comunista en el norte y otra militar de derechas en el sur, aunque estos últimos finalmente realizaron sus primeras elecciones libres y justas en 1987. Y, desde entonces, el país ha cambiado tanto, que los más ancianos tienen problemas para entender la realidad.

Las dos Coreas siguen en guerra, sí, pero no les conviene un conflicto, así que se acercan tímidamente, se pelean y vuelven a negociar. En los últimos años incluso se ha conseguido que los dos Estados compitan unidos en algunos deportes, como sucedió en los Juegos Olímpicos de Pieonchang, en Corea del Sur, en 2018. En esa cita, las dos delegaciones desfilaron juntas y el equipo de *hockey* sobre hielo fue mixto. «Las nuevas generaciones entienden la realidad de una forma diferente. Muchos quieren mirar hacia el futuro. Sienten que la guerra es algo lejano», explica Ji-Eun, periodista deportiva. Por eso, para muchos jóvenes es un trauma vivir en un país donde todos los hombres de entre dieciocho y veintiocho años tienen la obligación de servir en el ejército durante casi dos años, en el marco de los esfuerzos del país para protegerse contra Corea del Norte, no sea que estalle la guerra otra vez. En ocasiones, aún se producen escaramuzas en alguna parte de la zona desmilitarizada que ejerce de frontera en el paralelo 38. O una nave procedente del norte entra en aguas del sur, provocando persecuciones y disparos. Los generales de Seúl siguen pendientes de cada movimiento del norte, mientras sus nietos sueñan con ser futbolistas o estrellas del K-Pop, el género musical de moda que ha cruzado fronteras.

El fútbol y la música simbolizan la nueva Corea. En 2020, el Gobierno anunció la creación de una enmienda a la Ley del Servicio Militar con el objetivo de plantear excepciones para las estrellas del K-Pop si se acredita que «mejoran el estatus cultural del país e impulsan la economía». La ley permite algunas excepciones para ir posponiendo el servicio militar hasta los veintiocho años por motivos de estudios. A veces, si algún ciudadano realiza un servicio patriótico que mejora la imagen del país, puede librarse de ir al ejército, como le ha sucedido a jóvenes artistas de música clásica o deportistas que han ganado medallas olímpicas. Con la nueva enmienda, se permite a miembros de estos grupos de chicos con peinados modernos que rompen el corazón de millones de adolescentes en todo el mundo aplazar su servicio militar hasta los treinta años, si son recomendados por el ministro de Cultura. Eso permitió a última hora que Jin, miembro de BTS, el primer grupo coreano en conseguir un número 1 en Estados Unidos, pudiera ir de gira por todo el mundo pese a haber cumplido los veintiocho.

El servicio militar es un asunto polémico en Corea del Sur, con la población dividida entre si se deben ofrecer privilegios a cantantes y deportistas o no. «Los mayores se muestran en contra; los jóvenes, a favor. Incluso se escuchan algunas voces que defienden que el servicio militar debería ser voluntario, aunque son pocas. Si bien se habla menos de él, el fantasma de la guerra con el norte sigue ahí», explica Seo Ji-Eun. Corea es un país que camina hacia el futuro cargando con un peso gigante en el corazón. El siglo XX destrozó la península, así que muchas personas militan en un nacionalismo acérrimo que no quiere cerrar las carpetas del pasado y que defiende la necesidad de estar listos para la guerra. «El caso de las dos Corea es fascinante», dice con pasión Roger Mateos, periodista que ha visitado el norte para escribir dos libros, uno de ellos sobre su fútbol. Los japoneses invadieron Corea creando un régimen salvaje y racista que acabó con millones de personas. Durante la Segunda Guerra Mundial, millares de mujeres coreanas fueron usadas como esclavas sexuales por los japoneses, con lo que las heridas de guerra todavía complican las relaciones entre estas dos tierras a día de hoy. Y después estalló el primer gran conflicto de la Guerra Fría. En el norte, las guerrillas comunistas que habían luchado contra los japoneses, se enfrentaron a grupos nacionalistas durante la guerra civil para decidir cómo sería la nueva Corea. El apoyo de los Estados Unidos, que lideró un contingente de tropas de diferentes países, pareció decantar la guerra a favor del sur, aunque, después, los chinos y los soviéticos también se metieron en el tablero de juego. Y la guerra quedó estancada y acabó sin ganador. Más de cuarenta mil soldados de Estados Unidos perdieron la vida. En total, en el siglo XX fallecieron más de diez millones de coreanos en sus diferentes guerras. «Hasta finales de los años noventa, vivir en el norte era como vivir en una burbuja, sin ningún contacto con el exterior. Un norcoreano, cuando se levanta, tiene las imágenes de sus líderes en casa, escucha la radio de cable conectada las 24 horas, una radio que no puedes apagar nunca y que está ahí para nutrir de mensajes a la población. Desde el parvulario estudian la doctrina de los líderes. Las 24 horas de propaganda hacen que la gente crea que Corea del Norte es el mejor país para vivir», explica Mateos. En el sur, tuvieron juntas militares mandando hasta los ochenta, cuando se empezó a suavizar todo.

Y en este momento el fútbol se convirtió en uno de los primeros sectores de la sociedad que recibió permiso para encarar el problema del servicio militar obligatorio. El fútbol siempre había sido el deporte más amado en Corea, con los dos Gobiernos usando los éxitos de su selección como propaganda. Corea del Sur se metió en el Mundial de 1954 eliminando por el camino a Japón, en unos partidos donde la junta militar coreana se negó a garantizar que la bandera nipona pudiese ondear en Seúl, motivo por el cual los dos partidos se jugaron en Japón. Y en 1966, Corea del Norte llegó a los cuartos de final del Mundial. Las dos Coreas se negaban a jugar entre ellas en esas fechas. No lo harían por primera vez hasta 1978. Y, en ocasiones, cuando se han encontrado, han preferido jugar en un estadio neutral para evitar ver los símbolos nacionales del enemigo en su casa. El fútbol siempre ha sido una prioridad en la península, a pesar de que en el sur no crearon su primera liga profesional hasta 1984. «Antes existían dos ligas, una *amateur* nacida en los años cincuenta, y otra creada en los sesenta, donde jugaban equipos de empresas, universidades y cuerpos del ejército, como los marines o las fuerzas aéreas —recuerda Seo Ji-Eun—. Cuando nació la liga profesional, uno de los problemas que se podían encontrar los equipos era pagar un sueldo a un futbolista al que perdían durante dos años, cuando se largaban al servicio militar. Por eso se creó el club del ejército». Sí, en 1984, los diferentes equipos vinculados a las ramas del ejército se unificaron para crear el Sangmu FC, el Club Atlético de las Fuerzas Armadas Coreanas. Un club con unas normas particulares: lo formarían futbolistas profesionales de otros clubes que pasarían a sus filas en condición de cedidos durante dos años, jugando en el Sangmu a cambio de un modesto sueldo de recluta. Un club polideportivo, por cierto, pues muy pronto se crearon otras secciones para ayudar a otros deportistas.

En sus comienzos, el Sangmu jugó en un estadio propiedad del ejército en Seúl. El primer año debutó en una liga de reserva, donde solamente duró un año, aunque ascendió a primera. Todo cambió en el año 2002, cuando el ayuntamiento de la ciudad de Gwangju ofreció al ejército su estadio, construido para el Mundial de ese año, para que no quedara vacío, ya que no tenían club profesional. Del 2002 al 2011, bajo el nombre de Gwangju Sangmu FC, el equipo del ejército tuvo su sede en esta ciudad, consiguiendo el ascenso a primera en 2002 y encadenando diez temporadas consecutivas en la élite. Los jugadores estaban con ellos dieciocho meses, dado que se permitió que los futbolistas del club pudieran servir seis meses menos que los otros ciudadanos. Al final de cada temporada, llegaban caras nuevas. Un renacer constante. Y una buena época que finalizó cuando unos empresarios crearon el Gwangju FC. Por lo tanto, del 2011 al 2020, el equipo tuvo su sede en una nueva ciudad, Sangju, con el nombre de Sangju Sangmu Phoenix FC, aunque la palabra «Phoenix» se interpretó como una operación comercial inapropiada que generó debate dentro de los cuarteles. En un año ya había desaparecido. Con algunos descensos, el Sangmu ha conseguido participar en primera la mayor parte de su historia. En dos ocasiones, llegó a semifinales de la copa, pero nunca pasó de acabar sexto en primera. Hasta el año 2020. Justamente la temporada en que sabía que le tocaría bajar a segunda, aunque fuese campeón. El Sangmu empezó esa liga sabiendo que su destino estaba escrito: el ayuntamiento de Sangju había finalizado el contrato con ellos al crear su propio club. Se habían quedado sin sede. Finalmente, encontraron una nueva casa en Gimcheon, en el centro del país, aunque como llegó tarde, les tocaba empezar en la categoría de plata. Pese a ello, ese año el club jugó mejor que nunca, acabando en una estupenda cuarta posición, la mejor de su historia. Un puesto que le hubiera dado el pasaporte para jugar competiciones internacionales, aunque por ley lo tienen prohibido. Como todos los futbolistas juegan como cedidos, el Sangmu no cumple los requisitos profesionales que exige la Confederación asiática de fútbol, así que jamás podrá participar en la Champions de la AFC.

Kim Tae-wan, quien de 1995 a 1997 jugó en el equipo, fue su entrenador desde el año 2002, y ha vivido los cambios de sede y nombre de una entidad que es su casa. «Cada dieciocho meses analizamos a los jugadores, hablamos con ellos, los elegimos. Algunos llegan aquí y se pasan los días contando el tiempo que falta para poder largarse. Otros se implican mucho. Cuando creamos un grupo unido que disfruta jugando, podemos derrotar a los mejores. Siempre les digo que estarán aquí dieciocho meses. Que deben aprovechar el periodo para aprender y ser felices con el mejor deporte del mundo. Para motivarlos, les digo que deben jugar al fútbol considerándolo un pasatiempo divertido, y no una guerra dura», afirma un tipo que es oficial del ejército. Quizá por eso sabe que las guerras nunca traen alegrías. El deporte, sí.

Cada temporada, Kim Tae-wan y sus ayudantes eligen a los futbolistas llamados a filas que tienen suficiente nivel. Los que quedan fuera tienen una segunda oportunidad, ya que pueden ser reclutados por el Ansan Mugunghwa, un club similar gestionado por la policía creado en 1996, que también te exime de ir al servicio militar. Los futbolistas que no tienen suficiente nivel acaban en los cuarteles. Los afortunados residen dieciocho meses en unas instalaciones deportivas austeras. Un cambio radical para muchos de ellos. En 2013, por ejemplo, Lee Keun-ho fue elegido mejor jugador de Asia la temporada anterior gracias a sus actuaciones con el Ulsan Hyundai, campeón de la Champions League de la AFC. A pesar de recibir ofertas de clubes europeos, acabó en el Sangju Sangmu justo cuando había bajado a segunda. Con él en el equipo, ascendieron de nuevo. Pese a estar en la categoría de plata coreana, la selección absoluta siguió convocando a Keun-ho. Y como manda la tradición cuando marcas un gol formando parte del Sangmu, celebró su diana contra Rusia en el Mundial del 2014 con un saludo militar.

En los últimos años, el buen trabajo formativo del fútbol coreano y el hecho de vivir en un mundo globalizado ha complicado aún más las cosas, pues algunos jóvenes talentosos reciben ofertas del extranjero siendo casi adolescentes. Con dieciocho años, algunos chicos se suben a un avión rumbo a Europa para vivir su sueño y cobrar buenos sueldos de clubes que no están dispuestos a perder durante dos años a sus futbolistas. Algunos coreanos han declinado ofertas importantes hasta no haber realizado el servicio militar, aunque otros se la juegan y acaban contra las cuerdas, como le sucedió a la gran estrella del Tottenham Hotspur inglés Son Heung-min, quien veía cómo se acercaba a los veintiocho años, el límite de edad para servir. En su caso, Heung-min intentó librarse del ejército ganando una medalla olímpica. En 2014 los coreanos habían ganado el bronce, lo que permitió a los futbolistas recibir el indulto como premio. Así que Heung-min, quien en 2014 no formaba parte del equipo, pidió que lo convocaran en 2018. Y falló un penalti clave en los cuartos de final, cuando Honduras los sorprendió. Así pues, lo volvió a intentar en los Juegos Asiáticos. De esa forma, se encargó personalmente de dar las dos asistencias de gol en la final, ganada 2-1 contra los japoneses. Y se pudo librar, por los pelos, de ir al servicio militar. Estaba dispuesto a hacerlo, ya que en la sociedad coreana, cuando una personalidad pública intenta librarse con picaresca del servicio militar, se convierte en *persona non grata.* Algunos actores de cine y empresarios que consiguieron tener doble nacionalidad, por ejemplo, vieron cómo sus pasaportes coreanos quedaban invalidados. Cuando el jugador del Mónaco Park Chu-young consiguió retrasar un año su incorporación a filas usando su residencia en el pequeño país monegasco, se vio forzado a emitir un comunicado público de disculpas. Chu-Young tendría suerte, pues fue uno de los ganadores de una medalla olímpica en 2014, así que finalmente se fue de rositas. Y evitando jugar en el Sangmu, se aseguró de paso el seguir cobrando sueldos millonarios en otros clubes. Su destino es el de un país dividido entre los sueños individuales y la obligación con el Estado. Al final, no deja de ser un país en guerra, con un vecino donde los jugadores viven toda su carrera sirviendo al Gobierno, en clubes gestionados por el Estado y el ejército. Y si salen de su país, con permiso, «van a todos sitios acompañados de agentes de seguridad, para evitar que deserten», explica Mateos. Las dos Coreas siguen caminando por rutas opuestas, aunque su separación no sea más que una simple línea en el suelo. Tan lejos y a la vez tan cerca.

1956

Ferencváros (Hungría)

Los trece días de libertad del Ferencváros

En 1956, los tanques soviéticos acabaron con la Revolución húngara, que pretendía recuperar esas libertades que Moscú no permitía a sus estados satélites. En Budapest, los ciudadanos llegaron a soñar durante una semana con ser libres del yugo soviético. Y uno de sus símbolos fue el club de fútbol más amado.

Uniformados con camisetas negras idénticas, los ultras del Ferencváros desfilaban hacia el Vélodrome por el centro de Marsella. Centenares de policías los vigilaban, mientras insultaban a los vecinos de origen africano que veían por las calles. Algunos levantaron el brazo haciendo la salutación fascista, otros imitaron a un simio cuando pasaron por delante de un bar regentado por senegaleses. Daban miedo. Los ultras del club más popular de Hungría pasan horas en gimnasios, practicando boxeo y cuidando su musculatura. Aunque algunos de ellos parecían drogadictos con la mirada perdida, la mayoría eran tipos en forma, listos para el combate. En sus brazos gigantes se podían ver todo tipo de tatuajes con símbolos neonazis. Precedidos por su mala fama, los radicales del Ferencváros se desplazaron a Marsella durante la Eurocopa del 2016 para animar a su selección, vigilados muy de cerca por las autoridades. Aunque lo que no esperaban los policías franceses era que, una vez dentro del estadio, en vez de buscar enfrentarse con los aficionados rivales, esos *hooligans* saltaran una valla para pegarse con otros húngaros, pues eran hinchas de clubes rivales. Para ellos, el fútbol era como ir a la guerra.

Durante muchos años, la imagen que tenía del Ferencváros era esa. Esas gradas llenas de odio, incidentes, violencia. Hasta que conocí la historia de István *Potya* Tóth por casualidad, durante una visita a la Gran Sinagoga de la calle Dohány de Budapest, uno de los lugares más fascinantes de Europa. La segunda sinagoga más grande del mundo, superada solamente por una en Nueva York, se alza en el sitio donde antes se encontraba la casa natal del periodista Theodor Herzl, padre del sionismo, el movimiento político que propuso desde sus inicios el establecimiento de un Estado para el pueblo judío, preferentemente en la antigua tierra de Israel. Hungría era uno de los países con una de las comunidades judías más importantes antes de la Segunda Guerra Mundial. Muchos judíos adoptaron el húngaro como lengua y se convirtieron en nacionalistas húngaros. Otros formaban parte de movimientos religiosos ortodoxos y vivían como lo hacían sus antepasados siglos atrás, hablando en yidis. Algunos se sentían húngaros y no querían marcharse. Otros, como Herzl, entendían que en Europa siempre serían perseguidos y que debían crear su propio Estado. Todas las contradicciones y dudas del siglo XX resumidas en esa preciosa sinagoga que fue destrozada durante la Segunda Guerra Mundial y reconstruida gracias a las donaciones de judíos de origen húngaro de Estados Unidos, entre ellos, el actor Tony Curtis. En la parte posterior del templo se encuentra el Parque Memorial Raoul Wallenberg, dedicado a los más de cuatrocientos mil judíos húngaros asesinados durante el Holocausto. En el centro, una estatua construida por Imre Varga, que se asemeja a un sauce llorón, recoge en sus hojas inscripciones con los nombres de las víctimas. Además, se recuerda a esos valientes que arriesgaron su vida para salvar a millares de judíos húngaros, como el diplomático sueco Wallenberg, que sería ejecutado por los soviéticos al final de la guerra, o el cónsul español Ángel Sanz

Briz, que entregó pasaportes españoles a los judíos para hacerlos pasar por sefardíes. Fue allí donde encontré una placa con el nombre de István Tóth. Y en el suelo, frente a ella, una corona de flores ofrecida por el Ferencváros. No sabía quién era Tóth, así que apunté el nombre para buscar más sobre él.

Unos meses más tarde, András Heisler me respondía a un correo electrónico. El presidente de la Congregación de Asociaciones Judías de Hungría me desmontó la imagen que tenía sobre el Ferencváros. «Te contaré la historia de mi tío. Él era un gran aficionado del club. Tanto, que en 1944, cuando los nazis perseguían a los judíos en Budapest, se jugó la vida para ir a ver un partido en directo. Eran esos años en que habían empezado las deportaciones y los judíos debían estar encerrados en zonas controladas. Y él, que estaba oculto en casa de unos conocidos, se jugaba la vida por el Ferencváros». Su tío sería capturado por miembros del Partido de la Cruz Flechada, los fascistas húngaros aliados de los nazis, ese mismo año. Lo condujeron a la orilla del Danubio, donde centenares de personas fueron ejecutadas de un tiro en la nuca. En ocasiones, los asesinos ataban a tres personas con cuerdas y disparaban solo a una de ellas. Los otros dos eran arrastrados por la corriente y por el peso del cadáver, sin poder mover los brazos atados. Fallecían ahogados. En 2005, en el lugar donde los fascistas juntaban a las víctimas, se inauguró un monumento diseñado por Can Togay y Gyula Pauer: centenares de zapatos para recordar a esas personas a las que pidieron que se descalzaran primero, antes de recibir el disparo. El tío de Heisler tuvo suerte. El disparo le provocó una herida en la cabeza, aunque no le tocó el cerebro. Sangrando, cayó al Danubio, y se dejó arrastrar por la corriente hasta poder salir del río en una zona rural. Se escondió como pudo hasta que llegaron las tropas soviéticas. En 1945 emigraría a Israel, donde en 2018, con noventa y tres años, presenció en directo un Maccabi de Tel Aviv-Ferencváros de la Europa League. Con su bufanda verde del club húngaro, claro.

Aprovechando esa eliminatoria contra el Maccabi, Heisler había participado en una campaña impulsada junto al Ferencváros para recuperar la figura de István *Potya* Tóth. Futbolista olímpico en los Juegos de 1912, defendió la camiseta de los Fradi, como se conoce al Ferencváros, en más de ciento cincuenta partidos. Después destacó en los banquillos y, en los años treinta, gozó de fama como uno de los mejores entrenadores en el fútbol italiano, dirigiendo clubes como el Inter de Milán. No obstante, con el inicio de la Segunda Guerra Mundial volvería a casa, a Budapest. Entonces, el almirante Miklós Horthy gobernaba Hungría. Era un militar de derechas que en 1941 se había aliado con Hitler a regañadientes, consciente de que no tenía muchas opciones: colaborar con los nazis o ser invadido por ellos. Sin embargo, las autoridades alemanas nunca se fiaron de Horthy, quien se negaba a deportar a los judíos húngaros. Así que en 1944 lo depusieron, ocuparon Hungría militarmente y auparon al poder al partido de la Cruz Flechada de Ferenc Szálasi, un fanático que afirmaba luchar por la pureza de la raza húngara pese a que él tenía sangre armenia, eslovaca y alemana. Fue entonces cuando Tóth, junto con otras personas del mundo del fútbol, como el entrenador del Ujpest, Géza Kertész, participó en la creación de una red ilegal que usaba sus contactos para facilitar documentación falsa y refugio a muchos judíos. Tóth salvaría la vida de decenas de personas, jugándose el pellejo al transportar documentos o explosivos para volar puentes. Su final sería triste. Un miembro de la red de resistencia habló más de los que debía, intentando impresionar a unas chicas. Delatados, decenas de miembros de esa red como Tóth serían capturados en las últimas semanas de la guerra y ejecutados cuando el ruido provocado por las tropas soviéticas ya se podía escuchar desde el centro de Budapest. «Su figura quedó tristemente olvidada. Después de la guerra, los comunistas no quisieron recuperar el nombre de los héroes que lucharon contra los nazis y que no compartían su ideología, como Tóth. Por eso debemos recuperar su nombre ahora que en Hungría tenemos un ascenso de la extrema derecha, con mensajes contra los gitanos o judíos locales», me explicaría Heisler. Cuando le pregunté si creía que el Ferencváros era un club de derechas, fue categórico. «No, no. Los ultras sí, claro, aunque el club es popular entre diferentes clases sociales e ideologías. Es un club que nos habla del destino trágico de Hungría, siempre atrapada entre gigantes como Alemania o Rusia. Entre el nazismo o el estalinismo. Para mí, el Ferencváros es un símbolo de libertad».

Para Ferenc Karinthy, uno de los mejores escritores húngaros del siglo XX, ser hincha de los Fradi tenía el mismo valor. Karinthy era un tipo peculiar. Su padre, Frigyes Karinthy, fue el escritor que ideó la teoría de los seis grados de separación, según la cual toda persona puede estar conectada con cualquier otro individuo del planeta a través de una cadena de conocidos que no tiene más de cinco intermediarios. Su madre, Aranka Böhm, fue asesinada en Auschwitz por los nazis. Y él fue guionista, director de teatro, editor…, y campeón de liga con el Ferencváros en waterpolo, uno de los deportes más amados en Hungría. Rebelde por naturaleza, en 1959 Karinthy mandó a su editor un libro llamado *Un aficionado del Ferencváros,* en el que explicaba sus vivencias como jugador de waterpolo y aficionado del club más popular de Budapest, aunque le habían pedido que escribiera una novela. En esas páginas se podía intuir, evitando la censura, que ver partidos en el estadio era un momento de libertad. Noventa minutos donde uno no se sentía oprimido, donde todo podía suceder si se marcaba un gol. En otro de sus libros, *La edad de oro,* Karinthy explicaría las vivencias de un don juan judío que escapa de los nazis escondiéndose entre faldas de viudas acaudaladas en la Budapest bombardeada de 1944. Y, pese a todos sus problemas, el protagonista del libro sufre, porque su Ferencváros jugará un partido importante sin su gran estrella en esa época, György Sárosi. Cuando Heisler me contó la historia de su tío, me recordó al protagonista del libro. Mientras se deportaba a millares de judíos y se bombardeaba la ciudad, el fútbol no paraba, convertido en un refugio, en un espacio donde soñar.

En Hungría, el fútbol y el deporte son parte de la identidad nacional. El Ferencváros se fundó en 1899, durante los últimos años del Imperio austrohúngaro, una entidad polideportiva con secciones como la gimnasia o el atletismo. El club nació al sur de la ciudad, en el barrio de Ferencváros del distrito nueve, en una época en que la sociedad húngara buscaba nuevos símbolos. Sus fundadores eran gente trabajadora que descubrió que el deporte les permitía conseguir victorias contra esas personas que les recortaban el sueldo o les imponían leyes que no siempre les gustaban. Entonces, el equipo más grande de Hungría era el MTK de Budapest, fundado en el centro de la ciudad con el apoyo de muchas familias judías acaudaladas. Eso provocaría algunos incidentes antisemitas con la afición del Ferencváros ya en los años veinte, pese a que algunos fundadores y muchos socios del Ferencváros eran judíos. Poco a poco, el club se convertiría en la entidad más amada de Hungría, un club popular que pasaría a ser presidido en los años cuarenta por Andor Jaross, un militante del Partido de la Cruz Flechada, que colaboró con los nazis en las deportaciones de los judíos de la ciudad en 1944. El Ferencváros, con sus contradicciones, era una metáfora del país. Jaross participó en las redadas contra personas como el tío de Heisler.

Cuando las tropas soviéticas entraron en Budapest en 1944, Hungría quedó bajó el yugo de la URSS. Comenzó entonces un proceso de estalinización de toda la sociedad que sirvió para imponer un modelo deportivo similar al soviético, en el que los clubes de fútbol pasaron a estar controlados por el Estado. El Kispest, el rival del Ferencváros en los barrios del sur de la ciudad, fue rebautizado como Honvéd, y se convirtió en el mejor equipo de la época gracias el apoyo del ejército, que le permitía reclutar a los mejores futbolistas, seducidos por la oportunidad de jugar, ya que así se libraban del servicio militar. El MTK acabó en manos de la policía. Y el Ferencváros, demasiado popular para ser eliminado pero demasiado vinculado con la derecha como para ser cuidado, sería rebautizado como Édosz. O sea, pasó a ser el equipo del sindicato de la industria alimentaria, y su tradicional color verde fue sustituido por el rojo. Los resultados deportivos se resintieron. Sin el apoyo de un órgano del Estado fuerte, el Ferencváros se convirtió en un club segundón con las gradas llenas. De 1949 a 1962 solo ganó una Copa de Hungría, en 1958. Durante esa época, las autoridades designaron como presidente del club a Ferenc Münnich, un comunista que había luchado en la Guerra Civil española con las Brigadas Internacionales. Y fue él quien propuso un nuevo cambio de nombre, consciente del malestar entre la afición, y lo bautizó como Kinizsi, en honor a un héroe del siglo xv que estaba bien visto tanto por los aficionados como por los políticos. Münnich sigue generando debate entre la hinchada del club hoy en día. Cuando Gusztáv Sebes, el mejor entrenador de la época, defendió que el Ferencvarós debía desaparecer por sus vínculos con el fascismo, Münnich se opuso, afirmando que «es una institución nacional en Hungría. Tenemos que liderar y reconstruir correctamente el club, para que pueda ser un pilar realmente sólido del deporte de la democracia popular húngara». En los años cincuenta, el mejor portero de la época, Gyula Grosics, intentó fichar por el Ferencváros, club del que era hincha confeso. Cancerbero de esa selección húngara subcampeona del Mundo en 1954 con Gusztáv Sebes en el banquillo, Grosics jamás lo consiguió, pues las autoridades lo retuvieron en el Honvéd. En 2008, con ochenta y un años, explicaría que él siempre había sido un tipo de derechas castigado por los comunistas. Y, en un gesto simbólico, firmó un contrato como futbolista del Ferencváros y jugaría un amistoso con el dorsal número 1 a la espalda.

Durante los años cincuenta, ir al estadio podía ser un pequeño gesto de rebelión entre los hinchas del Ferencváros que, en ocasiones, gritaban el viejo nombre del club de forma desafiante. Y, como era el mismo nombre del barrio donde se encuentra el estadio, tenían excusa cuando la policía los interrogaba. Cuando propuso el nuevo nombre, Münnich sabía que la población no estaba contenta con las autoridades. Eran esos años en los que el mundo se preguntaba cómo reaccionaría la Unión Soviética, después de la muerte de Stalin en 1953, si alguno de los países que controlaba decidía ir por libre. La respuesta llegaría en 1956. En octubre de ese año, las calles de Budapest se vaciaron de tropas soviéticas, expulsadas por una revuelta popular que hizo soñar a los húngaros con la posibilidad de recuperar las libertades perdidas. Imre Nagy, un hijo de campesinos que había sido comunista toda su vida, llevaba años impulsando pequeñas reformas para alejarse del modelo soviético, con el que no coincidía. Después de la muerte de Stalin, lideró un proceso de relajación política y económica que provocó la reacción de Moscú. Cuando forzaron la dimisión de Nagy, los húngaros se levantaron en armas para expulsar a los soviéticos. Durante esos trece días de revuelta de 1956, los socios del Ferencváros se reunieron en su viejo estadio de Üllöï, en un acto simbólico de recuperación de su viejo nombre. Derribaron el escudo impuesto por las autoridades soviéticas y pusieron en su sitio el viejo escudo del Ferencváros, presidiendo el acceso principal. Y, para celebrarlo, organizaron un partido de fútbol con los jugadores vistiendo, cómo no, de verde. De nuevo, como había sucedido en 1944, los hinchas del Ferencváros no renunciaron a su derecho de animar desde la grada, pese a que se cernía la tragedia sobre ellos. Como si gritar un gol en esos trece días de libertad les permitiera olvidar por unos momentos que los soviéticos estaban listos para volver con sus tanques, en las fronteras de Hungría. La represión fue muy dura, con centenares de muertos en las calles. Los soviéticos recuperaron el control de la situación e impusieron un nuevo Gobierno, liderado por János Kádár, un comunista que había sido presidente de un club de fútbol, el Vasas. Su mano derecha fue precisamente el expresidente del Ferencváros, Ferenc Münnich. La revolución aplastada de 1956 provocaría que miles de húngaros escaparan del país, muchos de ellos futbolistas, como Puskas, Czibor o Kocsis. Deportistas que acabaron en España, donde Franco les abrió las puertas.

El Ferencváros recuperaría su nombre en los años sesenta, e incluso volvió a ganar trofeos importantes, como cuatro ligas y el único título internacional de un club húngaro, la Copa de Ferias de 1965 contra la Juventus italiana. En vez de perseguir al club por su papel en esos trece días de 1956, la entidad pudo fichar a buenos jugadores, gracias en parte a las gestiones de Münnich. El club que había sido presidido por un fascista en los años cuarenta, estaba bajo la protección de un comunista en los años sesenta. «Socios del club se opusieron a los fascistas para proteger a sus amigos judíos, tal y como hizo Tóth. Y después lucharon contra los soviéticos, claro. Eso es el Ferencváros», defendía Heisler. La afición del club empezó a ver la luz al final del túnel en los años ochenta, cuando el Ferencváros fue de los primeros equipos húngaros en llevar publicidad en su camiseta. Y no fue una marca cualquiera, no. Fue la bebida norteamericana Pepsi.

Sin embargo, desde el fin del comunismo, el Ferencváros ha sufrido. Dos presidentes del club han sido juzgados por corrupción y han encadenado años de decepciones, mientras los ultras, escorados a la extrema derecha, se hacían con el control de un estadio medio vacío, pues muchas familias dejaron de ir al campo, en parte por miedo a los incidentes y en parte por culpa del bajo nivel del fútbol local, ya que los mejores jugadores se largan a Alemania antes de cumplir veinte años. Después de ocho presidentes diferentes en doce años, muchos de ellos empresarios sin ningún amor por el deporte y solo deseosos de ganar dinero, en 2011 llegó al palco el joven empresario Gábor Kubatov, militante de Fidesz, el partido de derechas del presidente húngaro Viktor Orbán, que pide cerrar las fronteras a los inmigrantes con decisiones cada vez más autoritarias.

Kubatov, de madre húngara y padre azerbaiyano inmigrante, derribó el viejo estadio Albert Flórian, bautizado así en honor a uno de los mejores jugadores de la historia del club, para levantar el recinto deportivo más moderno del país en el mismo lugar, el Groupama Stadium. El Ferencváros del siglo XXI volvió a ganar ligas y se metió de nuevo en la Champions League, aunque la relación de Kubatov con los radicales del club era cada vez peor. Si Kubatov es de derechas, los radicales lo son aún más: participan en manifestaciones neonazis y algunos de sus miembros están involucrados en el asesinato de miembros de la comunidad gitana.

Cansado de recibir multas y de la mala imagen que daban al club, Kubatov impuso un nuevo sistema de entrada al estadio, donde se exige el uso del documento de identidad para impedir el acceso de radicales con antecedentes. Los ultras le declararon la guerra, pero Kubatov no se ha amilanado. Todo lo contrario: pese a que los violentos anunciaron que boicotearían el acto, en 2018 aprovechó la visita del Maccabi de Tel Aviv para rendir homenaje a István Tóth. Los jugadores del club local salieron acompañados de niños que lucían unas camisetas con el rostro del entrenador ejecutado en 1945. Y Kubatov acompañó a los dirigentes del club de Israel a la Gran Sinagoga para rendir homenaje tanto a las víctimas del Holocausto como a las personas que entregaron su vida para proteger a sus vecinos, como Tóth. Personas como el tío de Heisler, el anciano que presenció el partido de la misma eliminatoria de la Europa League jugado en Tel Aviv. El amor por el Ferencváros sigue uniendo a personas de ideologías diferentes.

1958

Hafia Conakry (Guinea)

Un club para construir la nueva África

*A finales de los años cincuenta, los imperios coloniales se empe-
zaron a romper en mil pedazos. La primera colonia francesa que
consiguió la independencia fue Guinea, en 1958, con Ahmed
Sékou Touré como presidente, un sindicalista que empezó luchando en las calles y acabó ejerciendo de dictador, usando un club de
fútbol para ocupar un espacio central en la nueva África.*

El presidente de Guinea, Sékou Touré, ocultando los ojos detrás de unas gafas de sol, esperaba a pie de pista la llegada del
avión procedente de Bucarest en un caluroso día de junio de
1972. En ese avión de las fuerzas aéreas rumanas viajaba el
cuerpo sin vida del doctor Kwame Nkrumah, el político que
había liderado el primer proceso de independencia de una colonia africana, Ghana, en 1957. Para millones de personas,
Nkrumah era un héroe. Un hombre que no solo había luchado
por la libertad en Ghana, sino que también había sido uno de
los grandes defensores del panafricanismo. Donde otros veían
una tierra dividida, él soñaba con una África fuerte y unida.
Pero en 1966 había sido depuesto por un golpe de Estado
en que los servicios de seguridad de Estados Unidos habían
desempeñado su parte, y acabó exiliado en Guinea, donde su
buen amigo Sékou Touré le ofreció refugio y lo proclamó co-
presidente honorario del país. No obstante, ningún exilio es

feliz, y menos ese. Nkrumah sospechaba que los servicios secretos norteamericanos lo querían asesinar y, poco a poco, se encerró en casa sin querer salir y acumuló alimentos que tenía miedo de probar, por si estaban envenenados. Cuando falleció, Sékou Touré organizó en su honor unos funerales de Estado que presidió en primera fila, llorando bajo el sol. Durante unas semanas, el presidente guineano se negó a devolver el cuerpo a Ghana, pues quería estar seguro de que no sería profanado. Al final, los militares ghaneses se comprometieron a respetar los restos de Nkrumah, que fueron enterrados en su pueblo natal. En 1982 serían trasladados a un gran mausoleo, en un momento en que la democracia volvía poco a poco a Ghana.

Nkrumah y Touré siguieron caminos paralelos. Dos africanos de origen humilde que consiguieron doblegar a dos grandes Estados, el Reino Unido y Francia. En 1957, Nkrumah consiguió que Ghana fuese la primera colonia africana británica en escribir su destino en primera persona, sin depender de Londres. Y, en 1958, Touré logró que Guinea fuese la primera colonia africana francesa en seguir su propio camino, aunque fue castigada por ello. Los franceses se llevaron archivos y destrozaron instalaciones antes de marcharse y declarar a Touré *persona non grata*. Tanto Nkrumah como Touré creían en el panafricanismo. Pensaban que una África unida sería más fuerte, llevando a la práctica las ideas elaboradas por descendientes de africanos esclavizados en Estados Unidos, como William Edward Burghardt Du Bois o Marcus Garvey. Creían en una nueva África moderna. Y los dos usaron el fútbol para luchar por sus ideales.

Mientras casi toda África seguía controlada por europeos, Nkrumah se dedicó a impulsar la creación de competiciones como la Copa de África de clubes, torneo que evolucionaría hasta convertirse en la actual Champions League de la CAF. El mismo Nkrumah encargó un trofeo que pagó de su bolsillo, copa que el club campeón se quedaba en propiedad durante un año, hasta la siguiente final, en espera de que alguien fuese capaz de ganar el torneo en tres ediciones. Quien lo consiguiese, se quedaría la copa para siempre. Este club fue el Hafia Conakry, en 1977, un equipo apoyado por Sékou Touré. El presidente guineano, por tanto, pudo quedarse la copa de su amigo, y se encargó de pagar de su bolsillo el nuevo trofeo para los campeones africanos, que pasó por varias manos de otros capitanes victoriosos, hasta que en 1993 se la quedó en propiedad el Zamalek egipcio. Estas dos copas, la Copa Osagyefo, donada por Kwame Nkrumah, y el Trofeo Ahmed Sékou Touré, explican por sí solas los primeros años de vida del fútbol africano libre.

De Sékou Touré no se conoce ni la fecha de nacimiento. Sabemos que provenía de una familia de la etnia mandinga del interior de Guinea, en esos tiempos en que, incluso en las aldeas más remotas y desérticas, una bandera francesa y un telégrafo mantenían unido el Imperio colonial francés. Esa fue la escuela de Touré: el sistema postal y telegráfico francés, donde encontró trabajo bien joven. Allí aprendió que el mundo estaba conectado por ideas que corrían rápido, superando fronteras, como el socialismo. En 1945, Sékou Touré ya estaba organizando huelgas de trabajadores postales. Y, en 1952, ya era el principal dirigente sindical guineano, año en que entró en el Movimiento Democrático Africano, una organización muy extendida en las colonias francófonas de África, que reclamaba públicamente la total independencia de estas. Touré viajaría a Francia, donde conoció a los dirigentes del Partido Comunista Francés, recorrería las colonias buscando aliados y mejoraría sus dotes como orador, hasta que finalmente fue elegido alcalde de Conakry, la principal ciudad de Guinea. Eran años emocionantes, donde los mismos políticos que eran agredidos por la policía en las manifestaciones se sentaban a la misma mesa que los políticos franceses pocos días después para negociar. Francia, como el Reino Unido, sabía que África había despertado, y sería complicado mantener el control sobre esas tierras de las que sacaban recursos naturales clave para su economía. Así que en 1957, Francia otorgó a colonias como

Guinea un alto grado de libertad, aunque París seguía controlando la política exterior y la defensa externa de esas tierras. Pero para muchos africanos como Sékou Touré, eso no era suficiente. Quería más. Así que los franceses propusieron un sistema mixto: las colonias se podrían independizar a cambio de que siguiesen formando parte de la Unión Francesa, una organización parecida a la Commonwealth británica, que aseguraba a París mantener cierta influencia sobre su economía. La única colonia francesa donde triunfó la opción del no fue precisamente Guinea. Si las otras aceptaron la propuesta francesa, los guineanos, no lo hicieron. Y en 1958 proclamaron su independencia con Touré como presidente.

Aún no habían pasado doce meses de la independencia de Ghana del Reino Unido, y el mundo estaba observando cómo los guineanos rompían sus vínculos con Francia. Aunque a diferencia de Nkrumah, Touré eligió un sistema más autoritario, con el apoyo de la Unión Soviética. En pocos meses ya se había convertido en un pequeño dictador todopoderoso gracias a la protección de los países del Pacto de Varsovia, que le garantizaron el apoyo para nacionalizar las empresas extranjeras con sede en Guinea. Touré tomó partido en la Guerra Fría de una forma más decidida que Nkrumah, aunque al final de su vida cambiaría de bando. Todo para seguir en el poder. Touré se inspiró en Nkrumah para usar el deporte. El dirigente ghanés organizó durante sus primeros años de mandato giras para su selección, las Estrellas Negras de Ghana, para que fomentasen los deseos de independencia por todo el continente. En vez de apostar por la selección, Sékou Touré tuvo en un club a su mejor embajador: el Hafia de Conakry.

Este equipo había nacido en 1951, cuando el ayuntamiento de Conakry, controlado aún por los franceses, fomentó la práctica del deporte al crear equipos en los diferentes distritos de la ciudad. En una época en que Conakry crecía sin parar, los barrios fueron divididos con números. Así pues, ese equipo se llamaba Conakry II, el nombre del barrio donde tenía su sede.

Cuando Sékou Touré llegó a la alcaldía, se encargó de ayudar a clubes como el Conakry II para que pudieran plantar cara a los mejores equipos de la ciudad de la época, como el Racing Club de Conakry. Eran entidades creadas por franceses que trabajaban en la administración colonial o en empresas con sede en Conakry, y que cada vez encontraban más resistencia para derrotar a los equipos locales, los Conakry I, Conakry II o Conakry III. No obstante, estos clubes estaban destinados a asumir nuevos nombres, claro.

En 1960, Sékou Touré se puso manos a la obra para organizar la estructura deportiva de su joven país. Y se inspiró en el modelo de la Europa socialista, donde los clubes no podían ser privados. Todo lo contrario, estaban controlados por aparatos del Estado como el Ejército, el Ministerio de Transportes o la Policía. Los dos clubes beneficiados de este nuevo sistema fueron el Conakry I y el Conakry II, que gozaron del apoyo del Estado en las primeras ediciones de la Copa del Partido Democrático de Guinea. Sí, el primer torneo creado en el país llevaba el nombre del partido liderado por Touré. El único partido, pues los otros habían sido abolidos. La liga guineana nacería en 1965, ya con el dominio del Conakry II, que sería rebautizado como Hafia poco después. Sékou Touré consideraba que los nombres por barrios no dejaban de ser un recuerdo de la era colonial, así que la Federación buscó nombres más patrióticos. El Conakry I acabó bautizado como AS Kaloum Star, mientras que el Conakry II pasó a ser el Hafia, palabra que quiere decir 'renacimiento'. La nueva denominación para los equipos llegaba en un momento en que cada vez más colonias proclamaban su independencia. Y, por consiguiente, cada vez más clubes participaban en los torneos continentales. En esas competiciones se veían las caras equipos de Estados africanos que no siempre caminaban en la misma dirección. La Guerra Fría jugaba su partida de ajedrez en África, con algunos Gobiernos buscando estar bajo el paraguas de Washington y, otros, bajo el de Moscú. De ahí que ganar la Copa de África fuera un reto propagandístico. Y el Hafia de Conakry estaba listo para afrontarlo con su nuevo nombre.

En 1972 el Hafia llegaría a la final del torneo, donde derrotó al Simba de Uganda en la final. Para llegar, habían superado primero al vigente campeón, el Canon Yaoundé camerunés, y al poderoso TP Mazembe congoleño en semifinales. Pese a perder la ida por 3-2, el Hafia pudo llegar a la final sin jugar, pues el Mazembe no estaba satisfecho con la designación arbitral para el partido que se debía jugar en Conakry. Y no viajó. Por lo tanto, la Confederación Africana de Fútbol (CAF) concedió el pase a la final al Hafia, mientras Mobutu Sese Seko, el dictador congoleño que usó el fútbol en su favor, acusaba a Touré de tener demasiados contactos en la CAF. Eufórico por ese primer triunfo continental, Sékou Touré invitó a los futbolistas a su palacio, les regaló coches y afirmó en sus discursos que el Hafia «es el mejor intérprete de la juventud revolucionaria y africana de Guinea». La gran estrella del equipo era Suleiman Chérif, un jugador que había recibido permiso para formarse en clubes de la Alemania Oriental a inicios de los años sesenta, antes de volver a casa para convertirse en el primer guineano en ganar el Balón de Oro africano. Pese a todo, en 1973, el club fue eliminado en los cuartos de final por el Leopards de Douala camerunés, en parte por culpa de los goles de un chico de diecinueve años llamado Roger Milla, el mismo delantero que en 1990, con cuarenta años, aún marcaba goles en los mundiales. En 1974, el Hafia se quedó de nuevo sin poder llegar a la final cuando Sékou Touré ordenó al equipo no viajar a Senegal para jugar contra el ASC Jeanne d'Arc de Dakar. Los dos Gobiernos, que curiosamente eran aliados entonces y ayudaban a Guinea Bissau en su lucha para independizarse de Portugal, estaban peleados, ya que el presidente guineano acusaba a los senegaleses de ser «lacayos de los franceses».

En 1975 el Hafia ganaría su segunda corona africana, derrotando a sus rivales con solvencia. En la final, el Enugu Rangers nigeriano fue superado tanto en Lagos como en Conakry, donde Sékou Touré dio una vuelta de honor por el terreno de juego en un vehículo militar en el estadio 22 de Septiembre, bautizado así por la fecha del referéndum de 1957, donde se había votado en contra de seguir en la Unión Africana. Los guineanos sabían que su equipo era el mejor del continente, con jugadores que hubieran podido marcharse a la liga francesa, aunque Sékou Touré prohibió que sus deportistas se fueran al extranjero. Los trataba como si fueran patrimonio nacional. Cuando en 1976 el Hafia goleó por 3-0 al Moloudia Club de Argel en el partido de ida de la final, nadie dudó de que la tercera corona africana llegaría. Pero en el partido de vuelta todo salió mal, y los argelinos se impusieron 3-0 y consiguieron levantar la copa después de ganar en la tanda de penaltis. La reacción de Sékou Touré fue terrible. Incapaz de asumir haber perdido el título cuando ya lo saboreaba, cargó contra el ministro de Deportes en un acto político, acusándolo de «humillar a su patria». Cómo no, el tipo sería destituido. También rodó la cabeza del presidente de la Federación de Fútbol, acusado de haber «violado el honor de la revolución y pisoteado la dignidad de la República de Guinea». Los dos futbolistas que fallaron su penalti en la tanda final fueron despedidos, mientras Sékou Touré ordenaba que la plantilla del equipo pasase a ser de treinta futbolistas, para fomentar la competencia interna, entendiendo que los viejos campeones se habían dormido en los laureles.

Fueron decisiones drásticas aunque efectivas, ya que en 1977 el Hafia llegaría a la final, donde derrotó al Hearts of Oak de Ghana. Para Sékou Touré, ganar esa final era un asunto de vida o muerte, pues no quería ni imaginar lo que hubiera supuesto perder contra un club de Ghana, el país donde ahora mandaban unos militares que habían depuesto a su buen amigo Nkrumah, ya fallecido entonces. El Hafia ganaría los dos partidos. Y en el de vuelta, en Conakry, el presidente acabó en la pista de atletismo mostrando el trofeo, que tenía el nombre de Nkrumah, a los millares de espectadores. El Hafia se quedaría esa copa en propiedad, pues nadie había ganado el torneo en tres ediciones.

Fueron los años dorados del fútbol guineano. En 1975, el régimen de Sékou Touré creó otro club de primer nivel, el Horoya, sobre la base del viejo Conakry III. La idea era aprovechar el nacimiento de la Recopa Africana para brillar en más escenarios. Y así fue, pues en 1978, el Horoya ganaría este torneo, pocas semanas antes de ver cómo el Hafia llegaba de nuevo a la final de la Copa de campeones africana, la Champions de esa época. Con todo, en esta ocasión perdió contra el Canon de Yaoundé. Y nunca más volvió a una final. Sékou Touré empezaba a tener otras prioridades en su agenda, y dio un giro a su política que, en el mismo año en que el Hafia cayó en la final, lo llevaría a renunciar al marxismo y restablecer relaciones con Francia. Así, recibió al presidente Valéry Giscard d'Estaing en Conakry. En 1982 convocó unas elecciones que ganó, pese a estar ya enfermo. Fallecería en 1984, en una clínica de Cleveland, Estados Unidos, donde lucharía por su vida gracias al apoyo del Gobierno de Washington, con el que había hecho las paces. Si su amigo Nkrumah falleció en Bucarest, él lo haría en Cleveland.

Tras su muerte, el Partido Democrático de Guinea, que había presidido, desapareció. Casi ningún miembro de su Gobierno sería juzgado por las más de diez mil personas asesinadas en campos de detención, como Campo Boiro, un temible centro de tortura convertido en un museo en la actualidad. Con la llegada de la democracia, los clubes de fútbol se privatizaron. Y el Hafia quedó a la sombra del Horoya, el gran dominador del fútbol guineano desde entonces. La última liga ganada por el Hafia sería la de 1985, aunque en 2017 pudo romper una sequía de quince años sin ganar ni un torneo, cuando alzó la Copa de Guinea gracias a la inversión recibida por su nuevo propietario, el empresario Kerfalla Person Camara. Para muchos guineanos, el Hafia fue un símbolo de una nueva África sin miedo. Para muchos guineanos, fue el símbolo de esa nueva África que, en vez de ser libre, sufrió más opresión. Y en vez de estar unida, se rompió en conflictos internos, mientras las riquezas seguían en manos de extranjeros.

1960

Tout Puissant Mazembe
(República Democrática del Congo)

Ganar la Champions cuatro años
después de la guerra

En 1960, Bélgica finalmente se retiró del Congo. Sin embargo, donde debía nacer el país más grande de África, empezó una guerra civil, con los Gobiernos occidentales intentando sacar tajada al controlar los recursos naturales. El Congo nunca ha encontrado la paz, aunque en ocasiones ha sonreído con los éxitos de un club de fútbol usado por el poder.

«La independencia empezó en un partido de fútbol», comentó con una sonrisa irónica el historiador David Van Reybrouck cuando le dije que era periodista deportivo. Los dos sabíamos que era una mentirijilla, aunque la frase escondía algo de verdad. El 4 de enero de 1959, los seguidores del AS Vita que salían de un encuentro en Leopoldville, el nombre que tenía Kinsasa cuando el Congo, esa tierra gigantesca que estaba dominada por la diminuta Bélgica, acabaron mezclándose con los militantes de un partido independentista, el Abako, reunidos para protestar contra la cancelación de un acto político. La masa fue creciendo a medida que se dirigía al centro de la ciudad. En pocas horas, más de cincuenta personas perdieron la vida. En el imaginario colectivo congoleño, el camino hacia la independencia empezó cuando acabó ese partido de fútbol.

En menos de un año, el Congo ya era libre. Pero el precio que pagó por levantar su voz contra los europeos fue una maldición. Desde entonces, no ha encontrado la paz. Y quizá es el rincón del mundo donde más sangre ha corrido.

Las naciones también se levantan sobre mitos. Así, una manifestación improvisada después de un partido de fútbol se convierte en el pistoletazo de salida hacia la independencia del país más grande de África, cuando, en verdad, el camino había empezado mucho antes. «Queda más bonito contar que fue así, después de un partido, ¿no? Siempre es más fácil explicar la historia con imágenes que con un libro lleno de datos y fechas», reflexionaba Van Reybrouck, quien había hecho exactamente eso: pasar años de su vida recorriendo el Congo y media Europa, hablando con ancianos y buceando en archivos, para contar la historia del Congo en un libro monumental. Hijo de un funcionario colonial belga que trabajó en la región de Katanga, Van Reybrouck descubrió en su largo periplo congoleño que el fútbol y la música habían desempeñado su papel: «Si un partido de fútbol fue importante pocos meses antes de las reuniones en Bruselas que permitieron la independencia congoleña, la música puso la banda sonora con la rumba congoleña. Pocos días después de conseguir la liberación, ya sonaba por las radios el *Indépendance Cha-Cha* de Grand Kalle». Una hermosa canción que adapta los ritmos caribeños a los africanos. Una canción optimista, pues el Congo parecía listo para salir de la oscuridad del colonialismo más rancio, dispuesto a escribir su propia historia. Aunque no se lo permitieron. Y tanto el fútbol como la música quedaron en manos de «nuevos dictadores, nuevos desalmados, en esta ocasión locales, aunque con el apoyo de extranjeros detrás», admite Van Reybrouck.

La gigantesca República Democrática del Congo, con sus 2 345 410 km², el equivalente a la totalidad de España, Portugal, Francia, Alemania, Suiza, Italia y Polonia juntas, nació apuñalada por la espalda. Mientras se firmaban los tratados en

1960, las grandes potencias del mundo ya planeaban por detrás cómo controlar el nuevo Gobierno para continuar con el saqueo de las minas congoleñas sin que los beneficios se quedaran en África. La gran maldición del Congo siempre ha sido esta: ser una tierra extremadamente rica en recursos naturales, con sus minas de tantalio, estaño, cobre y, especialmente, diamantes y cobalto, tan necesario para la tecnología punta de medio plantea. En el llamado genocidio congoleño, de 1885 a 1908, fallecieron unos quince millones de personas. Y, desde su independencia, las diferentes guerras civiles han acabado con más de cinco millones de ciudadanos.

El descenso a los infiernos había empezado en la Conferencia de Berlín (1884-1885), cuando las potencias europeas asignaron la región de la cuenca del Congo a una organización de caridad privada dirigida por Leopoldo II, el rey de los belgas, un monarca megalómano que quería un imperio para su pequeño Estado. Inicialmente, los belgas comerciaron con marfil y minerales, aunque el auge de la demanda de caucho natural en la década de 1890 lo alteró todo. De repente, los belgas podían sacar tajada de este nuevo negocio, y crearon un sistema para obligar a los hombres congoleños a trabajar como mano de obra esclava. Si alguien se intentaba fugar, se le cortaban las manos a sus familiares.

Con los misioneros belgas llegó el fútbol. Al principio, su objetivo era incluirlo en los proyectos para escolarizar a la población local, aunque cuando esos primeros niños escolarizados se hicieron mayores, quisieron seguir jugando. Así nacieron los primeros equipos autóctonos. Y, con ellos, la rebelión. En 1957, un partido entre el Leopoldville FC local y la Union Sant-Gilloise de Bruselas, que estaba de gira, se convirtió en uno de los primeros incidentes violentos, cuando el árbitro belga anuló dos goles al equipo congoleño. En 1959, los hinchas del Vita Club pusieron su granito de arena en la lucha por la independencia. Aunque según el periodista de Radio Okapi, François Siki Ntetani, su actitud belicosa quizá se debía a que su equipo venía de perder las semifinales del torneo local contra el Mikado, equipo de una compañía belga. «Habían perdido los últimos partidos, incluida una derrota por 1-5. Así que estaban enfadados por el mal juego, aunque también por la sensación de que los árbitros jamás dejarían a su equipo derrotar a un club belga». Todavía era un fútbol rebelde. Con la llegada de la independencia, dejó de serlo.

En 1960, el cabecilla del Movimiento Nacional Congoleño, Patrice Lumumba fue elegido primer presidente del Congo libre. Era un político brillante. Buen orador, con estudios, con muchas ideas. Aunque rápidamente entendió que los belgas no estaban dispuestos a respetar los acuerdos firmados en Bruselas. En pocos meses, las regiones de Katanga y Kasai del Sur, las más ricas en materias primas, proclamaron su independencia. En Katanga mandaba un Gobierno de derechas liderado por Moisés Tshombe. Detrás de él estaban los intereses de las potentes empresas mineras que no querían perder su pedazo de pastel. Y así comenzó una guerra sangrienta. En 1961, Lumumba fue derrocado por el golpe de Estado que llevaría al poder a Mobutu Sese Seko. Y en una operación oscura, orquestada por espías belgas y norteamericanos, Lumumba fue trasladado hasta la capital de Katanga, donde sería cruelmente asesinado delante de Tshombe. Su cuerpo nunca apareció. Katanga, llena de mercenarios europeos, se convirtió en un sitio peligroso y salvaje, donde se vulneraron los derechos humanos y se practicó la limpieza étnica de grupos como los kasai, a quienes los belgas habían traído para trabajar en las minas. «La gravedad de la situación alcanzó tal magnitud que determinó el envío de una de las misiones internacionales de paz más relevantes de la época: la Operación de Naciones Unidas en el Congo. Aquello fue un logro cuyos méritos se deben, sin duda, al empeño y a la acción del entonces secretario general de la ONU, el sueco Dag Hammarskjöld, aún a costa de su propia vida, pues falleció en un accidente de avión», explica la especialista en la zona María Cervera. En 1963, las tropas de la ONU tomaron la capital de Katanga, aunque la violencia duró hasta 1965. Tshombe marchó al exilio. Y pese a un breve retorno al Congo, sería asesinado en 1969 en Argelia, donde había escapado.

Al final, las potencias occidentales apostaron por Mobutu Sese Seko como nuevo hombre fuerte en el Congo. Mobutu era un periodista procedente de uno de los grupos étnicos más minoritarios de este mosaico cultural que es el Congo, los ngbandi. En su momento, había sido compañero de partido de Patrice Lumumba, aunque una vez fue elegido primer presidente congoleño, lo traicionó, acusándolo de acercarse demasiado al comunismo. Y con el apoyo de las potencias occidentales, se convirtió en una marioneta que se encargaba de tener satisfechas a las grandes empresas mineras. Con su gorro de piel de leopardo y sus excentricidades, poco a poco se convirtió en la imagen caricaturesca que muchos europeos racistas esperaban encontrar en la tierra que Joseph Conrad había descrito como un sitio salvaje y temible en su libro *El corazón de las tinieblas*.

Con todo, Mobutu supo entender las nuevas armas de propaganda para reforzar su imagen. Y usaría el deporte para construir su reino de terror. Pagando una fortuna, en 1974 organizó el combate de boxeo más famoso de todos los tiempos, en el que se enfrentaron el por entonces campeón del mundo de los pesos pesados, George Foreman, contra el anterior campeón, Muhammad Ali. Este ganaría en un combate que no se pudo ver en Zaire (la actual República Democrática del Congo), pues se celebró a las cuatro de la madrugada para que lo pudieran gozar los espectadores de Estados Unidos. Ese mismo año, la selección de fútbol llegó por primera vez a un Mundial, aunque perdió todos sus partidos. Incluso el Santos de Pelé jugó en el Congo, pagado por Mobutu.

Sin embargo, la joya de la corona fue el Tout Puissant Mazembe, el equipo de Lubumbashi, la capital de Katanga. Fundado en 1939 por sacerdotes benedictinos en Élisabethville, el nombre que tenía entonces la actual Lubumbashi, vestía de blanco y negro, colores inspirados en los hábitos de los monjes belgas. En 1966, solamente tres años después de la ocupación de Lubumbashi por las tropas de la ONU y pocos meses después del final del conflicto armado en Katanga, el equipo ganaría la Copa de Katanga, la Liga del Congo y la Copa del Congo. Y eso pese a que era su primera temporada tras unos años sin actividad. Fue tan superior a sus rivales que le añadieron a su nombre la expresión *Tout Puissant* ('Todopoderoso') como homenaje a una generación dorada que ganó la liga congoleña sin perder ni un solo encuentro. Llamado entonces TP Englebert por el nombre de la fábrica de neumáticos que hacía de patrocinador, el Mazembe llegaría cuatro temporadas consecutivas a la final de la Champions de la CAF, de 1967 a 1970, ganando dos de esos torneos en 1967 y 1968. Detrás, cómo no, se encontraba la mano de Mobutu. «Convirtió el Englebert en un símbolo de orgullo nacional, de unidad. Fue un equipo tan brillante, que incluso los críticos de Mobutu admitían la grandeza del club», me explicó el periodista Nana Frimpong.

Mobutu quizá se volvió loco, aunque tonto no era. Consciente de que buena parte de la población de Katanga miraba con recelo al Gobierno central, se encargó de demostrar que los cuidaría, haciendo gala de gestos populistas. La Federación de Fútbol llegó a pagar de su bolsillo el sueldo de jugadores congoleños que habían estado jugando en Bélgica para que volvieran a reforzar a los Cuervos, como se conoce popularmente al Mazembe. El club se convirtió en una especie de selección congoleña, con hombres de todas las regiones del Congo. Cuando llegaron a su primera final de Champions contra el Asante Kotoko de Ghana, los jugadores se concentraron en instalaciones militares. «Entrenaron allí, con las mejores instalaciones. Y se les prohibió el alcohol y el sexo. Así los tenían controlados», añade Frimpong. El mismo Mobutu ofreció una prima a los futbolistas si ganaban. Y lo hicieron, aunque de una forma extraña. Después de empatar en Ghana la ida, en la vuelta, Mobutu ordenó jugar en Kinsasa, lejos de Lubumbashi. Delante de cien mil espectadores, los jugadores del Asante Kotoko se encontraron tanques en la pista de atletismo, y al mismo Mobutu dando una vuelta de honor, arengando a las masas. El entrenador del equipo ghanés era un joven brasileño, Carlos Alberto Parreira, futuro campeón del mundo en 1994. El brasileño recordaría cómo todo el estadio lo insultaba con cánticos de «mercenario», y cómo el colegiado se inventó un penalti con el partido 1-2 que permitió a los locales empatar. Al final del partido, el árbitro dijo que una moneda decidiría al campeón, aunque una invasión de campo lo evitó. Las autoridades de la Confederación Africana de Fútbol optaron por organizar un tercer partido para decidir la final en Yaoundé (Camerún), pero a los ghaneses jamás les llegó la información de la fecha. Y, el día del partido, los Cuervos ganaron el torneo sin jugar, por incomparecencia del rival. En el Congo se sospechó de la mano de Mobutu, cómo no. Un dictador obsesionado con poner nombres más africanos a todo. Por eso, el país dejó de ser el Congo para ser el Zaire. Y el TP Englebert pasó a ser Mazembe, la palabra en la lengua suajili para referirse a un *bulldozer*. Un juego de palabras que conectaba el club de fútbol con las minas de Katanga y demostraba que el equipo barría a sus rivales. Aunque la alegría no duraría siempre. Ya en los años setenta, el TP Mazembe había dejado de asustar, pues el dictador ya no temía ningún movimiento secesionista en Katanga. Entre el año 1976 y el 2000, solamente ganarían una liga.

Mobutu aguantaría en el poder hasta 1997, cuando fue expulsado después de una cruel guerra civil. El dictador escaparía de un país que dejó arruinado con las maletas llenas de dinero. Los Cuervos no volverían a ser grandes hasta el siglo XXI, cuando se convirtieron de nuevo en un arma política. Y, cosas de la vida, el renacer llegaría de la mano del hijo de un refugiado. En los años treinta había llegado a Katanga Nissim

Soriano, un judío sefardí de la isla griega de Rodas, que escapaba del fascismo. Rápidamente, encontró trabajo en las minas belgas y se llenó los bolsillos de dinero. En 1964, en plena crisis de Katanga, nació su segundo hijo, Moïse Soriano, quien asumió el apellido de su madre, Katumbi. El padre emigraría a Israel en los sesenta, aunque su hijo sí se quedó, acabando en Zambia, donde se convirtió en un empresario de éxito. En 2003, el presidente del Congo, Joseph Kabila, el hombre que había expulsado a Mobutu, le pidió que volviera a Katanga para poner orden en la economía local. En poco tiempo, ya se había convertido en el gobernador. Y aquí demostró su destreza. En una jugada arriesgada, prohibió exportar fuera de Katanga la mena de hierro de las minas locales. Las compañías mineras se indignaron y amenazaron con mover hilos para forzar su caída, aunque Katumbi demostró ser más listo: les ofreció crear fábricas junto a las minas para tratar y extraer el hierro a buen precio, con mano de obra local. A las empresas extranjeras les salía más barato, y Katumbi conseguía trabajo para sus votantes. La economía de la región mejoró. Mientras en el este del Congo se vivía una guerra civil, en el sur reinaba la paz. Y para reforzar su imagen de ganador, Katumbi, que solía aparecer tocado con un sombrero de *cowboy* de color negro, compró el Tout Puissant Mazembe.

El club que había sido usado por Mobutu para enseñar a la gente de Katanga que en la capital los cuidaban pasó a ser utilizado por Katumbi como una herramienta para demostrar que no es necesario pasar por Kinsaha para tener un futuro. Con el dinero de las minas, levantó uno de los estadios más modernos de África, el primero de césped artificial en el Congo, y fichó a buenos jugadores de Zambia o Zimbabue para ganar la Champions de la CAF en 2009 y 2010. Incluso fueron capaces de eliminar al Internacional de Porto Alegre brasileño en las semifinales del Mundial de Clubes del 2010, con lo que se convirtieron en el primer club africano en llegar a la final. Convertido en uno de los hombres más populares del Congo gracias a los éxitos deportivos, Katumbi siguió creciendo y entró en el Gobierno central, al lado del presidente Joseph Kabila, que luchaba por mantener unido un país con más de cien grupos de guerrilleros armados, especialmente en la zona de los grandes lagos.

No obstante, con el paso de los años, Katumbi empezó a pensar que si su equipo de fútbol era el mejor y él era el gobernador de la región más rica, ¿por qué razón debía estar siempre a la sombra de Joseph Kabila? Así que se fue desmarcando del presidente. En los últimos años, el divorcio entre Katumbi y Kabila era tan evidente, que los cánticos políticos llegaron a los partidos entre el TP Mazembe y el Vita Club de Kinsaha, la rivalidad que explica la política congoleña de los últimos años. Incluso, en algunos barrios pobres de Kinsasa, colgar la bandera del Mazembe se convirtió en un símbolo de oposición al Gobierno central. El Vita Club es propiedad del general Amisi, quien lo compró a Eugène Ndongala, un opositor acusado de violar a una menor. El general Amisi es el encargado de defender el país en el primer anillo concéntrico diseñado alrededor de la capital, Kinsasa, en caso de insurrección y, por lo tanto, hombre clave en la defensa del país. Amisi fue acusado de colaborar con grupos armados en la explotación ilegal de minerales, y llegó a tener congeladas sus cuentas en el extranjero. Hombre de confianza de Kabila, politizó los partidos contra el Mazembe una vez supo que Katumbi aspiraba a la presidencia del país. Durante dos años, las manifestaciones políticas fueron prohibidas en Lubumbashi, motivo por el cual el estadio del Mazembe se convirtió en uno de los pocos espacios donde la gente de Katanga podía criticar a Kabila. El Gobierno central llegó a declinar retransmitir los partidos disputados en ese estadio por este motivo, aunque fuesen determinantes para decidir al campeón de liga. En ocasiones, agentes de seguridad hacían redadas a la salida de los partidos en busca de activistas. Cuando se supo, nació un nuevo cántico en las gradas: *«wumela»,* que quiere decir 'resiste'. El TP Mazembe se convirtió en una herramienta política en la campaña de Katumbi, quien, acusado de fraude, acabaría marchándose al extranjero, donde pasó unos años en París y Londres criticando a Kabila, cuyo objetivo era reformar la constitución para aspirar a un tercer mandato.

Al final, por primera vez en su historia, el Congo pudo celebrar unas elecciones más o menos pacíficas, ganadas por Félix Tshisekedi, un político acusado por Katumbi de ser una marioneta en manos de Kabila. Con todo, Katumbi ha podido volver finalmente a Lubumbashi, para seguir ganando ligas con su equipo mientras piensa en cómo puede conquistar el poder político en Kinsasa. El partido no ha acabado.

1963

Persipura Jayapura (Indonesia)

Un equipo de fútbol en la cárcel

En 1963, Indonesia expandió sus dominios sobre la mitad occidental de la gigantesca isla de Papúa, una zona con una cultura totalmente diferente controlada durante siglos por los holandeses. Desde entonces, los papúes han luchado por mantener viva su identidad y han encontrado en un equipo de fútbol a uno de sus mejores embajadores.

El 19 de mayo del 2015, diez jugadores del Persipura Jayapura entraron en la cárcel de Abepura. Lo hicieron en horario de visita, pero vestidos con la ropa oficial de este club de fútbol de la primera división de Indonesia. Acompañados por dos directivos, se encontraron con el preso Filep Karma en el patio de esta vetusta cárcel situada en los suburbios de Jayapura, la capital de la provincia indonesia de Papúa Occidental. Un edificio siniestro, con guardias con cara de malas pulgas apostados en las puertas y celdas donde se apiñan los presos. Durante treinta minutos, los futbolistas profesionales charlaron con Karma sentados en unas gradas pequeñas del patio, mientras otros presos echaban un partidillo en un campo de fútbol sala de cemento, de esos que te lastiman las rodillas cuando caes al suelo. Antes de marcharse, se sacaron una foto de grupo. Los jugadores, con una sonrisa, rodeaban al barbudo Karma, quien abrazaba a dos de los jugadores. La foto se colgó en redes sociales y rápidamente indignó a muchos indonesios. Aunque en la región de Papúa gustó. Los *likes* se multiplicaron. Los insultos y los comentarios, también. Algunos de los jugadores que habían visitado a Karma, como Boaz Solossa, habían nacido en Papúa y querían saber más sobre Karma. El portero Dede Sulaiman, nacido en la capital, Yakarta, recibió insultos en las redes sociales. Lo llamaban traidor por haber visitado a un preso político cuyo crimen había sido defender el derecho de Papúa Occidental a independizarse de Indonesia.

«Me contaron la historia y quise formar parte de la visita. Siempre es bueno aprender. En el Persipura me sentí muy a gusto, y quería saber más sobre la gente», explicaba Robertino Publigara, futbolista argentino que defendió la camiseta del Persipura y visitó a Karma. «La situación en Papúa es compleja. Yo he sido feliz allá, aunque sabes que existe represión, violencia. No sabía nada de esa isla y, de repente, descubres muchas cosas que te impactan», me decía por teléfono. En su foto de perfil en las redes aún lucía la camiseta del Persipura. Sin embargo, con la crisis de la COVID-19, dos patrocinadores de este club no pudieron seguir aportando dinero, y el equipo entró en un proceso de bancarrota. «Me jode por la gente. Veías que jugabas para muchas personas que lo sentían como suyo», razonaba Publigara, quien no olvida esa visita a la cárcel. Cuando los futbolistas del Persipura lo fueron a ver, Filep Karma acababa de renunciar a salir en libertad, puesto que se había negado a aceptar un perdón presidencial. Condenado a quince años, argumentaba que no había cometido ningún delito y, por tanto, ni la sentencia era justa, ni debía ser perdonado. Su crimen fue colgar la bandera de Papúa Occidental, conocida como la *Bintang Kejora* ('estrella de la mañana' en la lengua local), durante una manifestación pacífica. El Gobierno indonesio ha encarcelado a decenas de habitantes de Papúa con penas superiores a los diez años solamente por lucir esta bandera. En el año 2000, el Gobierno de Yakarta autorizó su uso en comunidades indígenas, aunque no en manifestaciones públicas, argumentando que también es la bandera de la rama armada del movimiento nacionalista de Papúa, la Organisesi Papua Merdeka, fundada en 1964. En Papúa, la región más oriental de Indonesia, sacar esta bandera a la calle puede significar acabar con tus huesos en la cárcel. Presionado por la comunidad internacional, el Gobierno ha ofrecido el perdón a presos como Karma, pero él no lo aceptó. Prefirió seguir en la cárcel de Abepura, donde se han denunciado torturas contra los presos condenados por cuestiones políticas.

El gesto de los futbolistas del Persipura Jayapura provocó un fuerte debate en Indonesia. «Muchos partidos del Persipura fuera de su tierra, especialmente en la isla de Java, acaban con peleas y cánticos racistas contra los papúes. El racismo es un problema grave en Indonesia», explica Brad Adams, director de la división de Asia de la ONG Human Rights Watch. Fundado en los últimos años de presencia neerlandesa, en 1960, el Persipura ha ganado la liga profesional de Indonesia en cuatro ocasiones entre el 2005 y el 2013. Para una región que se siente explotada y oprimida, poder derrotar a los clubes de la capital de Indonesia en un terreno de juego es un triunfo simbólico. En 2005, el club ganó por primera vez la liga en una final disputada en Yakarta ante ochenta mil hinchas contra un equipo local, el Persija. «Todas las autoridades de Papúa Occidental presenciaron el partido. Se fletaron tres aviones con hinchas, y algunos hicieron más de veinte horas de viaje en barco para estar en el estadio. Además, papúes que viven en Java asistieron para animar al equipo», recuerda Anum Siregar. El Persipura ganó 2-3, y millares de personas salieron a las calles de Jayapura para celebrar la gesta. «Salieron más personas esa noche que en el funeral de Theys Eluay», admitía Siregar, recordando a este político asesinado en 2001 por la policía. Siregar había sido su abogado, y también lideró la acusación contra los oficiales culpables del crimen: «Ese día, la gente sentía que, por fin, Papúa había derrotado a Indonesia, aunque fuese en un campo de fútbol».

Convertido en un símbolo, los partidos del club fuera de casa suelen ir acompañados de cánticos racistas, donde se compara a los papúes con monos. «El conflicto de Papúa Occidental es uno de los más olvidados del planeta. Se han producido abusos, crímenes... Indonesia quiere controlar esta tierra por sus riquezas, especialmente las minas, oprimiendo a la población local, que pide más libertades», razona Brad Adams, quien presentó un estudio en la Asamblea de las Naciones Unidas denunciando las torturas en la cárcel de Abepura.

En su momento, Papúa, una de las islas más grandes del mundo, fue dividida por los europeos como si fuera una tarta. La parte oriental no se independizó hasta 1973, bajo el nombre de Papúa Nueva Guinea, poniendo fin a un siglo de dominio alemán, inglés o australiano. La parte occidental seguía controlada por los Países Bajos en 1960. Los neerlandeses habían aceptado la independencia de Indonesia en 1949, aunque se habían quedado un último reducto, Papúa Occidental, protegiendo las minas que llenaban los bolsillos de empresarios en Ámsterdam. En Papúa, la población local es melanesia, un pueblo totalmente diferente a la población de Indonesia. Ni comparten raza, ni lengua, ni cultura. Afirmando luchar contra los últimos coletazos del colonialismo europeo y deseosa de controlar las riquezas naturales de la isla, Indonesia intentó invadir Papúa Occidental en diferentes ocasiones. La población local estaba dividida, aunque muchos querían ser libres: ni holandeses, ni indonesios. Incluso se organizó un congreso que proclamó la independencia de Papúa Occidental en 1961. Y todo ello en una isla con millares de tribus aisladas en las tierras altas, sin apenas contacto con la civilización. En 1962, después de años de guerrillas y muertos, se firmaron unos acuerdos de paz negociados por el mismísimo presidente de Estados Unidos, John F. Kennedy, que permitieron la retirada de los Países Bajos. Papúa Occidental quedó controlada por Indonesia, con el compromiso de organizar un referéndum para decidir si la población local aceptaba la anexión u optaba por ser un Estado independiente. El Gobierno indonesio del presidente Suharto jamás organizó dicho referéndum. En su lugar, inició una campaña militar de fuerte represión que dio paso a una guerra de guerrillas que aún continúa en las partes más aisladas de la isla. Yakarta pactó con empresas norteamericanas la gestión de las minas, promovió la emigración de personas del resto de Indonesia para que los papúes no fueran mayoría y finalmente, en 1969, inventó un controvertido plebiscito que solo consultó a 1024 jefes tribales seleccionados por las autoridades indonesias. En otras palabras, jamás se respetó el acuerdo de consultar a toda la población local. Solamente votaron 1024 personas elegidas a dedo y coaccionadas. Cómo no, votaron formar parte de Indonesia. Desde 1962, más de medio millón de papúes han sido asesinados, detenidos o torturados.

Desde entonces, el ciclo de violencia ya no se ha detenido. El movimiento independentista de Papúa creó su bandera en el exilio y, en 1971, proclamó la República de Papúa Occidental, lo que llegó a controlar algunas zonas del interior, aunque el movimiento se dividió entre debates internos y la superioridad militar indonesia. En 1984 incluso se proclamó una República de la Gran Melanesia, ideada por el doctor Thomas Wapai Waiggai, que pretendía crear un nuevo Estado uniendo todas las tierras con población melanesia, como Papúa Occidental, Papúa Nueva Guinea, las islas Salomón o Vanuatu. Wapai Wainggai acabó en la cárcel, por supuesto, compartiendo celda con Xanana Gusmao, el futuro presidente de otro territorio que entonces luchaba por la independencia de Indonesia, Timor Leste. Gusmao pudo ver a su tierra libre. Wapai Wainggai no. Y murió en la cárcel de forma sospechosa.

A finales de los años setenta, la tensión que se vivía en Papúa Occidental se empezó a trasladar a los estadios de fútbol. En esa década, el Persipura Jayapura, club hasta entonces condenado a jugar torneos regionales, empezó a destacar. En 1979 ascendió por primera vez a la primera división indonesia y llegó a las semifinales del torneo local, organizado con formato de *play-off*. En los años noventa, el Persipura se asentó entre los mejores, hasta empezar a ganar títulos en el nuevo siglo. La presencia de un club ganador de Papúa, unido al creciente fenómeno del *hooliganismo* en los estadios indonesios, provocó la politización de las gradas. «Cuando el Persipura juega fuera de casa es habitual ver más banderas indonesias de lo habitual, como si fuera una forma de recordar a los papúes que pertenecen al Gobierno de Yakarta», admite Publigara. En 2009, un partido del Persipura en el campo del Arema, club de la ciudad de Malang, en la isla de Java, acabó con lanzamientos de botellas contra los jugadores visitantes. Antes del inicio del duelo, los hinchas locales realizaron un mosaico con la bandera de Indonesia. El fútbol se había convertido en un juego de banderas.

Para la directiva del Persipura no era una situación compleja. Mientras en las gradas se reunían muchos chicos jóvenes con ganas de pelearse con la policía y aficionados que no se sentían indonesios, en los despachos mandaban papúes felices de tener los bolsillos llenos gracias a negociar con el Gobierno de Yakarta. Si el Persipura ha conseguido llenar sus vitrinas de trofeos en las últimas décadas, ha sido gracias al apoyo de empresas locales que están encantadas de negociar con el resto de Indonesia. Y del ayuntamiento de Jayapura, accionista del club. Así, los dos últimos alcaldes de la ciudad, Menase Robert Kambu y Benhur Tommy Mano, han compaginado este cargo con el de presidente del club. Dos tipos capaces de aparecer en un acto con el uniforme del ejército de Indonesia y defender pocos días después el racismo que sufren sus jugadores, especialmente cuando juegan en Java, la isla donde se concentra el sesenta por ciento de la población de Indonesia. Si el mote «las perlas negras», una referencia al color de la piel de los melanesios, es motivo de orgullo en Papúa, en los partidos fuera de casa se convierte en objeto de insultos racistas. En las últimas temporadas, los incidentes han sido cada vez más serios. En 2008, la semifinal de la liga se suspendió debido a los graves altercados entre los seguidores del Persipura y los del Persija de Yakarta, incidentes que terminaron con un muerto. En 2009, los jugadores del club agredieron al árbitro de la final de la copa indonesia, después de que este no pitara un penalti muy claro. Uno de ellos, el nigeriano Ernest Jeremiah, fue sancionado con tres años de suspensión, y se prohibió al club participar en esta competición durante un año. Además, el Persipura recibió una multa económica muy dura, que fue el detonante para que un grupo de exaltados atacaran las oficinas de la Federación Indonesia de Fútbol en Jayapura, mientras el presidente del club, Menase Robert Kambu, afirmaba que parte de lo que había pasado se debía el hecho de ser un club de Papúa. Así que también fue sancionado dos años sin poder ejercer este cargo. No era la primera vez que el alcalde Kambu se metía en problemas. En 2008 había dado un puñetazo al entrenador del Persipura, el malasio Raja Isla, enfadado por sus decisiones tácticas en un partido que el club perdió.

Papúa Occidental vive atrapada entre dos mundos. Entre su identidad y el Gobierno de Indonesia, que ha traído el progreso a una zona tan tradicional, que en los años setenta y ochenta impulsó una campaña para obligar a la población de Papúa a vestir ropa occidental, ya que buena parte de ella se empeñaba en ir casi desnuda, como sus antepasados. Formar parte de Indonesia también ha abierto puertas a muchos papúes, como los estudiantes que pueden asistir a buenas universidades. Aunque en agosto del 2019, más de cuarenta estudiantes papúes que residían en el campus de Surabaya, en Java, fueron detenidos y agredidos por la policía. Usando las redes sociales, otros estudiantes habían creado el rumor de que los papúes habían tirado por el retrete una bandera indonesia. Centenares de personas se reunieron fuera del edificio donde se encontraban los chicos, amenazando con un linchamiento entre cánticos racistas. Como reacción, los futbolistas del Persipura salieron a jugar el siguiente partido de liga con una pancarta contra el racismo. También Friska Womsiwor, un jugador papú que jugaba en un club de otra isla llamado Barito Putera, se solidarizó con los estudiantes en las redes sociales.

En Indonesia, el fútbol se ha convertido en un fenómeno político, con alcaldes y presidentes de regiones en el palco de los estadios. Con un club que defiende la complejidad de Papúa Occidental, pues los hinchas celebran las derrotas de los rivales indonesios mientras su presidente milita en el partido gubernamental. Un fútbol tan politizado, que ese día de mayo de 2015 en que los jugadores del Persipura visitaron a Filip Karma en la cárcel, la liga se había cancelado, pues la Federación Indonesia había sido sancionada por injerencias políticas. Teóricamente, la normativa internacional no permite a los políticos controlar el deporte local. La realidad es otra cosa, claro.

1969

Derry City (Irlanda del Norte)

El equipo que juega en el extranjero

The Troubles. *Cuando Irlanda del Norte estalló en llamas, con grupos terroristas, abusos de poder del Estado y muros en las ciudades, el Gobierno británico definió ese periodo con esa expresión. 'Los problemas', como si diera vergüenza encontrar una definición más exacta. Unos problemas que provocaron que un club de fútbol cruzara la frontera.*

«Esto era una zona de guerra. Aquí no entraba el ejército. ¿Ves esas casas? Allí he visto instalados francotiradores del IRA con armas automáticas. Por aquí volaron cócteles molotov», explicaba Martin Nicholas, mientras caminaba acompañado por su hijo hacia el estadio de Brandywell con una bufanda roja y blanca al cuello, los colores del Derry City. Recordar el pasado entristeció su rostro, lleno de esas arrugas que parecen cicatrices que tienen los ancianos en los lugares donde el viento gélido del norte te curte. «No quiero que vuelva todo eso, ¿sabes?», añadió caminando a paso lento, pues usa bastón. En los años setenta, una bala impactó en su pierna camino del trabajo. Vivir en Derry en los setenta no fue fácil. En Derry o en Londonderry, pues la ciudad tiene dos nombres. Los católicos hablan de Derry y los protestantes, de Londonderry. Una ciudad divida por un nombre, dividida por la religión, católica y protestante, y también por una identidad, pues unos se sienten irlandeses y los otros, británicos. Una urbe separada por las banderas y por el río Foyle, que mantiene una distancia prudencial entre los barrios católicos y los protestantes. Y, cómo no, una ciudad dividida por el fútbol. El Derry City juega en la liga de la República de Irlanda, y el Institute juega en la liga de Irlanda del Norte. Como si fuera el Berlín de los años setenta, en Derry tienen dos equipos jugando en las ligas de dos países diferentes, Irlanda y el Reino Unido.

Cuando era joven, Nicholas llegó a jugar en los juveniles del Derry City. Ahora, su hijo forma parte de una agrupación de hinchas del club que reivindica la memoria de esta entidad deportiva. «Nadie quería jugar aquí, en el Bogside. Y nosotros no queríamos jugar fuera. Así que se dejó de jugar durante algún tiempo», explicaba hace años Martin Nicholas hijo por las calles de este barrio que se convirtió en el símbolo de la lucha republicana en Irlanda del Norte. Hablar del Bogside era hablar de un barrio donde los niños, aún con el uniforme escolar, lanzaban piedras contra los vehículos de la policía, como si fuera un juego. Después de hacer puntería con latas y un tirachinas, lanzaban piedras a agentes uniformados. Un barrio donde los encapuchados disparaban contra el ejército británico y escapaban por el patio posterior de las casas, entre la colada y la despensa. El barrio donde el 12 de enero de 1972 los soldados británicos asesinaron a catorce manifestantes después de una marcha en favor de los derechos de las mujeres y en contra del encarcelamiento sin juicio de unos vecinos sospechosos de pertenecer al IRA. En la entrada del barrio, una casa con un mural gigante con el lema «Bienvenidos al Derry libre», fue un símbolo durante décadas de la lucha de esos irlandeses que sueñan con unir toda la isla en un solo Estado sin ninguna frontera interior. Ahora, la casa es la mayor atracción turística de la única ciudad grande de Irlanda del Norte donde los católicos son mayoría. En las otras, son minoría.

En esta localidad, cada generación ha vivido su ola de violencia. Cuando Irlanda se independizó del Reino Unido en los años veinte, después de décadas de ver familias rotas llorando en funerales por culpa del derramamiento de sangre, las provincias del norte optaron por seguir fieles a la Corona británica. Aquí, el setenta por ciento de la población era protestante, descendientes de trabajadores ingleses o escoceses que llegaron para repoblar la isla con ciudadanos fieles al reino. En 1921, donde antes existían caminos abiertos, se levantó una frontera para separar esta región del territorio de la nueva República de Irlanda, un nuevo Estado que nacía sin rey ni reina. Pero en esas provincias del norte también quedaron bajo soberanía británica muchos irlandeses que deseaban formar parte de la República. La violencia siguió, más o menos contenida, hasta 1968. En ese año empezaron los *Troubles,* una etapa que concluyó en 1998, dejando más de tres mil quinientos muertos, con la firma de los acuerdos de paz. El periodo fue bautizado así. Los *Troubles,* los 'Problemas'. Como si las bombas, los blindados y los grupos terroristas en los dos bandos fueran una preocupación más de la gente, junto a las notas de sus hijos, el paro y el familiar que gastaba demasiado en el *pub.* Esos *Troubles* lo cambiaron todo. También el fútbol.

La primera liga irlandesa de fútbol había nacido en 1890, cuando toda la isla era parte del Imperio británico. En 1921, con la independencia de la República de Irlanda, se separaron sus caminos y nació otra liga, la League of Ireland, en la nueva República independiente. En Irlanda del Norte se siguió jugando la Irish Football League, heredera de la competición unida de 1890, con menos clubes, aunque eran los más potentes. Y la mayor parte de esos equipos provenían de zonas de mayoría protestante, especialmente de Belfast. Uno de los pocos equipos católicos del norte que ganó títulos en esos años fue el Celtic de Belfast, que desapareció a finales de los años cuarenta. Un derbi contra el Linfield, el equipo protestante más exitoso de la ciudad, acabó con jugadores del Celtic apaleados por aficionados, y como los dirigentes del club no se sintieron protegidos por la Federación, en manos de dirigentes unionistas, el club cesó sus actividades y desapareció. La hinchada del Celtic de Belfast sintió que la Federación, controlada por las autoridades británicas, se sentía feliz con la desaparición de un equipo identificado con el nacionalismo irlandés. Y así nació un club mártir que aún existe en fotos viejas y charlas con una cerveza en la mano en algunos barrios de Belfast.

Unos años antes, en 1928, se había fundado el Derry City en Londonderry, la principal ciudad bajo soberanía británica donde los católicos eran mayoría. Cerca de la frontera que dividía la isla, la ciudad se enamoró rápidamente de ese equipo que, para dejar claro que sus hinchas se sentían irlandeses, no bautizaron el club con el nombre oficial de la ciudad, Londonderry. Lo bautizaron como Derry, sin ese homenaje a Londres en el nombre que constaba en los papeles oficiales y en las carreteras. Era un acto desafiante.

«El club ascendió a primera a finales de los años veinte, después de la Segunda Guerra Mundial ganó tres Copas de Irlanda del Norte y, finalmente, la primera liga, en 1965. Entonces, más de treinta mil personas llenaban el campo. Aunque luego empezaron los problemas», reflexionaba Martin Nicholas hijo. En 1966, el Derry City se convirtió en el primer club de Irlanda del Norte en superar una eliminatoria de la Copa de Europa, aunque la Federación no les permitió jugar el partido de la segunda ronda contra el Anderlecht, alegando que el estadio era demasiado pequeño. «Entonces sentíamos que las autoridades deportivas, controladas por personas afines al unionismo, nos complicaban la vida, pues sabían que Derry era un feudo nacionalista. Y eso era así. Todo estalló en 1968», añadió Nicholas. El 16 de noviembre de 1968, diferentes personalidades públicas de la ciudad, con sus brazos entrelazados formando una cadena humana, avanzaron hacia la policía, liderando una marcha de más de veinte mil personas. John Hume era uno de los hombres que lideró la marcha. «El 1968 fue el año en que en muchos sitios se perdió el miedo a intentar cambiar las cosas usando el arma más poderosa, la paz. Aunque, desafortunadamente, la paz tardó en llegar», recordaba en 2003, cuando su salud empezaba a flaquear. Poco a poco dejaba de recordar cosas.

En el verano del año 2003, las calles del Bogside se llenaron de gente que desfiló con espíritu festivo hasta el estadio de Brandywell para presenciar un partido amistoso especial. El FC Barcelona, liderado por un brasileño siempre sonriente, Ronaldinho, se enfrentaba al Derry City gracias a las gestiones de Pasqual Maragall, el exalcalde de Barcelona, y el Premio Nobel de la Paz John Hume, un sindicalista católico local que lideró los procesos de paz. En el rincón de un hotel, medio escondido para poder descansar, Hume sonreía mientras le mostraban una fotografía donde aparecía él de joven en 1968, enfrentado a un policía durante esa famosa marcha ocurrida treinta y cinco años antes. «Te mentiría si dijera que no tenía miedo. Unas semanas antes, una manifestación acabó con un ataque desproporcionado de la policía. Así que tenía miedo, pero no nos podíamos quedar en casa. Estaba intentando convencer a los policías de que era buena idea dejar desfilar la manifestación por toda la ciudad, para demostrar que era una marcha pacífica», me contó. Hume, líder del nacionalismo moderado que se jugó el pellejo negociando un alto el fuego con el IRA, mientras ponía su mano sobre la mía al recordar esos días. Si en 1968 las manifestaciones pacíficas fueron reprimidas, en 1969 los sectores radicales decidieron atacar a los miembros de la Royal Ulster Constabulary (RUC), la policía local, cuando estos protegían una manifestación unionista que desfilaba por las murallas medievales de la ciudad. Durante tres días, la policía perdió el control en el barrio del Bogside, provocando la intervención del ejército británico. Ese año, el Bogside se convirtió en una de las zonas más violentas de Europa, con miembros del IRA controlando la zona gracias a las armas automáticas y manteniendo a distancia a las patrullas del ejército británico, que empezaron a apoyar a una policía superada por los hechos. Y en este barrio jugaba el Derry City.

«La policía decretó que la zona no era segura y no autorizó al club a jugar más en casa. Los equipos rivales no querían venir aquí, tenían miedo de nosotros, pues éramos republicanos. Así que nos obligaron a jugar como local en Coleraine, una ciudad a unos cincuenta kilómetros donde nuestros hinchas no querían ir, pues era zona protestante y nos agredían. A nuestros jugadores les lanzaron piedras más de una vez. El Derry City jugaba todos los partidos como visitante. Y, pese a ello, llegamos a la final de copa en 1971. Como la situación era insostenible, pedimos volver a nuestro estadio de Brandywell. La Federación no lo autorizó y en 1972 nos retiramos de la liga», contó Nicholas. El club se convirtió en una sombra de lo que era. Solamente tenía equipos de niños que disputaban una competición local, pero cada vez que pedían volver a jugar oficialmente en la liga, la Federación les ponía como condición no usar su estadio. O sea, ser un club siempre exiliado en una ciudad extraña. Fueron once años en los que se habló poco de fútbol en Derry. A los jóvenes que no querían pensar en la violencia, les quedaba solamente la música. De Derry salieron muchos grupos, como los The Undertones, que permitían a los jóvenes soñar entre coches quemados raspando guitarras.

En 1983, el Derry City entendió que tocaba encontrar una solución o desaparecer. Y fueron muy osados. Argumentado que la situación política no permitía otra opción, pidieron permiso a la Federación Internacional de Fútbol, la FIFA, para ingresar en la liga de la República de Irlanda. Después de dos años de negociaciones, fueron admitidos. Se llegó a crear una comisión con representantes de la FIFA, la UEFA y las dos Federaciones, la de Irlanda del Norte y la de la República de Irlanda, para solucionar una situación llena de espinas, pues autorizar el movimiento significaba que cada quince días, los equipos del sur deberían cruzar la frontera para jugar en Brandywell. Incluso se autorizó al Derry City a ser el único club de Europa sin ningún policía en su estadio, pues la presencia de la RUC, la policía de Irlanda del Norte, se veía como una provocación.

En 1985, el Derry City, un equipo legalmente británico, empezó a jugar en la liga de la República de Irlanda, inicialmente en segunda división, con voluntarios locales garantizando que sería un estadio pacífico. Y tardó poco en ascender. Lo que la política no había logrado, conseguir que los ciudadanos de Derry pasaran a ser ciudadanos de la República de Irlanda, lo logró el deporte. Desde entonces, el Derry City ha ganado dos ligas y cinco Copas de Irlanda jugando como club de la República de Irlanda, sin ser legalmente un club irlandés.

«El Viernes Santo de 1998 fue uno de los días más felices de nuestra vida», me contaba Martin Nicholas padre llegando a Brandywell para ver el partido donde Ronaldinho lideró una victoria azulgrana por 0-5. Nicholas recordaba, como todo ciudadano de la región, qué hacía el día que, después de veinte años de violencia, se firmaron los acuerdos de Viernes Santo. Los Gobiernos británico e irlandés, con el apoyo de la mayoría de los partidos políticos norirlandeses, pusieron punto y final a la violencia. Empezó el desarme de los grupos terroristas de los dos bandos. Y en Derry se pudo gozar del fútbol con normalidad, aunque a los directivos del club no se les pasó por la cabeza pedir volver a jugar en la liga de Irlanda del Norte. Curiosamente, en esos años en que el Derry City ganó su segunda liga en el sur, el Institute, un club modesto con sede en los barrios protestantes de Londonderry, llegó a la primera división de Irlanda del Norte. Y la ciudad se convirtió en la única de Europa con dos clubes en primera que no juegan entre ellos, pues militan en ligas diferentes. El Derry City mira hacia el sur, y el Institute se siente cómodo en el norte. Aunque en tiempos de paz, una vez al año, juegan un amistoso. Y durante noventa minutos, los dos equipos de una ciudad dividida superan las fronteras unidos por un balón.

1974

Anorthosis (Chipre)

Un estadio lleno para recordar casas vacías

En pocas semanas, una zona turística en el Mediterráneo llena de ingleses y alemanes se convirtió en el escenario de una guerra. Los apartamentos quedaron vacíos durante décadas. En Chipre, una isla dividida entre griegos y turcos, el fútbol explica el trágico destino de sus habitantes, especialmente después de la guerra del año 1974.

El encargado del paso fronterizo miraba un vídeo musical en YouTube. De una cantante turca, seguramente. Revisó con desgana mi pasaporte, me entregó un papel y finalmente dijo algo como «*Barcelona, Messi, good*», levantando el pulgar. Y volvió a fijar sus ojos en las caderas de esa cantante que bailaba en su pantalla. Y, así, de la forma menos épica posible, pude cruzar la línea verde que divide Chipre en dos. Detrás de mí, un grupo de ingleses entrados en carnes se sacaban fotos para recordar las pocas horas que pasarían en la mitad turca de Chipre. En el siglo XXI, algunas fronteras marcadas por el dolor se han convertido en atracciones turísticas. Así ha acabado la Línea Verde, una de esas fronteras que existen sobre el terreno, pero no siempre en los mapas.

Estos no siempre dicen la verdad. Detrás de cada mapa se esconde una persona, y muchos autores plasman en ellos sus sueños en vez de la realidad. Así, Chipre es el único país del mundo que tiene dibujado su mapa en su bandera. Pero en la bandera, Chipre aparece unificado, cuando, en realidad, la isla ha acabado partida en diferentes piezas, convertida en uno de esos rompecabezas diplomáticos a la espera de que, algún día, alguien pueda encontrar una solución. Y el fútbol puede desempeñar un papel en ese debate. En 2013, la sede de la FIFA en Suiza acogió la reunión entre la Federación de Fútbol de Chipre y la Federación de Fútbol de la República Turca del norte de Chipre. Las dos entidades firmaron un acuerdo histórico que dejaba abierta la puerta para crear una liga de fútbol chipriota unificada. Los directivos de las Federaciones llegaron más lejos que los políticos, aunque los años pasan sin que llegue la unificación. En Chipre no todos quieren mirar hacia el futuro y hablan del pasado.

«¿Jugar una liga unidos? Bueno, pero con condiciones. La casa de mi abuelo es nuestra. La ciudad de mis abuelos es nuestra. Si aceptan devolver nuestras propiedades, entonces podemos hablar». Nikos no está dispuesto a olvidar. Pasa muchas horas en el gimnasio y usa una camiseta para marcar bíceps, donde se ha tatuado el escudo de su equipo. «El Anorthosis es tan importante como mi familia», deja claro. Nikos es un ultra. Se ha pegado muchas veces en un estadio, aunque jamás con turcos, pues la isla esta dividida. Es decir, se pega con sus vecinos griegos. «Los griegos siempre nos peleamos entre nosotros, no tenemos remedio», bromea. La liga chipriota tiene un largo expediente de violencia en las gradas, especialmente cuando se juega el derbi de Nicosia entre el APOEL y el Omonia. «Los del APOEL son fascistas. Una vez visitaron Auschwitz antes de un partido de competición europea y realizaron saludos nazis. Y los del Omonia son comunistas, con símbolos soviéticos y todo eso. Imagina cómo es el derbi, es dinamita», me ilustró Nikos. ¿Y los del Anorthosis? «Bueno, nos peleamos un poco con todos», explicaba en el bar donde trabajaba en Limasol, una ciudad en la costa sur llena de turistas de media Europa. Cuando le pregunté a Nikos si le gustaría que Chipre dejase de ser un país independiente para formar parte de Grecia, no dudó. «Claro. Joder, esa es la idea». Lo más curioso de Chipre es que casi nadie pidió la independencia y se la regalaron. Como si fuera una condena.

Situada en medio de las rutas comerciales que unen Europa, África y Asia, Chipre sufrió la maldición de ser una «isla afortunada». Todos los imperios la han conquistado para controlar las rutas comerciales. Por aquí han pasado egipcios, fenicios, griegos, romanos, árabes, venecianos, turcos y, finalmente, los británicos. Poblada mayoritariamente por griegos, Chipre logró la independencia del Reino Unido en 1960, pese a que la mayor parte de la población quería unirse a Grecia, unión que los griegos denominan *enosis*. En 1959, el noventa por ciento de los votantes en un referéndum dijeron sí a esta *enosis*, pero ese día no votaron los turcos, que conforman más o menos el treinta por ciento de la población. Y a ellos no les hacía ninguna gracia pasar a ser ciudadanos griegos. Así, la comunidad internacional optó por crear este Estado para intentar tener a todos contentos. Y, lógicamente, nadie acabó contento.

Durante los años sesenta, los fotógrafos y periodistas que querían empezar una carrera como corresponsales solían volar a Chipre. En la trastienda de Europa, griegos y turcos se mataban, en ocasiones a cuchilladas. Cada muerte debía ser vengada, era un ciclo de violencia sin fin. Toda una generación aprendió a jugar a la sombra de viejos fusiles recuerdos de otras guerras, listos para ser descolgados. Después de años de violencia, en 1974 el ejército turco lanzó la operación Atila, cuando más de treinta mil soldados llegaron desde Turquía para defender a los turcochipriotas. Fue una victoria aplastante de los turcos, que pasaron a controlar el treinta y ocho por ciento del territorio y crearon una República Turca en el norte de la isla que, aún hoy, no ha sido reconocida por nadie a nivel internacional. Los turcos usaron como excusa la militarización de los griegos. Entonces, en Grecia ya existía una dictadura militar que reprimía libertades y amenazaba con pactar con los chipriotas la *enosis*. Cuando en Chipre un grupo de militares nacionalistas derrocaron al presidente legítimo de la isla, el arzobispo Makarios, el Gobierno turco entendió que los turcochipriotas estaban en peligro y atacó. Millares de griegos abandonaron como pudieron el norte de la isla. Y millares de turcos escaparon del sur. En medio de las dos zonas se levantó la Línea Verde, una zona amurallada patrullada por tropas internacionales.

Nikos, nieto de griegos refugiados que perdieron su casa en 1974, me definió Chipre como «una isla leprosa. Se cae a pedazos». Y quizá tenía razón, pues parte del territorio chipriota está aún hoy en día controlado por los británicos, que jamás se marcharon del todo, y controlan los enclaves de Akrotili y Dhekelia. Chipre es una isla donde en menos de sesenta minutos puedes estar bajo soberanía grecochipriota, turcochipriota, británica y en una zona controlada por Naciones Unidas. Todo sin bajar del coche y sin visitar las zonas desiertas.

En el año 2008, el Anorthosis tocó el cielo cuando se clasificó para jugar la fase de grupos de la Champions League. Cosas del destino, en esa aventura europea eliminó al Olympiakos en la fase previa y derrotó por 1 - 0 al Panathinaikos en la fase de grupos. O sea, salió victorioso de sus duelos contra los dos grandes clubes griegos. En los partidos jugados en Atenas y el Pireo, los hinchas de estos clubes recibieron a los chipriotas con pancartas donde se podía leer «Bienvenidos a vuestra casa, hermanos». Los hinchas del Anorthosis, por su parte, prepararon una coreografía para el partido contra el Werder Bremen alemán en la que se mostraba la silueta de decenas de edificios vacíos. Su idea era imitar el aspecto del barrio de Varosha, al sur de Famagusta. En 1974, las tropas turcas avanzaron rápido y ocuparon el puerto más importante de la costa este de Chipre, Famagusta, pese a que era una ciudad poblada mayoritariamente por griegos. Entonces, este puerto habitado desde tiempos inmemoriales, tenía unos treinta y nueve mil habitantes, y unos veintiséis mil quinientos eran griegos. Pero los turcos quisieron controlar esta población estratégica, y expulsaron a millares de griegos de sus casas. La mayor parte de la ciudad fue repoblada rápidamente por turcos, pero el barrio de Varosha quedó desierto desde 1974. Varosha era el enclave turístico al sur de la ciudad, una zona llena de hoteles modernos para los turistas ingleses y alemanes que llegaban en los años sesenta. Pero la guerra decidió que quedaría justo en la frontera que divide los dos Chipres. Ahora es una ciudad fantasma que los griegos reclaman insistentemente como suya, pues les permitiría recuperar como mínimo un barrio de Famagusta. Los turcos, pese a que la tengan abandonada, no la quieren ceder. Y Varosha lleva cuarenta años convertida en una ciudad fantasma.

«Cuando nuestros padres fueron expulsados de Famagusta, el club se vino con ellos. Un día volveremos a casa». Evgenios Hamboulas tenía cinco años cuando se convirtió en refugiado. Su familia usó un Fiat 500 lleno de bártulos para escapar de los turcos. «Dejamos muebles, el televisor..., de todo», recuerda. Hamboulas es miembro del Parlamento en un partido de centroderecha, y estos últimos años se ha convertido en el presidente del Anorthosis, formando equipo con el empresario Andreas Panteli, el dirigente que logró que el club jugara la Champions en 2008, antes de ser acusado de corrupción. Después de unos años, Panteli ha vuelto al club acompañado de un político que sabe a la perfección qué significa este equipo. «A todos los expulsados de Famagusta nos tocó empezar de nuevo en otras ciudades, como Nicosia o Limasol. Fue duro. Y una de las cosas que nos unió y nos dio esperanza fue el Anorthosis», recuerda. El club, fundado en 1911 en Famagusta, ahora juega en Limasol, con unas gradas llenas de familias con raíces en la zona ocupada por los turcos.

Anorthosis quiere decir 'rectificación'. Un nombre extraño para una entidad deportiva. En sus orígenes, el club era solo una sección de una asociación cultural, musical y deportiva fundada por griegos que luchaban para expulsar a los británicos, con la idea de unir Chipre con el reino de Grecia. Por eso, el club quiso ser bautizado así, *enosis*. Y como los británicos no los dejaron, al considerar que era un nombre subversivo, optaron por Anorthosis. En 1911, pedir «rectificar» era un eufemismo de pedir la unión. La sede del club se convirtió rápidamente en un lugar de encuentro del nacionalismo griego local, con reuniones en la biblioteca, la sala de baile o el gimnasio que construyó el Anorthosis en pocos años. Y todo ello en un creciente clima de tensión que desembocó en el alzamiento griego de 1931, reprimido por el ejército británico. Las autoridades incluso encontraron armas en la sede del club en diversas ocasiones, y el Anorthosis fue clausurado en 1931, en 1952 y en 1955. Muchos de sus socios fueron detenidos por terrorismo, e incluso alguno de los jugadores del club participó en acciones armadas. Cada derrota política coincidía con la mejora del equipo de fútbol, bautizado popularmente como *Megali Kiria* ('la Gran Dama'): mientras sus vitrinas se llenaban de trofeos, la comisaría estaba abarrotada con sus hinchas. En 1933, un partido contra un equipo turco local acabó con veinte detenidos, y en 1938, los cánticos contra los ingleses en el estadio provocaron una carga policial.

Después de la Segunda Guerra Mundial, los grecochipriotas aumentaron la presión contra los británicos, y su líder político, el arzobispo Makarios, acabó deportado a las islas Seychelles en 1956, tras una serie de atentados. La solución que encontró la comunidad internacional no fue la mejor: crear un Estado independiente que nadie quería, con la presidencia siempre en manos de los grecochipriotas, pues eran mayoría, y la vicepresidencia en manos de los turcochipriotas, con poder de veto. Makarios, ya de vuelta, fue elegido presidente de un Estado que nació roto. El resultado fue el caos político y la violencia entre comunidades. En este contexto, los clubes de fútbol turcos prefirieron crear su propia liga, separada de la oficial, en la que participaban equipos griegos de la isla. Por lo tanto, ya antes de la invasión turca de 1974, existían dos ligas separadas. En 1967, la Federación Griega llegó a invitar al campeón de liga chipriota para que jugara la siguiente temporada en la liga griega. De 1967 a 1974, algunos equipos chipriotas militaron en el torneo griego. Una forma de avanzar hacia la *enosis* aprovechando que en Atenas gobernaban los militares nacionalistas.

Todo cambió en 1974, cuando el Anorthosis fue expulsado de Famagusta. El club renacería en Larnaca, donde tiene sus oficinas y un estadio que fue construido en 1983 con el dinero donado por Antonis Papadopoulos, uno de los hombres más ricos de Famagusta, convertido también en refugiado, aunque con los bolsillos llenos. Oficialmente, Famagusta se llama ahora Gazimağusa, en turco. Y en el estadio que fue la casa del Anorthosis, un club llamado Mağusa Türk Gücü juega sus partidos de la primera división turcochipriota. Sin reconocimiento oficial, los clubes turcos del norte de la isla sueñan con unificar la liga, pues les permitiría ganar más dinero y aspirar a jugar torneos internacionales. Los griegos dudan. «Se habla de unir las ligas, pero no se puede separar ni unir la isla. ¿Cómo podemos olvidar que en nuestras casas, en nuestro estadio, viven y juegan otros?», defiende Hamboulas.

Hamboulas me dijo: «Los griegos damos mucho valor a la lengua, a las palabras. Tú usas muchas palabras de origen griego, ¿lo sabes? Por eso no podemos olvidar qué quiere decir *anorthosis*». En la liga chipriota, por cierto, juega un club fundado en 1936 en Paralimni, una ciudad turística no muy lejos de Famagusta, llamado Enosis. A ellos sí les dejaron usar este nombre. Y en su escudo aparece el Partenón de Atenas. Una forma bien clara de recordar que muchos griegos de Chipre sueñan con dos uniones. Una dentro de Chipre. La otra, con Grecia.

1976

Atlanta (Argentina)

Papelitos para el hijo del verdugo

Los militares lo llamaron Proceso de Reorganización Nacional. Así sonaba mejor, aunque no dejaba de ser una dictadura militar que, de 1976 a 1983, acabó con las libertades en Argentina. Millares de personas desaparecieron o fueron asesinadas, mientras los gobernantes sacaban pecho organizando el Mundial de Fútbol de 1978. En los estadios de la liga, la situación fue más compleja.

«Esta es la historia del Atlanta, aunque podría ser la historia de cualquier club», decía Raanan Rein. Durante años, este historiador de Israel vivió en Buenos Aires. Eran los ochenta, y Argentina se sacaba de encima el dolor de la dictadura. Rein se enamoró del equipo del barrio de Villa Crespo, el Atlanta, a donde llegó atraído por su curiosidad, pues le contaron que era el equipo de los judíos porteños. Rein descubrió que eso era más o menos cierto. Sí, muchos hinchas del Bohemio eran judíos, aunque en el fondo, las confesiones se mezclaban en la grada. Lo único que unía a los aficionados era la pasión por un club que se pasaba la vida subiendo y bajando de categoría, de primera a cuarta, de cuarta a primera. Cuando volvió a Israel, Rein no se olvidó de las gradas argentinas. Si te enamoras de sus estadios, estás atrapado. Y siempre quieres volver. El olor de los choripanes, los ingeniosos cánticos, aunque en ocasiones sean crueles. Las maldiciones soltadas al viento cuando

197

un futbolista falla una ocasión. Y la pasión con la que, en los cafés de Buenos Aires, todo buen aficionado se sabe de memoria alienaciones de su equipo de partidos jugados cuando él ni había nacido, mientras te intenta convencer de que su equipo es mejor que los otros. Rein, convertido en un hincha más del Atlanta, lideraría un proyecto para publicar un libro junto a Mariano Gruschetsky y Rodrigo Daskal que explicase cómo vivieron los clubes de fútbol de Buenos Aires los años de la dictadura militar, de 1976 a 1983. Y descubrió que en las gradas de su querido Atlanta, se juntaron víctimas y verdugos. «Un buen resumen de esos años», me contaría. Mientras los hinchas lanzaban los famosos papelitos cuando los futbolistas saltaban al terreno de juego, en las instalaciones del club, otros papelitos salvaron vidas.

El Club Atlético Atlanta, como sucede con tantos equipos argentinos, nació entre las risas de chicos jóvenes que querían encontrar su sitio en una urbe que no dejaba de crecer con la llegada de inmigrantes de todos los rincones del mundo. Ni el Atlanta sabe el por qué de su nombre. Se habla de un buque norteamericano con este nombre en el puerto durante esos días de 1904, de la misma forma que se dice que los colores del Boca Juniors y el River Plate se deben a las banderas de dos navíos, uno sueco y otro alemán, que entraron en el puerto en el momento preciso. Leyendas. Argentina es una tierra tan creativa que, a veces, las narraciones son mejores que los hechos históricos. El Atlanta, fuese por un terremoto en la ciudad de Estados Unidos en esos años, por un barco o porque alguien escribió mal el nombre de la diosa Atalanta, acabó saltando de barrio en barrio, en busca de terrenos baratos donde jugar. Por eso fue conocido como el Bohemio. Hasta que en 1922 llegó a Villa Crespo, un barrio donde vivían muchas familias judías. Familias de rusos, pues provenían del este de Europa. Era judíos askenazíes, de los que hablaban yidis y habían sido perseguidos por cosacos y zares. Y los hijos de esos inmigrantes se hicieron hinchas del Atlanta, cómo no. En los años cincuenta y sesenta, uno de los miembros destacados de la comunidad judía de Villa Crespo, León Kolbowski, inició la construcción de un nuevo estadio que ahora lleva su nombre. «En 1963, el equipo viajó a Tel Aviv para jugar unos partidos amistosos contra la selección de Israel y el Maccabi Tel Aviv», explicaba Rein. En esos años, muchos jóvenes judíos del barrio habían tomado la decisión de marchar a Israel para ingresar en su ejército y luchar contra los árabes. Eso provocó que algunas hinchadas rivales, especialmente la del Chacarita Juniors, usara pañuelos palestinos para provocar a la gente del Atlanta. En alguna ocasión, lanzaron pastillas de jabón a la afición del Bohemio, una forma cruel de recordar la leyenda según la cual los nazis fabricaban jabón con las cenizas de los judíos asesinados en los campos de exterminio.

Cuando los militares lideraron el golpe de Estado en 1976, el miedo llegó a casi todas las casas argentinas. De noche, se escuchaban los frenos de coches, los golpes en las puertas. Los ciudadanos desaparecían, y en las comisarías no sabían nada de ellos. La gente tenía miedo de hablar en público. Y eso se notaba en espacios como los clubes de fútbol, convertidos en centros sociales de encuentro. «Me interesaba saber cómo afectó a los clubes, pues se dedicaban a otras actividades deportivas, sociales, culturales. En Argentina es normal que una pareja se conozca en un asado, un baile o un curso organizado en tu club. Las instalaciones tienen vida toda la semana, no solamente el día de partido», sostiene Rein. Y recordé la escuela que tiene su sede dentro de una de las gradas del estadio de River Plate, por ejemplo. Clubes como el Atlanta eran pilares de la vida social de barrios como Villa Crespo. Así que el historiador estaba convencido de que la dictadura se notó dentro de sus instalaciones. El problema es que nadie había estudiado este tema. Cuando se hablaba de fútbol y dictadura, solamente existía una cuestión: el Mundial de 1978, cómo no. «El único tema que se ha estudiado es el del Mundial del 78. El uso y abuso de este torneo por parte de los militares. Sin embargo, hasta ahora no ha habido ningún estudio sobre lo que pasaba dentro de los clubes, en la vida interna de los clubes de fútbol. Y hasta qué punto estaba influida por la represión estatal, o si tenía la vida interna su propio ritmo, como si no pasara nada alrededor de los clubes», se preguntaba Rein.

Cuando los *milicos,* como los llaman muchos argentinos, tomaron el poder, la selección argentina se encontraba de gira por Europa. Aquel 24 de marzo de 1976, la albiceleste derrotó 1 - 2 a los polacos en Chorzow. El partido se vio por televisión en Argentina pese a que, inicialmente, los militares cortaron la emisión. Una vez controlaron todos los centros estratégicos de poder, volvió la señal televisiva para ver los goles de Héctor Scotta y René *el Loco* Houseman. Muchos argentinos vieron el partido pensando que no sucedía nada grave, a pesar de tratarse del inicio del Proceso de Reorganización Nacional, liderado por militares como Jorge Videla. El brillante periodista argentino Ezequiel Fernández Moores explicaba que Videla nunca había ido a un partido de fútbol antes de 1976. Pero cuando se convirtió en jefe de una dictadura, apareció por diferentes estadios, y presidió el Mundial de 1978 sin uniforme, vestido de civil. La FIFA le había concedido a los argentinos el Mundial en 1973, durante el gobierno peronista. Cuando el almirante Emilio Massera le preguntó a Videla en 1976 si el país debía seguir con sus planes de organizar el Mundial, no dudó. «Aunque cueste cien millones», contestó. Videla sabía que organizar un Mundial era una oportunidad de oro para vender la imagen deseada de su régimen en el exterior. El fútbol jamás le interesó, aunque sabía que ver el trofeo en manos del capitán argentino le interesaba.

En los meses previos al torneo, diferentes Gobiernos y organizaciones presionaron al presidente de la FIFA, Joao Havelange, para que trasladara la organización del Mundial a su país, Brasil. Pero las protestas no sirvieron de nada. Más tarde se supo que Havelange había garantizado la organización del Mundial a los militares argentinos a cambio de la libertad de

Paulo Antonio Paranaguá, hijo de un diplomático brasileño detenido en Argentina con su novia. Después, la misma FIFA envió una delegación a Argentina para inspeccionar las obras y descubrir si realmente morían inocentes. Los enviados afirmaron al aterrizar que no eran políticos, que hablarían solo de fútbol. Lo mismo que afirmaron cuando visitaron el estadio Nacional de Chile en 1973, permitiendo que la selección chilena jugara el Mundial para alegría de Pinochet. Uno de los enviados a Buenos Aires fue el alemán Hermann Neuberg, que había sido SS en tiempos de Hitler. Los pasearon por buenos hoteles, estadios y calles ordenadas. Sus informes decían que se podía jugar el torneo sin problema. A la prensa extranjera que viajó al país la trataron tan bien que muchos se sentirían culpables años más tarde de haber estado en una ciudad donde se cometían crímenes mientras ellos vivían como reyes. La prensa argentina incluso inventó una carta del holandés Ruud Krol a su hija de tres años donde celebraba el clima de paz que había encontrado en una tierra donde las pistolas de los militares disparaban «flores». Krol, por supuesto, jamás escribió la carta que fue publicada en los periódicos argentinos.

César Luis Menotti, un hombre de izquierdas que tenía una imagen del Che Guevara presidiendo su despacho, era el entrenador de la selección argentina que conseguiría su primer título mundial bajo la mirada de Videla. Pese a que los militares eran fervientes enemigos del comunismo, cuidaron a un Menotti que tendría remordimientos de conciencia con el tiempo, cuando descubrió muchas atrocidades que se cometían mientras él preparaba los partidos. «El pueblo argentino no reniega de su presente y vive con alegría, diría yo, con heroica alegría, la posibilidad de un futuro lleno de sueños», dijo Videla ante los jugadores que ganaron el Mundial, con su entrenador, César Luis Menotti, en primera fila. «Nos utilizaron como arma propagandística; y entonces no lo podíamos ver», me explicaría el talentoso Osvaldo Ardiles cuando lo pude entrevistar. Con el tiempo, algunos futbolistas han intentado recordar que no les gustaba mucho jugar bajo las órdenes de un dictador. Tarantini, por ejemplo, saludó a Videla en el vestuario mientras se rascaba los genitales con la otra mano. El dictador lo consideró una broma y no le hizo mucho caso. Tarantini ha admitido que no les gustaba el tipo, aunque ese gesto fue una apuesta entre futbolistas más que un gesto desafiante. Lo cierto es que, durante la dictadura, muchos deportista desaparecieron. Carlos Alberto Rivada, extremo del Huracán de Tres Arroyos, desapareció. Claudio Tamburini, portero del Almagro, fue torturado, pero salvó la vida. En los días anteriores a la inauguración del Mundial desaparecieron más personas que nunca. Con las madres de muchos jóvenes desaparecidos insultadas en la plaza de Mayo, muchos giraron la vista para celebrar los goles de Kempes. Solo un jugador pasó por la plaza para ver qué protestaban aquellas «locas»: el sueco Ronnie Hellstrom. Cuando Argentina derrotó a los holandeses en la final en el estadio Monumental, el Tigre Acosta, un militar, entró gritando: «¡Hemos ganado!» en las salas de tortura de la ESMA, la escuela de la Armada convertida en centro de detenciones y ejecuciones. La ESMA se encuentra a diez esquinas del estadio donde los argentinos alzaban al cielo por primera vez la copa de campeones del mundo. «Todos los presos políticos, los perseguidos, los torturados y los familiares de los desaparecidos estábamos esperando que Menotti dijera algo, que tuviera un gesto solidario, pero no dijo nada. Fue doloroso. Él también estaba haciendo política con su silencio», diría Adolfo Pérez Esquivel, Premio Nobel de la Paz en 1980, que consiguió salir de la cárcel gracias a la presión internacional el 23 de junio de 1978, dos días antes de la final. «Nos insultaban, nos preguntaban si no éramos argentinas por no estar cantando los goles. Lloramos de rabia», me explicó Hebe De Bonafini, una de las fundadoras de Madres de Plaza de Mayo, cuando visité su sede. «Aquellos días de 1978 odié el fútbol. Ahora no lo sigo, aunque Maradona nos ayudó alguna vez. Y Luque, claro», añadía. Leopoldo Jacinto Luque, quien fallecería por culpa del coronavirus, era uno de los futbolistas que ganó el Mundial en 1978. Poco después de ese éxito, un grupo de encapuchados detuvo su coche cuando volvía de entrenar con River Plate. «Quédate quieto porque te arranco la cabeza de un tiro. No levantes la cabeza porque te la vuelo», le dijeron. «Era un milico. Pero no dije nada. No sé, me dio miedo, pensé que sería peor», reconoció. Le robaron el coche, seguramente para usarlo en operaciones de detención de opositores. El incidente cambió para siempre a Luque, quien con la llegada de la democracia, se involucró en campañas para que las familias de desaparecidos recuperaran a sus nietos. Cuando una mujer opositora era detenida estando embarazada o con un bebé pequeño, los militares entregaban a los pequeños a familias próximas al régimen. O los daban en adopción de forma ilegal. Aún hoy en día, las «abuelas de mayo» buscan a sus nietos. Centenares de argentinos que no saben que sus padres fueron asesinados.

La dictadura dejó unas heridas en la sociedad argentina que todavía no han cerrado del todo. Cuando Rein se puso a investigar cómo había sido el día a día en los clubes, encontró mucha gente que no quería hablar, aunque también había otros que recordaban esos años incluso con nostalgia, pues el estadio de fútbol era uno de los pocos sitios donde se sentían seguros. «El fútbol es como una religión. Y los militares intentaban no intervenir demasiado en los clubes de fútbol, en las actividades de las organizaciones judías, en las iglesias...», sostiene. Pese a que los argentinos aman discutir sobre si los Gobiernos ayudan a un club u a otro, durante la dictadura todos fueron tratados igual. Se los respetó para que la población pudiese pensar que todo marchaba bien y encontraran espacios de seguridad, como los estadios o las iglesias. «Dentro del club, muchas veces, gente de distintos matices políticos e ideológicos trabajaban juntos. Familias de víctimas estaban codo a codo con militares. Gente clave de la dictadura, durante los noventa minutos del partido, estaban ahí, hinchando como si no pasara nada», descubrió Rein.

Y el caso más increíble fue el de Roberto Viola, el militar que fue presidente *de facto* de la junta en 1981. Su hijo había jugado en las categorías inferiores del Atlanta. Y como los chicos jugaban antes del primer equipo, era normal que Viola se quedase después para animar al Bohemio. Diferentes aficionados le contarían a Rein: «Sí, estábamos allí junto a Viola. Hinchábamos juntos para que ganase nuestro equipo, como si no pasara nada alrededor». Cuando Silvia, una de las hijas del entonces presidente del Atlanta, Amadeo Altamura, fue detenida, el dirigente le pidió al hijo de Viola si podía hablar con su padre. El crimen de la chica había sido decir en público que durante un viaje a Cuba, un país socialista, no había detectado que la gente viviera mal. La hija de Altamura volvió a casa. El socio del club Osvaldo Slipak le contaría a Rein: «Silvia me dijo que no estuvo en una comisaría, sino en lo que parecía ser un centro de detención clandestino, que la torturaron, aunque luego escuchó que alguien decía: "No la toques más, porque esta es *liberti*" ('liberada' en la jerga represora)». A la chica la soltaron con la condición de que se largara de Argentina. En pocas semanas ya estaba en España. Otros socios del club no tuvieron tanta suerte, como Jorge Daniel Toscano, exjugador del equipo de baloncesto del Atlanta. Como había militado en el peronismo, en enero de 1978 fue secuestrado en plena calle, cuando se disponía a visitar a su madre. También se llevaron a su esposa, Nora Bernal, aunque la soltaron. En 1984, Bernal reconocería a dos de los militares que habían secuestrado a su marido, aunque estos se beneficiaron de las leyes de amnistía dictadas durante el Gobierno constitucional de Raúl Alfonsín. Jorge Daniel Toscano había coincidido en un equipo de categorías inferiores de baloncesto con el hijo de Roberto Viola, aunque con el tiempo, este optó por el fútbol.

Según Osvaldo Slipak, «al hijo de Viola le gustaban la joda y la diversión, y se la pasaba todo el día en el club. Por eso no le gustaba el entrenamiento y no trascendió más futbolísticamente». Roberto Viola llegaría a jugar doce partidos con el primer equipo del Atlanta y marcaría tres goles, aunque en 1975 quedó sin contrato y fichó por Defensores de Belgrano, pero seguía pasando sus días en la sede del Bohemio, del que era socio. Y, allí, mientras jugaba a las cartas, «se acercaba gente que le pasaba papelitos. Eran los nombres y otros datos de personas que habían sido secuestradas y cuyo paradero se ignoraba. Una vez ya habíamos terminado de jugar y, al salir, vi cómo rompía uno de los papelitos». Lo hacía para que esas personas no le pidieran el favor otra vez, cuando en verdad no se atrevía a hablar de ello con su padre. Lo hacía solamente cuando quien se lo pedía era gente importante del club, como Altamira o el padre de Slipak, un empresario que siempre decía que «un judío debía desconfiar de los militares». Y en este caso también de su hijo. Viola hijo jugaría de 1975 a 1977 en Defensores de Belgrano, un club que tenía su sede a dos esquinas de la Escuela Superior de Mecánica de la Armada, la ESMA, donde tantos argentinos y argentinas fueron torturados. Hoy, este edificio es un gran museo dedicado a la memoria de las víctimas de la dictadura. Y, cada octubre, los clubes de fútbol, entre ellos el Atlanta, usan las redes sociales para recordar el nombre de sus socios asesinados. Poco a poco, el silencio sobre esos años de plomo se rompe. Y, en las canchas vacías, los días de partido se recuerdan a esos aficionados que, un día, jamás volvieron a casa.

1976

Orlando Pirates (Sudáfrica)

El estadio donde los hinchas usan casco

Soweto tiene ritmo, tiene historia y tiene sus cicatrices. Y también un famoso derbi de fútbol. Todo se mezcló en 1976 cuando, cansados de la pobreza y la represión del apartheid, los estudiantes de esta zona salieron a protestar a las calles. El recuerdo de esos chicos que perdieron la vida sigue vivo en Soweto. Y en el estadio de los Orlando Pirates.

El taxi arrancó y en pocos segundos me arrepentí de haber subido en él. «En Soweto no hay nada que ver, ¿eh?», me dijo el conductor sin girar la cabeza. «¿Eres serbio?», le pregunté mirando una banderita que colgaba del retrovisor. Él asintió, orgulloso. Y me contó que sus padres habían escapado del comunismo llegando a Sudáfrica en los sesenta, cuando el país era una «maravilla, no como ahora. Sudáfrica se va a la mierda. Me niego a aprender sus extraños idiomas», decía mientras llegábamos a Soweto. Y yo pensé en el *Soweto Blues* de Miriam Makeba:

The children got a letter from the master
It said: no more Xhosa, Sotho, no more Zulu

Los niños recibieron una carta del profesor.
Decía: no más xhosa, no más sesoto, no más zulú

El taxista me dejó a dos calles de la casa donde vivió Nelson Mandela, un modesto edificio de dos habitaciones convertido en museo. Y me alegré de que desapareciera de mi vida. Las calles estaban llenas de gente, pues en Sudáfrica, cada 16 de junio es festivo. Es el Youth Day, que recuerda la brutal represión que sufrieron miles de jóvenes que se manifestaban en 1976 en Soweto contra una normativa que imponía el afrikáans, la lengua de la minoría blanca en el poder, para su escolarización. A la nueva generación ya no se les permitiría estudiar en xhosa, sesoto o zulú, las lenguas de sus antepasados. Así que salieron a la calle. Y a pesar de tratarse de niños, la policía disparó sin piedad. Cifras oficiales: veintitrés muertos. ¿Cifras reales? Se cree que unos trescientos, aunque quizá fueron más. El gran símbolo de ese día de vergüenza fue la fotografía hecha por Sam Nzima del joven Hector Pieterson, de trece años, agonizante mientras lo lleva en brazos Mbusiya Makhubo.

«La sola existencia de Soweto ya es un acto de racismo», me explicó el historiador Christopher Till, que organizó una charla con periodistas que habían viajado a Sudáfrica para cubrir el Mundial de Fútbol del año 2010. Soweto, con más de un millón de habitantes, es la abreviación de *South Western Townships* ('Asentamientos sudoccidentales'). El nombre, frío y funcional, pretendía ordenar desde un despacho una realidad dura sobre el terreno. Aunque, por suerte, ese nombre estampado en un mapa quedó reducido en las calles a un Soweto más sonoro, como si fuera una forma de anticipar que esta sería una zona rebelde.

A Johannesburgo la levantó la injusticia. A Soweto también. A finales del siglo XIX se descubrieron minas de oro en la zona. Los empresarios fomentaron la llegada de mano de obra negra de las zonas rurales. Querían sus brazos, aunque su presencia les molestaba cuando volvían a casa en sus transportes elegantes. Así que los enterraron bajo tierra en las minas y los alejaron de sus casas, creando barrios marginales. Cuando el

Partido Nacional Afrikaner se hizo con el poder en las elecciones nada democráticas de 1948, el *apartheid*, el racismo institucionalizado, culminó el proceso de segregación con unas nueves leyes que prohibían la mezcla entre razas. Prohibido compartir un banco, un bar, un autobús o un club deportivo. Prohibido vivir en el mismo barrio. Con la pobreza como condena, Soweto se convirtió en el foco de la lucha por los derechos de la población negra: aquí vivieron Nelson Mandela, Desmond Tutu y Steve Biko. En Soweto hay mucho que ver, aunque el conductor racista no quisiera verlo. Y Soweto es fútbol, cómo no.

Aquí se juega uno de los derbis más calientes de todo el fútbol africano. Los Kaizer Chiefs tienen su feudo en el FNB Stadium, donde España ganó el Mundial, construido en Nasrec, una zona entre Johannesburgo y Soweto. Y los Orlando Pirates juegan en el Orlando Stadium, a solo diez minutos en coche del FNB Stadium. Caminando por las calles de Soweto, te encuentras casas y coches pintados con los colores de los dos clubes. La rivalidad llevada al extremo, dividiendo familias. «Los primeros jugadores eran gente humilde que llegó a la zona buscando trabajo. El fútbol era una forma de evadirse de la realidad. Así nació el Orlando Boys Club», explicaba Till. En 1937, el entrenador de boxeo Andries Mkhwanazi vio a un habilidoso grupo de muchachos jugando en la calle y creó el club que, unos años más tarde, se llamaría Orlando Pirates, una propuesta del jugador Andrew Bassie que se había entusiasmado con una peli de piratas de Hollywood. Aunque el fútbol no era un juego. Era algo más importante.

En su novela publicada en 1948, *Llora, oh mi querido país*, Alan Paton explicó al mundo cómo los hijos de campesinos que llegaban buscando trabajo a Johannesburgo acababan atrapados por el alcohol, las depresiones o la prostitución. La ciudad y el racismo destruían el modo de vida de los pueblos autóctonos. «El deporte era una forma sana de dar esperanza a los chicos y evitar que acabaran mal», dejó claro Till. A día de hoy, la novela de Paton es el segundo libro más vendido en Sudáfrica, solo por detrás de la Biblia. Y los Pirates, el club con más hinchas. Ya en los años cincuenta, sus aficionados se denominaron a sí mismos *The Happy People,* 'la gente feliz'. En los años duros del *apartheid,* el club era un foco de luz en medio de la tristeza.

Los Pirates se convirtieron en un fenómeno de masas en la liga negra de la zona. Como era una sociedad segregada, en Sudáfrica existía una federación para blancos, otra para negros y otra para mestizos. Estaba prohibido jugar con gente de otras razas, aunque el futuro Premio Nobel de la Paz, Albert John Lutuli, acabó en la cárcel por fomentar ligas mixtas, inspirándose en un unos equipos de fútbol abiertos a todas las razas que había creado años atrás un abogado indio que había trabajado durante un tiempo en Sudáfrica antes de volver a su tierra: Mohandas Karamchand Gandhi. El fútbol ya era entonces un arma política. Y, cómo no, era la federación blanca la que se reservó el derecho de representar internacionalmente a Sudáfrica. Pero en unos años en los que el continente africano se estaba sacudiendo el yugo colonial, los sudafricanos fueron expulsados de la Confederación Africana de Fútbol, ya que querían enviar a los torneos oficiales un equipo formado solo por blancos o, como alternativa, otro formado solo por negros. O sea, nada de mezclar razas. Sudáfrica, por tanto, acabó aislada durante décadas del resto del mundo a nivel futbolístico. Al Gobierno poco le importó, pues prefería el *rugby.*

En una sociedad rota, este deporte tenía cada vez más peso entre los blancos, y el fútbol se convertía en la gran pasión entre las clases trabajadoras negras. En 1969, un grupo de empresarios blancos llegó a organizar un partido entre los campeones de las dos ligas, el Highlands Park de la liga blanca y el Orlando Pirates de la negra. Como era ilegal mezclar competiciones, el partido se jugaría en la vecina Suazilandia, aunque en el último momento, el Gobierno sudafricano maniobró para prohibir el encuentro, pues temía incidentes. Ya a finales de los años sesenta, presenciar un partido de fútbol en Soweto era un acto reivindicativo. En 1971, las autoridades llegaron a proponer la desaparición forzosa de los Pirates por la belicosidad de sus hinchas, pues estos habían perseguido por el terreno de juego blandiendo palos a Norman Burtenshaw, un árbitro inglés que había sido invitado para dirigir un partido. El estadio se clausuró durante seis meses, y cuando se abrió de nuevo, el primer partido acabó con veintisiete heridos y doce detenidos. La violencia no era un problema exclusivo del Orlando Pirates. El 11 de setiembre de 1976, un colegiado fue apuñalado al final de un Kaiser Chiefs-Amazulu. «Las autoridades permitían el alcohol en los campos. Si se producían incidentes en los campos de equipos negros, las autoridades tenían excusas para reprimir y explicar que los negros eran salvajes», razonaba Till. Además, las autoridades usaron el fútbol para dividir a la población negra.

«A los Chiefs los ayudaron los blancos para perjudicarnos», me dijo un hincha de los Pirates. «Ni caso, hermano. Los Chiefs nos dieron esperanza cuando nos quedamos solos», replicó su vecino. En la temporada 1969/70, las autoridades ordenaron a los equipos negros depurar a sus jugadores mulatos. Los Pirates, que tenían cuatro mulatos, se negaron, y fueron castigados descendiendo en los despachos a una liga *amateur.* Otro club estaba listo para ocupar su lugar. A finales de los años sesenta, el mejor jugador de Pirates, Kaizer Motaung, había conseguido permiso para marcharse a la liga NASL de los Estados Unidos. Y cuando volvió a casa en 1970 con los bolsillos llenos, creó su propio club, los Kaizer Chiefs, aprovechando el vacío dejado por los Pirates. En la actualidad, Motaung sigue presidiendo su club. Cuando los Pirates volvieron a primera unos años más tarde, nació un derbi entre hermanos. Ir al fútbol era tan peligroso, que nació un fenómeno cien por cien local: usar casco. Cansado de recibir golpes de objetos o porras en la cabeza, Alfred Baloy pidió prestado un casco en su trabajo y lo pintó con los colores de los Kaiser Chiefs. Así nacieron las *makarapa*, unos cascos muy populares que, con el paso de los años se han convertido en auténticas obras de arte, con figuras de jugadores y banderas encima de la cabeza del hincha.

En los años setenta, las autoridades llegaron a valorar un acercamiento entre las diferentes ligas para sacar tajada a nivel económico, ya que los blancos cada vez sentían menos interés por el fútbol. Incluso se creó la Chevrolet Champion of Champions, un torneo entre los campeones de la liga blanca y negra. En 1975, un club fundado por griegos en Ciudad del Cabo, el Hellenic, ganó el torneo, derrotando 5-0 al Kaizer Chiefs, aunque en el partido de vuelta perdió por 2-1 en la considerada primera derrota de un club blanco contra uno negro. Cuando en 1976 una selección argentina *amateur* fue invitada de gira, por primera vez se permitió crear una selección con jugadores de las dos razas juntos. Jomo Sono, de los Pirates, fue la gran estrella del partido, marcando tres goles.

Pero los años de acercamiento deportivo acabaron ese 16 de junio de 1976, cuando la sangre bañó las calles de Soweto. La liga blanca, decadente, llegó a desaparecer. Y los Pirates, ya de vuelta en primera división, anunciaron el primer fichaje de un jugador profesional blanco, Keith Broad. Como no existía una liga blanca, las autoridades lo permitieron, convirtiendo a Broad en un símbolo de la lucha por el racismo. En los años ochenta, los estadios, especialmente el de los Orlando Pirates, se convirtieron en una trinchera política con muchas banderas del Congreso Nacional Africano (ANC), el partido de Nelson Mandela. Esta organización llegó a citarse en su exilio de Zambia con representantes de los Pirates para encontrar formas de usar el fútbol para acabar de destrozar por dentro un régimen, el *apartheid,* que tenía los días contados. La represión en los estadios fue dura. Pero los hinchas nunca dejaron de ir al campo.

Como la población blanca cada vez mostraba menos interés en el fútbol, ese deporte se convirtió en cosa de la población negra. Y Jomo Sono, el delantero que había marcado tres goles con la selección en 1976, creó su propio club en 1983. Como había hecho Motaung en los años sesenta, Sono jugó cinco años en Estados Unidos, donde llegó a ser compañero del mismísimo Pelé en el New York Cosmos. Ganó tanto dinero que, a su vuelta, aprovechando la crisis de los equipos blancos, compró el mejor club de esta liga, el Highlands Park de Pretoria, y lo rebautizó como Jomo Cosmos en 1983. O sea, dos de los mejores jugadores de la historia del Orlando Pirates crearon dos de sus clubes rivales, bautizándolos con su propio nombre. Los hinchas de los Pirates siempre han defendido que estos son clubes con menos compromiso político. Con todo, los aficionados de los Chiefs les recuerdan que uno de los mejores jugadores de su equipo, Arial *Pro* Khungoane, falleció asesinado por la policía en junio de 1976, cuando salió a la calle para protestar por la matanza de estudiantes.

El fútbol sudafricano ha evolucionado con la llegada de la democracia. Ha sufrido casos de corrupción y violencia. Ahora, los clubes están controlados por grandes empresarios, especialmente del sector minero. Pese a todo, los Pirates siguen siendo muy populares. El país también ha evolucionado. Antes, los ricos encerraban a los pobres en asentamientos. Ahora, los ricos se encierran a sí mismos en barrios de lujo detrás de grandes medidas de seguridad. Soweto también ha cambiado. Muchos de los activistas que sufrieron la violencia policial en los setenta ven con tristeza cómo la juventud no valora la lucha de su generación y solo piensan en tener un buen teléfono. El 16 de junio del 2010, el diario *The Sowetan* publicaba un dibujo bastante claro: a la derecha, la fotografía de Pietersen de 1976. A la izquierda, unos jóvenes de la época actual en la misma posición, pero llevando a un joven borracho en lugar del herido.

1979

EC Radar (Brasil)

El equipo que creó una selección

Cuando en 1979 la dictadura brasileña empezó finalmente a ceder el poder, el barrio de Copacabana de Río de Janeiro se convirtió en un oasis de libertad. Fue allí donde muchas chicas usaron el fútbol para reivindicar el nuevo papel que debía tener la mujer en Brasil. Tocaron el cielo, aunque aún queda mucho trabajo por hacer.

«Por momentos no tenías presente que estabas haciendo algo prohibido. ¿Cómo podía estar prohibido jugar al fútbol con tus amigas?», recuerda Meg, portera durante muchos años de la selección brasileña. Sí, el fútbol femenino estuvo prohibido en Brasil de 1941 a 1979. «Se habla poco de cómo la dictadura atacó directamente a las mujeres, a nuestros derechos. Ya no hablo de las torturas y violaciones cuando éramos detenidas. Te hablo de cómo querían construir una imagen muy concreta de cómo debía ser la mujer brasileña», defiende la historiadora del Museo del Fútbol Brasileño Aira Bonfim. Brasil, la tierra del fútbol, publicó un decreto donde se decía que las mujeres no debían patear un balón. «Nos querían en casa, criando hijos y cocinando», se queja Bonfim. Aunque en el barrio de Copacabana de Brasil empezó una rebelión que acabó con un grupo de brasileñas jugando la final de un Mundial. Hoy en día, ninguna placa recuerda a las futbolistas que iniciaron ese camino en la sede del EC Radar, un viejo edificio de tres plantas en las laderas del Parque Estadual da Chacrinha, en Copacabana. Fue aquí donde tuvo su sede el mejor conjunto de fútbol femenino brasileño. Un equipo tan potente, que de sus raíces surgió una selección.

El fútbol desempeñó un papel clave en la construcción de la identidad nacional brasileña. Gracias a sus futbolistas y sus músicos, los brasileños sintieron que por fin ocupaban un espacio central en un mundo que les había reservado hasta entonces un papel secundario. Gracias a su estilo de juego y sus ritmos musicales, Brasil se convirtió en un símbolo de libertad para muchas personas, pero en realidad sufría una dictadura. «Justo cuando nacía un nuevo Brasil en los años cincuenta y sesenta, con una nueva capital moderna en Brasilia, con nuevas políticas y con optimismo, llegó el golpe de Estado del 31 de marzo de 1964, que derrocó al Gobierno democrático del presidente João Goulart e instauró una dictadura militar encabezada por Humberto de Alencar Castelo Branco», recuerda Bonfim. Como sucedía por toda Latinoamérica, las botas militares aplastaron las libertades. Y el fútbol se convirtió en un arma propagandística del régimen dictatorial, que sacaba pecho con las victorias sobre el terreno de juego de Pelé y compañía. Sin embargo, el fútbol también sería utilizado para cambiar la sociedad, especialmente en los años ochenta, cuando los jugadores del Corinthians empezaron a reclamar la democracia aplicándola en su día a día. Se votaba libremente si el equipo entrenaba dos veces o si se concentraba en un hotel. Y cada voto tenía el mismo valor, fuese el mejor jugador o el encargado de material. El sistema revolucionario funcionó, y el Corinthians, liderado por la magia de un futbolista que celebraba los goles con el puño en alto, Sócrates, ganó títulos y saneó su economía, pues antes tenía deudas. Envalentonados, los directivos y futbolistas del club de Sao Paulo llegaron a estampar en las camisetas mensajes exigiendo elecciones libres, como «*Eu quero votar para presidente*».

«El Corinthians fue famoso por luchar contra la dictadura, pero el fútbol femenino lo tenía más complicado. No era solamente luchar contra la dictadura, era hacerlo contra el machismo de toda la sociedad, muy arraigado entre los brasileños», me explicaría Bonfim, recordando que la prohibición de jugar al fútbol entre las mujeres era anterior, de 1941. Entonces gobernaba Getúlio Vargas, un líder populista de derechas con tendencias autoritarias, aunque en ese momento Brasil todavía era una democracia que aprovecharía la Segunda Guerra Mundial para ganar dinero gracias a la venta de sus productos naturales. Era un Brasil donde el fútbol ya era una religión pagana con millones de fieles. Y el fútbol femenino también estaba de moda. En Sao Paulo, más de sesenta y cinco personas presenciaron un partido entre el Cassino do Realengo y el Sport Club Brasileiro en 1939. En Río existían más de 15 equipos que jugaban partidos de forma regular. Cuando en mayo de 1940 se abrió de nuevo al público el estadio de Pacaembú de Sao Paulo, después de unas reformas, se organizó un duelo entre las mejores jugadoras de Sao Paulo y las de Río, justo antes del partido entre el Sao Paulo y el Flamengo. Esa misma semana, José Fuzeira envió una carta al presidente del país, Getúlio Vargas; en ella afirmaba que el partido debía prohibirse, pues era un «disparate social», ya que si el fútbol femenino se seguía extendiendo, podía afectar «al futuro del país, pues el papel de la mujer es ser madre y el deporte puede afectar a sus órganos». Fuzeira, autor de ensayos y libros conservadores en los que afirmaba que Judas Iscariote se había reencarnado en Juana de Arco y culpaba a la mujer de todos los pecados posibles, no tenía formación científica. No se basaba en estudios, aunque la prensa publicó su carta igualmente. La casa de Dona Carlota, una mujer que había ayudado a organizar muchos equipos en Río de Janeiro, se llenó de pintadas, mientras la prensa la acusaba de corromper a las menores. Y el Gobierno acabó abriendo un expediente donde, basándose en la prohibición de jugar partidos de fútbol femenino en la Inglaterra de 1921, decidieron declarar ilegales los deportes de contacto entre mujeres mediante un decreto en el que no aparecía la palabra «fútbol». En los mismos meses en que Dona Carlota negociaba una gira por Buenos Aires y Montevideo, en los palacios del Gobierno le cortaban las alas. Y Carlota pasaría incluso tres meses en la cárcel. «Ya en tiempos de la dictadura, en 1965, se publicó otro decreto donde sí se especificaba que las mujeres no podían practicar fútbol para proteger su naturaleza —recuerda Bonfim, quien ha estudiado los orígenes del fútbol femenino en su país—. Curiosamente, fue clave el circo, con artistas que hacían malabarismos con una pelota. Eso inspiró a muchas chicas a jugar, aunque el Gobierno acabó con sus sueños. Y la dictadura fue más allá, pues querían una mujer conservadora encargada de cuidar de la casa».

Así, mientras Sócrates afirmaba que si no se podía votar para presidente se largaría del país aceptando una oferta de la Fiorentina italiana, cosa que sucedió, otro equipo ponía su granito de arena en la lucha contra la dictadura. El EC Radar se convirtió en fuente de inspiración para millares de mujeres brasileñas que entendieron el poder del deporte para cambiar su papel en la sociedad. En 1979, la dictadura vivía un momento complicado por culpa de una fuerte crisis económica y el desplome de otros Gobiernos militares de la zona. Los crímenes cometidos habían provocado mucha presión de organizaciones humanitarias y Gobiernos extranjeros que exigían cambios. Así que ese año subió al poder João Figueiredo, quien permitió la fundación de algunos partidos políticos y modificó algunas leyes, como la que prohibía el fútbol femenino. Seguía siendo una dictadura, pero millones de brasileños sentían que era un árbol carcomido a punto de caer. Así lo sentían muchos vecinos del barrio de Copacabana de Río de Janeiro en los años setenta, una zona donde se encontraban personas que buscaban aires de libertad, ya fuera bailando, practicando deporte o con una vida sexual sin ataduras. Copacabana se convirtió en uno de los símbolos de un Brasil sin uniforme. Fue la playa donde se puso de moda el bikini, símbolo de una nueva mujer orgullosa que no se quería quedar en casa. Y muchas de ellas pateaban un balón sobre la arena, como un simple pasatiempo. En los primeros meses de 1979, Eurico Lyra Filho organizó un torneo de fútbol playa femenino con gradas supletorias, donde reunió a unas cuatro mil personas. Lyra Filho era un tipo particular. Abogado de profesión, había sido prefecto del distrito de Copacabana y se había ganado la fama de ser un funcionario poco adepto a la dictadura. Exjugador de fútbol playa, llegó a ser presidente de la federación carioca de fútbol playa, organizando muchos torneos para chicos antes del celebrado en 1979. Y como funcionó, decidió apostar fuerte por el fútbol femenino cuando este dejó de ser ilegal. El siguiente paso era sacar el balón de la arena. Y llenar estadios.

El torneo organizado en Copacabana lo ganó un equipo llamado American Denim, el nombre de un negocio de ropa del barrio que las patrocinaba. Era una novedad. Antes, los equipos de fútbol playa de chicas solían tener el nombre de las calles donde vivían. Eso estimulaba la rivalidad entre ellas y mejora el nivel. Así, cuando los empresarios locales vieron que se podían juntar hasta cuatro mil personas para ver un partido, algunos decidieron patrocinar a esas mujeres que querían volar alto. La tienda de ropa deportiva American Denim fue la primera. Se contrató un entrenador, Almir Fernandes, quien organizó tres entrenamientos semanales, además de sesiones de atletismo y gimnasia. Pese a no tener sueldo, las jugadoras recibían premios en caso de ganar las copas, que eran exhibidas en una vitrina en la parte principal del negocio. Las niñas observaban con admiración a esas chicas bronceadas con su ropa a la última moda que les habían dado en American Denim. Su rival era el Belfort Roxo/Gang, nombre de otro negocio de ropa propiedad de Eurico Lyra Filho.

En 1981, Lyra Filho reunió a diferentes jugadoras de los dos equipos para reclutarlas y crear el primer equipo de fútbol de la ciudad. Usando sus contactos, creó la sección femenina del Esporte Clube Radar, un club polideportivo que había sido fundado en Copacabana en 1932. Fichó a Almir Fernandes como entrenador, pactó patrocinadores como Le Coq Sportif o Unibanco y dejó de lado el fútbol playa para pensar a lo grande. Las jugadoras que trabajaron con él tenían sentimientos encontrados. Por una parte, lo admiraban por ser el gran impulsor del fútbol femenino. Por la otra, siempre pensaron que lo hacía para defender sus intereses. Su plan era poder entrar en la Federación Brasileña, dar estructura al fútbol femenino y liderar la creación de la selección brasileña, sacando un buen sueldo de ello. Y lo consiguió, más o menos. Usando sus contactos, fichó jugadoras de otras zonas de Brasil, como la portera Meg o la delantera Marileia dos Santos, quien usaba el curioso nombre deportivo de su ídolo: Michael Jackson. Cuando llegaban a Río de Janeiro, las futbolistas no podían creer lo que veían. El Radar tenía su sede en un edificio gigante de tres plantas en la calle Marechal Mascarenhas de Morais 191. Un complejo con piscina y gimnasio que ahora está abierto a los socios que pagan una cuota para sudar en sus instalaciones, aunque entonces se destinó únicamente al equipo femenino. Allí trabajaban duro, y se organizaban cenas a las que Lyra Filho invitaba a gente importante para hacer negocios. Cuando Lyra Filho sabía de una chica de otra región con talento, le conseguía trabajo a su novio o sus padres en Río, o le pagaba el alquiler de un piso. Todas las jugadoras recibieron algún tipo de sueldo, aunque «no era igual para todas. En el fondo, era una forma que él tenía de garantizar que el equipo funcionara, dando la sensación de cuidar de nosotras como un padre y aparecer como un activista del fútbol femenino en público», recuerda Meg con cierta amargura. Aunque a la vez admite que «nos mandaba cartas de agradecimiento que te reforzaban la autoestima. Nos decía que éramos unas pioneras, que éramos el ejemplo del nuevo Brasil». Las futbolistas incluso iniciaron una campaña llamada Amnistía para el Fútbol Femenino, donde pedían que se creara la estructura necesaria para tener una liga y competir con normalidad. Para dar más fuerza al mensaje, Lyra Filho pagó a Pelé para que fuera el embajador del Radar. En la Navidad de 1982, las futbolistas serían invitadas a una fiesta en casa de Alfredo Saad, representante de Pelé, donde estuvieron con el tres veces campeón del mundo y su pareja de la época, la cantante Xuxa.

Para la historiadora Caroline Soares de Almeida, «el Radar se convirtió en un símbolo del nuevo Brasil. En el club se juntaron jugadoras de diferentes clases sociales. La mayoría procedían de barrios pobres o de clase media, pero se habían encontrado en un lugar como Copacabana, lleno de vida. Copacabana era el barrio donde todo parecía posible, donde se podía hablar abiertamente de homosexualidad, donde existía una escena cultural viva y a donde volvían los exiliados políticos con nuevas ideas. Aunque también sería el barrio donde llegaría el dolor de la mano del sida, donde bandas organizadas atracaban a las personas en las calles y donde muchos usaron ese clima de libertad para pensar en sus negocios». Eurico Lyra Filho era un hijo de esa época, un tipo ambiguo, idealista y egoísta a la vez. Como no existía una liga brasileña, organizaba amistosos o giras con la ayuda de patrocinadores. Incluso los partidos se retransmitían por radio. Sissi, quien unos años más tarde sería la primera mujer en usar la camiseta con el dorsal número diez de la selección brasileña, recordaría que «mi sueño era jugar en el Radar. Escuchaba los partidos y compraba los periódicos cuando hablaban de ellas». En el verano de 1982, Lyra Filho encontró el dinero para que el Radar se desplazara a España para jugar un torneo de fútbol femenino que se organizó en las mismas fechas que el Mundial masculino, aunque algunas jugadoras no consiguieron el permiso de sus familias para viajar. Las brasileñas ganaron el torneo, imponiéndose a equipos que representaban a España, Francia y Portugal. Lyra Filho, eufórico, consiguió entradas para que todas las jugadoras pudieran ver en directo un partido de la selección brasileña en el estadio de Sarrià de Barcelona. «Siempre nos invitaban a comer bien, y presumía de sus contactos. Cuando jugamos un torneo en Chile, visitamos una bodega de vinos preciosa cerca de los Andes. Nos sentíamos afortunadas, éramos chicas que no habían salido de Río de Janeiro antes», recuerda Meg. Aunque, cómo no, no todo fue tan fácil. «Recuerdo muchos partidos con tipos detrás de la portería que te decían de todo. Te insultaban, se reían de ti, decían las cosas que debía hacer una mujer». Sissi se rebeló contra sus padres, pues no le querían regalar un balón, así que arrancó la cabeza de una muñeca para marcar goles con ella. «Mis familiares eran los primeros que no me querían ver jugar», se queja. Copacabana era un reducto de libertad en un país aún muy conservador.

Gracias a la gestión de Lyra Filho, la Federación Brasileña creó en 1983 la Copa de Brasil de fútbol femenino. El Radar ganó las seis ediciones que se disputaron de la competición sin perder jamás ni un partido. También ganaron todas las ediciones del torneo de Río de Janeiro. Cuando en 1989 se jugó la primera edición del Torneo Brasileiro de Clubes, ganó de nuevo un Radar que entonces solamente había perdido dos de los setenta y un partidos disputados en sus siete años de vida.

Un año antes, en 1988, una selección brasileña femenina había defendido los colores de su país por primera vez. Y, cómo no, la base eran jugadoras del Radar. Gracias a la gestión de Lyra Filho, la Federación aceptó enviar una selección a una Copa del Mundo organizada en China que debía servir como prueba para ver si se podían organizar mundiales en el futuro. Hasta los años ochenta, la Federación Internacional de Fútbol, la FIFA, no controlaba el fútbol femenino, como si no existiera. Esa Copa fue el primer paso. Brasil viajó sin Meg, pues también era la portera de la selección de balonmano y debía preparar el Panamericano de esa disciplina, donde ganaría el bronce. Con 16 jugadoras del Radar en la convocatoria, Brasil perdió en su debut 1-0 contra Australia, aunque luego derrotaron a las campeonas europeas, Noruega, y golearon 9-0 a Tailandia. En cuartos de final superaron a Holanda por 2-1, pero en semifinales, Noruega se vengó y las dejó en la cuneta. Las brasileñas volvieron a casa con la medalla de bronce, después de vencer en la tanda de penaltis a las chinas en la final de consolación. Fue un éxito. «Nuestra gran participación bastó para que la Federación nos permitiera debutar en el primer Mundial oficial de la historia, en 1991 en China, cuando nos derrotaron Estados Unidos y Suecia. Y, después, los Juegos Olímpicos de 1996, en los que llegamos a semifinales», recuerda Sissi, quien aún sufre recordando cómo se les escapó la medalla olímpica de bronce en Atlanta. «No fue fácil. No teníamos sueldo, por supuesto. Nos pagaban la comida y el viaje, pero no podíamos quedarnos la ropa que usábamos. La Federación se vio obligada a crear la selección gracias a la presión que ejercía Lyra Filho y parte de la sociedad. Podríamos decir que fue el Radar quien creó la selección», explica Meg. Eran años de cambios. La dictadura había acabado en 1985, momento en que José Sarney restauró las libertades civiles y programó la aprobación de una nueva constitución para el año 1988.

La selección brasileña ya no ha dejado de competir desde entonces. Aunque el Radar sí. En 1990, cansado del poco apoyo de los medios de comunicación, de unos patrocinadores cada vez menos colaborativos y las dificultades para crear un sistema de liga organizado, Lyra Filho sacó la bandera blanca y cerró la sección femenina del Radar, aunque en 1997 llamó a algunas de las jugadoras que seguían en activo para hablar de la posibilidad de volver al ruedo. No pudo ser. Lyra Filho falleció asesinado en circunstancias extrañas, pues ingresó en el hospital con quemaduras por todo el cuerpo, sin que se supiera quién lo había hecho. Por suerte, uno de los clubes grandes de Río de Janeiro, el Vasco da Gama, decidió tomar el relevo y apostar por el fútbol femenino, fichando a la base de la selección para que se pudiera preparar para los Juegos Olímpicos de 2000 en Sídney. Meg, ya retirada, fue la encargada de dirigir el proyecto desde los despachos y en una sesión de pruebas descubrió a una chica con un talento descomunal. Era

Marta, la mujer que sería elegida en seis ocasiones como mejor jugadora del mundo, llegando a ser la máxima goleadora de la historia de los Mundiales. En 2007, gracias a una generación dorada, Brasil llegó a la final del Mundial, aunque perdieron contra las alemanas.

Los goles de Marta con el Vasco da Gama fueron una forma de cerrar el círculo. «En los años veinte, este club de Río de Janeiro fue el pionero en tener un equipo femenino, aunque como no tenían rival, disputaban partidos entre ellas antes de que saliera a jugar el equipo masculino, que también fue pionero en jugar con futbolistas de todas las razas y clases sociales», explica Bonfim, quien sigue investigado en archivos quiénes fueron las pioneras del deporte en su país, mujeres silenciadas por su Gobierno. En Brasil, los poderosos usaron el fútbol para sacar pecho. Aunque también los oprimidos hicieron lo propio para derribar muros.

1980

Jeunesse Sportive Kabylie (Argelia)

La afición que alzó la voz delante del presidente

En 1980, cansados de ser ignorados y marginados por el Gobierno de Argelia, los bereberes salieron a las calles a protestar, en la conocida como Primavera Bereber. Muchas personas perdieron la vida. Muchas más acabaron entre rejas, mientras los campus universitarios, los recitales poéticos y un estadio de fútbol se convertían en espacios de libertad.

El 10 de marzo de 1980, el poeta Mouloud Mammaeri recibió una llamada en su casa de Tizi Ouzou. Un oficial de la policía le comunicaba que no podría dar la conferencia que llevaba días preparando en la universidad local. Mammaeri debía hablar sobre poesía bereber ante centenares de estudiantes, aunque las autoridades consideraron que podía ser peligroso. Mammaeri pasó unas horas en silencio encerrado en casa, encerrado en sí mismo, pensativo. Fuera, la noticia de la cancelación del acto se propagó por las calles de la ciudad como siempre se han transmitido las noticias importantes en la región de la Cabilia: de boca a boca, de oreja a oreja, en los cafés, por los mercados. En pocas horas, decenas de estudiantes se encerraron en la universidad con el apoyo de sus profesores, que les abrieron las puertas. Se levantaron barricadas, se colgaron pancartas. Y cuando llegaron los primeros policías, empezaron a volar las primeras piedras. No serían las últimas. Cuando el sol salió un día después, los muros de Tizi Ouzou estaban llenos de carteles anunciando una huelga general. Había estallado la Primavera Bereber. En los siguientes treinta días, centenares de personas perderían la vida una vez el Gobierno de Argelia enviara al ejército.

«Durante mucho tiempo, los bereberes teníamos un poco de miedo de decir en público que lo éramos. Entonces perdimos el miedo y alzamos la voz», explicaba por correo electrónico Juba Arris Touabi, un aficionado del club que había acabado creando contenidos digitales para el equipo de sus amores, la Jeunesse Sportive Kabylie. O simplemente la JSK, el club argelino con más títulos de liga. «En los años ochenta, los partidos en el estadio del Jeunesse Sportive solían acabar con incidentes. Para los equipos visitantes era difícil ganar en Tizi Ouzou. Y para los policías encargados de la vigilancia en el estadio, esos noventa minutos podían ser un infierno», defiende el periodista Maher Mezahi. «Somos más que un club, como el Barça en Cataluña. Somos el club de los bereberes», presume Touabi. Para los cabileños, los habitantes bereberes de esta montañosa región siempre abandonada por las autoridades centrales, la JSK siempre ha sido algo más que un club. Pocos meses después de los fallecimientos de la Primavera Bereber, el equipo se proclamó campeón de África derrotando al Vita Club zaireño. «Nos negaban nuestros derechos, no teníamos trabajo, nos mataban. Y de repente, éramos los reyes de África en algo. Eso es la JSK», se emocionaba Touabi.

Ya antes de esa conferencia sobre poesía cancelada en 1980, el fútbol se había convertido en una de las banderas de los bereberes de Argelia. «Los bereberes se sentían marginados por el Gobierno central, veían cómo su lengua era menospreciada por las autoridades. No fue una casualidad que el estallido de la Primavera Bereber sucediese después de una conferencia sobre poesía. Tampoco fue una casualidad que algunas de las primeras manifestaciones de los bereberes fuesen en los partidos de fútbol de la Jeunesse Sportive», defiende Mezahi. Poetas y futbolistas. Dos mundos quizá alejados en las facultades de Europa, aunque muy cercanos en la Universidad de Tizi Ouzou. La poesía de los bereberes fue oral durante muchos siglos, una lengua sin registros escritos. «Y en los estadios se canta. Esta era una lengua viva, pese a todo», defiende Mezahi. La Jeunesse Sportive, como la poesía, podía ser una distracción para la gente o la chispa de una rebelión. Todo formaba parte de una misma idea: reivindicar la identidad bereber.

El pueblo bereber se extiende por todo el norte de África, desde los oasis de Egipto hasta los montes del Atlas en Marruecos. Del desierto del Sahara a la costa mediterránea. En Argelia, el treinta por ciento de la población es bereber, concentrados especialmente en la montañosa región de la Cabilia. Para un pueblo que se siente despreciado por el Gobierno, cada título de liga de la JSK no dejaba de ser una pequeña venganza. Una forma de alzar la voz en una lengua, la bereber, que no fue reconocida como oficial hasta el año 2002. Ese año, los directivos del club incluso añadieron a su escudo letras en el alfabeto de los bereberes, el tifinag. «Las palabras, los alfabetos, las lenguas... Todo tiene su simbolismo. Los bereberes quieren decidir cómo se llaman, cómo hablan, cómo escriben. Es un acto de dignidad», razonaba Juba Arris Touabi. Los bereberes se llaman a sí mismos «amazigh», los 'hombres libres', pues la palabra *bereber* deriva del griego 'bárbaros'. Los bereberes habitaban esta zona ya antes de la llegada de los árabes al norte de África. «Aunque siempre han mandado otros y ha sido un pueblo resistente, a los árabes, turcos, franceses...», explica Mezahi. Este pueblo empezó a organizarse en la segunda mitad del siglo xx, defendiendo su identidad, recuperando el alfabeto tifinag, estudiando documentos de más de veinte siglos de antigüedad. Una nueva generación de intelectuales bereberes, como Mouloud Mammaeri, reivindicaba escribir, vivir y amar en su lengua. Los hombres libres recuperaron su alfabeto y su calendario, diferente tanto al europeo como al árabe. Y crearon su bandera y sus partidos políticos, desde Marruecos a Egipto, reivindicando en ocasiones la independencia para crear un estado amazigh. Y en el fútbol encontraron sus espacios de libertad. «Zidane y Benzema vienen de familias bereberes», me contó una vez Ibrahim Afellay, futbolista neerlandés hijo de bereberes, que lució la bandera amazigh en la celebración de un título del Barça. Cuando el Hassania Agadir, club de una zona de Marruecos de mayoría bereber, inauguró su estadio, invitó a la JSK. Las dos hinchadas cantaron unidas con banderas amazigh. «Somos el mismo pueblo», resonó en las gradas.

La JSK ya arrastraba una fuerte carga simbólica cuando las autoridades no permitieron a Mammaeri acudir a la universidad, argumentado que existía «riesgo de disturbios públicos». En vez de defender el nombre de su ciudad, el club había optado por usar el nombre de toda la región de la Cabilia. Antes de la Segunda Guerra Mundial ya habían existido clubes bereberes en Tizi Ouzou que se enfrentaban a los equipos de los franceses de la ciudad. Eran años en que los bereberes y los árabes, unidos, luchaban contra el yugo francés. Aunque no fue hasta los años cuarenta cuando se formalizó el nacimiento de la JSK como tal. Y fue, cómo no, en un café, el corazón de la vida social en las ciudades del norte de África. Se cuenta que existieron discusiones sobre el nombre que debía adoptar el club, entre estudiantes socialistas que querían bautizarlo como «Juventud Revolucionaria», y otros muy religiosos que optaban por «Juventud Musulmana». Al final, se encontró un nombre que fuese un punto de encuentro para todos. Y así empezó la aventura de la JSK.

Con la independencia de Argelia, el equipo llegó a la nueva primera división justo en esos años en que crecía entre los bereberes la sensación de frustración, pues habían luchado contra los franceses por la independencia de Argelia al lado de los árabes. Ahora sentían que pasaban a ser considerados ciudadanos de segunda en el nuevo Estado. Y así llegó la final de la Copa de Argelia del año 1977, cuando el presidente argelino Houari Boumédiène llegó al estadio 5 de julio de Argel para presenciar el partido. Se enfrentaba un club capitalino, el NA Hussein Dey, contra la JSK. Era la primera final de Copa para el club de Tizi Ouzou, y los jugadores llegaron acompañados por millares de hinchas. Cuando Boumédiène asomó la cabeza en el palco, la mitad del estadio lo abucheó. Mientras en el terreno de juego la JSK alcanzaba la gloria ganando su primera Copa por 2 - 1, en las gradas, los cánticos de apoyo a los deportistas se mezclaban con los insultos a Boumédiène. «¡Abajo con la dictadura, poder asesino!», cantaban en francés. «La lengua bereber sobrevivirá», añadían en lengua bereber. De forma significativa, los cánticos no eran en árabe. Boumédiène aguantó el chaparrón sin mover una ceja, apretando los puños lleno de rabia.

La final de Copa del año 1977 fue la primera vez que los bereberes alzaron la voz en público. Aunque tenía sangre árabe, armenia y judía, Boumédiène había impulsado una política lingüística etnocentrista que no protegía la pluralidad cultural argelina. Más bien todo lo contrario. Después de ciento treinta y dos años colonizados por los franceses, Argelia se había independizado en 1962, al final de una larga guerra cruel donde los civiles fueron objetivo militar de los dos bandos. Boumédiène, uno de los héroes del Frente de Liberación Nacional durante el conflicto, lideró un golpe de Estado en 1965 contra su antiguo compañero de armas, Ahmed Ben Bella. Y una de sus obsesiones fue priorizar la lengua árabe, marginada durante los años de dominio francés. Su decisión por arabizar Argelia provocó la indignación de los bereberes, el treinta por ciento de la población del país. En la final de copa de 1977 empezaron a cantar. Ya no pararon. Muchos de los estudiantes que en 1980 se encerraron en la Universidad de Tizi Ouzou eran habituales del viejo estadio de la JSK. Un recinto deportivo pequeño, sin césped natural hasta finales de los años ochenta, convertido en una ratonera para los equipos visitantes, que debían adaptarse a jugar sobre un terreno duro con pedruscos, mientras que desde las gradas te gritaban de todo. Como el fútbol les permitía gritar contra el poder y la policía, cada vez más aficionados llenaban el recinto deportivo. Cada vez más empresarios locales ponían su dinero en la JSK, capaz de ganar dos veces la Champions de la CAF, primero en 1981 y después en 1990, tras una agónica tanda de penaltis contra el Nkana Red Devils de Zambia. Mientras en las calles se vivía un clima de represión insoportable, el estadio era un oasis de libertad. Los bereberes, marginados en la Constitución argelina, eran respetados en los estadios de toda África.

Y eso que entonces no podían competir con ese nombre. En 1974, Boumédiène había metido mano en el fútbol argelino, decretando una reforma destinada a ayudar a la profesionalización de los clubes, vinculándolos con grandes empresas estatales. La JSK compitió durante los años setenta con el nombre de una empresa del sector de la electrónica: Jamiat Sari' Kawkabi. Aunque en 1977, año en que ganó la Copa, modificó su nombre por Jeunesse Électronique de Tizi Ouzou. A los hinchas no les gustaba, pero las autoridades no querían un club paseando el nombre de la Cabilia por medio país, justo en esos años en que la región se había levantado en su particular Primavera. «Los hinchas del club sabemos que Boumédiène persiguió al club después de la final de 1977 y controló su nombre», defiende Juba Arris Touabi. Para recuperar el nombre de Juventud Deportiva de la Cabilia, o sea, JSK, la hinchada tuvo que esperar hasta el año 1989.

La Primavera Bereber no consiguió grandes cambios a nivel político, aunque sí modificó la forma de pensar de los bereberes. Perdieron el miedo, dejaron de sentir vergüenza cuando alguien les escuchaba hablando su lengua. De repente, los ancianos se negaban a declarar en árabe ante un juez, nacían organizaciones políticas y Mouloud Mammaeri, quien sería invitado al estadio de la JSK, respondió a un artículo publicado en el periódico oficial del régimen argumentado las razones del toque de queda impuesto en la Cabilia, escribiendo que «me hacéis el poeta de la cultura bereber y es cierto. Esta cultura es mía, también es tuya. Es uno de los componentes de la cultura argelina, como tal quiero, como deberías hacer conmigo, no solo mantenerla, sino desarrollarla». Su poema fue censurado, aunque millares de copias circularon de mano en mano por toda la región. «El fútbol desempeñó su papel, pues tener un club campeón reforzó la autoestima de la población de la Cabilia», aseguraba Arris Touabi. La Primavera Bereber duró cinco semanas. Centenares de personas fueron encarceladas. Se denunciaron torturas y violaciones. Desde entonces, cada 20 de abril se recuerda esa Primavera Bereber en la Cabilia.

Y en las preparaciones de esta fecha, en el año 2001, un estudiante detenido por la policía falleció estando bajo custodia policial. El incidente hizo estallar disturbios contra las fuerzas de seguridad, que se extendieron por toda la región. Hubo 123 manifestantes que perdieron la vida en la llamada Primavera Negra. Se registraron más de cinco mil heridos, aunque en esta ocasión, las manifestaciones sí consiguieron que la lengua bereber pasara a ser oficial y se enseñara en las escuelas. En Tizi Ouzou, el alfabeto tifinag se empezó a usar cada vez más. También en las pancartas de los hinchas de la JSK. Convertido en un club politizado, la JSK vio cómo nacían grupos de hinchas organizados, jóvenes que imitaban la estética de los ultras europeos y buscaban pelea con los aficionados de los equipos de Argel. En 2014, una derrota en casa contra el principal club de la capital, el USM Argel, acabó en tragedia. La hinchada de la JSK, indignada, lanzó piedras al terreno de juego. El estadio estaba en reformas, y los aficionados pudieron encontrar trozos de cemento que usaron como armas. Albert Ebossé, un delantero camerunés de la JSK, recibió el impacto de una de estas piedras y perdió la vida. La tragedia paralizó el fútbol argelino durante dos meses, con investigaciones que no aclararon quién era el culpable de la muerte de Ebossé. Una autopsia realizada en Camerún afirmó que había recibido muchos golpes, con acusaciones cruzadas entre la prensa de

Argel y la de Tizi Ouzou sobre si los responsables eran hinchas locales o policías. Como el club fue sancionado a jugar sin espectadores, en las calles de Tizi Ouzou se recuperó el viejo cántico de 1977, «*pouvoir assassin*». Nadie asumió jamás ningún tipo de responsabilidad por la muerte del futbolista, aunque la hinchada de la JSK lo tiene claro. «Lo mató el Estado», rezaba una pancarta el primer día que se permitió el retorno de espectadores al campo.

Ferhat Mehen, un cantante de Tizi Ouzou habitual del estadio, defendió públicamente que se trataba de una operación del Estado para desestabilizar la región y enviar más policías. «La Cabilia está estigmatizada sin razón. Es víctima de una conspiración en la que el poder argelino se beneficia de un amparo internacional increíble. La simultaneidad de ambos acontecimientos graves que usted cita lo prueba con facilidad —dijo cuando un turista francés fue decapitado pocos días después de la muerte de Ebossé—. Sin haber una relación aparente entre ellos, persigue de hecho un mismo objetivo: demonizar a la Cabilia a ojos de la opinión pública internacional para privarla de los apoyos que necesita para su independencia. No tiene responsabilidad alguna en los crímenes que los medios de comunicación tratan de hacer pasar como propios de esta región. Ebossé no murió por las piedras que arrojaron los espectadores, como se dijo. Si hubiera sido el caso, él hubiera caído en el terreno de juego. Ahora bien, él ya había llegado al túnel de vestuarios sin que le rozara el más mínimo proyectil. Así las cosas, una vez en los vestuarios, fue asesinado con un cuchillo, el 23 de agosto de 2014», defendió en un acto en París, donde se refugió.

En la Cabilia siempre han sentido que el Estado ha jugado sucio. En 1998, cuando Argelia vivía una guerra civil cruel contra grupos islamistas, el cantante bereber Matoub Lounés fue asesinado cerca de Tizi Ouzou. El Gobierno acusó a los islamistas, pues Lounés cantaba en lengua bereber sobre amor libre, sexo y beber alcohol. La Cabilia siempre ha tenido la fama de ser la zona menos religiosa de toda Argelia, pues muchos bereberes no acaban de sentir el islam como parte de su identidad, ya que ellos tenían otras creencias antes del nacimiento de Mahoma. «Somos gente libre», solía cantar Lounés. Los bereberes siempre han creído que no fue asesinado por islamistas, sino que fue el Estado quien, usando como excusa el conflicto civil que vivía Argelia, se quitó de encima una voz incómoda. Desde entonces, las canciones de Lounés siempre suenan en el estadio de la JSK. Y un mural con su rostro preside uno de los bares de los hinchas más pasionales del club. «Puedes callar a un cantante, puedes callar a un poeta. Pero no puedes callar sus canciones y sus poemas. No puedes callar a todo un estadio», sostiene Mehen.

1982

Al Ahed (Líbano)

El club de fútbol de Hizbulá

En 1982, el ejército de Israel cruzó la frontera del Líbano para invadir este país. Su objetivo era expulsar a los grupos armados palestinos que operaban allí, cosa que lograron. Aunque la invasión dejó millares de muertos y sumió más en el caos a un pequeño país complejo por su diversidad religiosa. Esa invasión provocó el nacimiento de Hizbulá, la organización islámica chií que, con el tiempo, aprendió a usar todo tipo de armas. Una de ellas, el fútbol.

El 27 de septiembre del año 2018, el primer ministro de Israel, Benjamín Netanyahu, pronunció un discurso ante la Asamblea de las Naciones Unidas donde denunció que el Gobierno del Líbano permitía que grupos armados construyesen misiles de precisión. Mostrando un mapa del sur de Beirut, marcó tres lugares donde los servicios de inteligencia de Israel habían detectado instalaciones destinadas a este uso. Una de ellas, muy cercana al aeropuerto internacional de la capital libanesa, estaba en el mismo complejo del estadio de fútbol del Al Ahed, uno de los clubes de la primera división local. El ministro de Asuntos Exteriores libanés, Gebral Bassil, organizó en menos de cuarenta y ocho horas una visita con periodistas extranjeros en los tres lugares denunciados. La prensa entró en el recinto deportivo, revisó unos edificios que servían de almacén y se marcharon. El Gobierno de Israel lo consideró un acto propagandístico de Hizbulá, afirmando que habían tenido tiempo para limpiar la zona de pruebas.

¿Cómo explicar Beirut? Es una gran contradicción. O quizá sería justo todo lo contrario. Precisamente por ser una ciudad de extremos opuestos, tiene sentido. Tiene sentido que sea un puerto en el extremo oriental del Mediterráneo, allí donde se juntan las culturas. Una ciudad dividida entre cristianos y musulmanes, donde los cristianos están divididos entre sí. Y los musulmanes también. Una gran maraña de cables eléctricos que cuelgan de edificios elegantes, recordando el esplendor del siglo XIX, conectando con construcciones modernas. La ciudad donde las mujeres con burka se cruzan con otras en bikini. El puerto de donde han emigrado generaciones de árabes, mientras otros llegaban como refugiados de Palestina o, recientemente, Siria. La capital de un país que ha sufrido años de guerra. Y donde un derbi de fútbol puede desatar más pasiones que las elecciones, pues muchos jóvenes ya no creen en sus políticos.

Mientras algunos muchachos sueñan con emigrar a Estados Unidos, otros se apuntan a movimientos radicales donde encuentran cobijo, como Hizbulá, una asociación que nació en 1982, cuando las tropas de Israel invadieron el Líbano con la idea de expulsar a los grupos armados palestinos que operaban al otro lado de la frontera. Millares de palestinos habían escapado al Líbano en 1948, después de perder esa guerra en la cual Israel ganó en el campo de batalla su derecho a existir. Durante los años setenta, la Organización para la Liberación de Palestina, la OLP de Yaser Arafat, creó una infraestructura de campos de entrenamiento para palestinos en tierras libanesas. Así que Israel bombardeaba y atacaba de forma puntual un país que, en su momento, había tenido la fama de ser un lugar idílico donde convivían comunidades de diferentes orígenes. Este pequeño rincón del Mediterráneo era una sociedad multiconfesional, con musulmanes suníes y cristianos viviendo en las ciudades de la costa como Beirut, mientras que los chiíes eran mayoría en el sur, y los drusos, una religión monoteísta diferente, tenían sus pueblos en las montañas. Un mosaico cultural que fue parte del Imperio colonial francés durante algunas décadas, al que se debía sumar la importante comunidad armenia, que había llegado escapando del genocidio cometido por los turcos durante la Primera Guerra Mundial. Y fueron precisamente los franceses y los armenios los primeros que jugaron al fútbol en Beirut, cuando la ciudad tenía fama de ser la París del Este. Fama que no duró siempre. En los años setenta, ya era uno de los destinos más peligrosos para los corresponsales de guerra de medio planeta.

Con la llegada de refugiados palestinos y la inestabilidad de la zona, estalló la guerra civil entre las diferentes comunidades. Fue un conflicto cruel y extraño, pues mientras en algunos barrios de Beirut las familias acaudaladas aún bebían copas en terrazas elegantes, a pocos minutos en coche se combatía con armas pesadas. Cuando las tropas de Israel ocuparon Beirut en 1982, tomaron partida en la guerra civil local, permitiendo la entrada de milicias cristiano-falangistas libanesas a la zona oeste de la ciudad, donde se encontraban dos campos de refugiados palestinos. El 16 de septiembre, estas milicias ejecutaron unos tres mil quinientos refugiados palestinos en los campos de Sabra y Chatila, mientras las tropas de Israel miraban hacia otro lado. Las fuerzas israelíes ocuparían Beirut hasta julio de 1983, cuando se retiraron a una línea defensiva al sur, en el río Awali, cansadas de perder soldados en ese avispero que era el Líbano, un país lleno de milicias que se atacaban o se unían en función de los intereses. Uno de estos grupos armados era Hizbulá, creado dentro de la comunidad chií, la más numerosa del sur del Líbano. Con el apoyo del Gobierno de Irán, Hizbulá salió reforzado de ese conflicto. Y, desde entonces, solamente pronunciar su nombre se ha convertido en un asunto espinoso para la comunidad internacional. Para algunos es un partido político y, para otros, una organización terrorista. Hizbulá ha crecido tanto, que se ha convertido en uno de los grandes actores de la vida política libanesa, aterrizando también en el mundo del fútbol. Para sumar apoyos, Hizbulá se asentó en el corazón de las comunidades chiís. Crearon centros de educación, asociaciones culturales y movimientos juveniles donde reclutaban jóvenes que sentían no tener futuro en un Estado con una alta tasa de paro. Y en 1990, dentro de su política de expansión, entraron en la directiva del Al Ahed Sport Club.

El Al Ahed se había fundado en 1964 en los barrios del sur de la ciudad, donde llegaban a vivir miembros de la comunidad chií del Líbano. Entonces no era más que un equipo de tercera división con otro nombre, Al Huda Islamic Club, que se vio obligado a detener su actividad con la invasión de Israel en 1982. Si algunos barrios de Beirut eran zonas pobladas por vecinos liberales que, en ocasiones, no seguían demasiado los dictados de sus religiones, los barrios del sur estaban llenos de clérigos que pedían a sus fieles respetar los preceptos del islam. El club ya tenía sus raíces en una comunidad conservadora chií, aunque el paso adelante no llegaría hasta 1990, cuando los responsables de Hizbulá decidieron controlar el club y le cambiaron el nombre a Al Ahed, 'el pacto' en árabe, pues querían un nombre con referencias coránicas. En 1992 llegó como presidente Abdo Saad, militante de Hizbulá, con quien el Al Ahed ascendió a segunda. En 1996, ya con otro presidente, Amin Sherri, se plantó por primera vez a la élite de fútbol libanés. La progresión ha sido imparable, pues el Al Ahed ha ganado siete ligas, seis Copas del Líbano, ocho Supercopas, cinco Elite Cup y la Copa AFC en 2019. En la actualidad, ya es uno de los equipos libaneses que suma más títulos en sus vitrinas, trofeos que exhibe en ese estadio que, según Israel, esconde armas.

Un estadio moderno que recibió el certificado de la FIFA, para poder convertirse en sede de partidos oficiales a nivel internacional. Es más, el club recibió una ayuda económica de la FIFA para poder construir este recinto deportivo, del que se encargó una empresa italiana. Con una marca de ropa deportiva suiza como patrocinador, 14Fourteen, el Al Ahed parece un equipo profesional más en muchas cosas, aunque su relación con Hizbulá lo altera todo. Especialmente la relación con los equipos que solían dominar el fútbol libanés antes de su irrupción en primera. Beirut tiene, desde los años cincuenta, uno de los derbis más calientes del fútbol asiático, el Ansar-Nejmeh. El Ansar, fundado en los años cincuenta, sigue siendo el club con más títulos. Relacionado con la comunidad suní del país, este club siempre tuvo como benefactor a quien fue presidente libanés, Rafic Hariri. Hijo de una familia suní humilde, Hariri levantó un imperio económico en el sector de la construcción cuando se marchó a trabajar a Arabia Saudita. A su regreso a Beirut tenía tanto dinero que se convirtió en una figura clave para conseguir pactar unos acuerdos de paz que pusieron punto y final a la guerra civil. Mientras lo acusaban de corrupción, se gastaba millones para reconstruir una ciudad destruida. Como presidente, intentaba hacer equilibrios en un pequeño país donde todo el mundo tenía espías. Al ser suní, su relación con Hizbulá no era buena. Si Hizbulá tenía el apoyo de la vecina Siria e Irán, Hariri tenía el saudita. En 2005 sería asesinado con un coche bomba. Cuatro miembros de Hizbulá fueron acusados del crimen, aunque esta organización acusó al Gobierno de Israel. Por supuesto, la muerte de Hariri provocó mucha tensión cuando el Ansar, el club controlado por su familia y sus seguidores, se enfrentaba al Al Ahed. La relación tampoco sería buena con el Nejmeh, el club con más hinchas que presume de representar a todo el Líbano y que une en la grada a suníes, chíis, cristianos católicos, maronitas o drusos. En 2009, el entrenador del Nejmeh acusó a Hizbulá de pagar a los jugadores chíes de otros clubes para conseguir sus resultados. «Cuando juegan contra nosotros, se dejan el alma. Cuando juegan contra el Al Ahed, no corren», dijo indignado delante de la prensa Emile Rustom, quien entonces también ejercía de seleccionador nacional. Ese año, el Nejmeh ganó la liga y los jugadores del Al Ahed fueron agredidos por la hinchada del campeón. Unos años más tarde, en 2016, el Nejmeh se negó a jugar en el estadio del Al Ahed y afirmó que, cuando lo visitaban, los jugadores era intimidados por los militantes de Hizbulá. Como la Federación no modificó la sede del partido, el Al Ahed lo ganó sin jugar por 3-0.

En un país tan complejo, el fútbol se ha convertido en un terreno fértil para teorías de la conspiración. Si el Ansar representa a los seguidores de Hariri, el Nejmeh al nacionalismo laico y el Al Ahed a Hizbulá, otros clubes tienen su significado, como el Safa para los drusos y el Sagesse para los cristianos maronitas. Durante años, cada jornada de fútbol era un pequeño resumen de la guerra civil del país. Durante muchos años, la violencia no permitía finalizar una liga que, en las últimas temporadas, ha estado dominada por el Al Ahed. Ningún club ha ganado tantos títulos en la última década como ellos, éxitos que el líder de Hizbulá, Hassan Nasrallah, usa para potenciar el culto a su figura. Nasrallah se deja fotografiar con los deportistas, con las copas ganadas, y utiliza la equipación del club para hacer deporte. Cuando en el año 2019 el Al Ahed se convirtió en el primer club libanés en ganar la Copa AFC, la segunda competición internacional de Asia, al derrotar por 1-0 al 25 de abril, un club de Corea del Norte, el presidente del club, Tamim Suleiman, ofreció el trofeo en persona a Nasrallah cuando volvieron a Beirut. En la recepción, una de las personas más satisfechas era Daniel Giménez, un entrenador de Barcelona que había llegado al Líbano para trabajar en un club modesto, pues se encontraba sin empleo y quería llenar su currículum. Giménez llegó sin saber árabe o francés, aunque su pasión por el fútbol le permitió ser fichado por el Al Ahed como miembro del cuerpo técnico. Sus informes sobre los rivales le sirvieron para ser una de las piezas clave en el éxito en la Copa AFC. «Es cierto que el club tiene vínculos con Hizbulá. Vestimos los mismos colores que la organización, y los títulos se celebran en honor a los altos rangos de la organización. Algunos directivos del club pertenecen a Hizbulá, sin que nadie lo oculte», admite, antes de puntualizar que «aquí la organización no tiene la misma fama que en el extranjero. Para parte de la sociedad, Hizbulá ha sido clave para impedir el avance de Israel sobre territorio libanés. Sin ese esfuerzo, la gente explica que Israel no habría abandonado los territorios libaneses que ocupaba en 2006. Por tanto, yo no te podría decir si es o no es una organización terrorista», añade.

Para evitar represalias, ya que Hizbulá ha sido considerado como organización terrorista por muchos países, entre ellos Estados Unidos, la organización no entrega dinero al Al Ahed. Suleiman, el presidente, ha admitido en ocasiones que él mismo milita en Hizbulá, aunque eso no quiere decir que el dinero provenga de ellos. «Como compartimos intereses, Hizbulá puede ayudar a buscar algún patrocinador, por ejemplo, aunque funcionamos como cualquier otra entidad deportiva», afirmó en una entrevista al periódico británico *The Guardian*. Pese a ello, la bandera amarilla de Hizbulá preside el despacho de Suleiman, quien también tiene fotografías de Nasrallah y del ayatolá Jomeini, el padre de la revolución islámica de Irán de 1979. Uno de esos patrocinadores de los que hablaba Suleiman fue Al Manar, el canal de televisión creado por Hizbulá, cuyo logo apareció en las camisetas de los futbolistas del club durante muchos años.

Cuando estalló la guerra civil en la vecina siria, las redes sociales se llenaron de fotos de vehículos blindados de Hizbulá que participaron en el conflicto para apoyar al régimen de al Asad, marchando al frente con una bandera del equipo del Al Ahed en el techo. En el canal Al Manar aparecían entrevistas con soldados que luchaban en ciudades como Alepo y explicaban que seguían los partidos de liga del Al Ahed, enviando mensajes de ánimo a sus jugadores. En este conflicto, falleció en 2016 el miembro de Hizbulá Qassem Samaheh, que a los diecinueve años decidió abandonar su carrera como futbolista para morir como mártir en la guerra. Samaheh había llegado a debutar en la selección juvenil libanesa y en primera con el Al Ahed, aunque prefirió seguir otro camino. Con el paso de los años, su tumba se ha convertido en un lugar de peregrinaje para los hinchas del club, que dejan flores amarillas antes de partidos importantes, rezando por la victoria de los suyos. La tumba, presidida por una fotografía de Samaheh durante la guerra con un rifle en mano, fue visitada por el capitán del equipo después de ganar la Copa AFC, dejando una ofrenda al *shahid*, el 'mártir' del club. En la guerra de Siria perdería la vida otro futbolista del club, Sayyid Karim, en un accidente mientras recibía instrucción militar en 2018.

El rostro de Samaheh suele presidir los partidos del Al Ahed. Pese a ser el gran dominador de la escena futbolística libanesa, la media de asistencia de aficionados a su moderno estadio es inferior a la de sus grandes rivales, que siguen arrastrando más aficionados que el club de Hizbulá. Curiosamente, el famoso estadio que los servicios secretos de Israel vigilan con esmero se encuentra justo al lado del aeropuerto, que fue bautizado con el nombre de Rafic Hariri, el presidente supuestamente asesinado por Hizbulá. En Beirut, las historias se cruzan, conviven, se mezclan.

1984

América de Cali (Colombia)

Dinero manchado para intentar
fichar a Maradona

Colombia, una tierra que ya había vivido años de violencia entre liberales y conservadores, sufrió el infierno de un nuevo tipo de violencia cuando los grandes cárteles de la droga le declararon la guerra al Estado. Infiltrados en todas las esferas de poder, aspiraron a controlarlo todo, incluido, cómo no, el fútbol.

La noche del 30 de abril de 1984, el ministro de Justicia colombiano Rodrigo Lara Bonilla finalizaba una maratoniana jornada de trabajo. Mientras cruzaba la calle 127, al norte de Bogotá, una motocicleta se paró al lado de su Mercedes W123 y acabó con su vida con una ráfaga de metralleta. El asesino era Iván Darío Guisado, un criminal a sueldo del cartel de Medellín de Pablo Escobar. Solo unos meses antes, Lara Bonilla había declarado públicamente que los cárteles que controlaban el tráfico de drogas se habían infiltrado en el fútbol colombiano y usaban los clubes para blanquear dinero negro. El ministro nunca pudo terminar la investigación, pues esas balas se lo impidieron. Escobar había jurado acabar con Lara Bonilla ya antes de que fuera ministro, en sus tiempos como alcalde de Medellín.

Más de treinta años después de ese asesinato, las flores no suelen faltar en la esquina donde Lara Bonilla fue abatido. La calle 127 lleva ahora su nombre. Aunque Lara Bonilla no descansa en paz. Sus restos fueron desenterrados en 2016, pues seguía abierta una investigación para determinar si algunos de los escoltas que tenía el ministro también estaban a sueldo de Escobar y habían participado en el asesinato. Muchos creen que Guisado no fue el único que disparó esa noche. «Ese es uno de los problemas que tenemos en Colombia, saber hasta dónde llegó el dinero de la droga. Saber quién se vendió, a quién controlaron, pues el poder que llegaron a tener fue tal, que dudamos de todo», reflexiona Martha Sota, periodista especializada en el tema que acabó plasmando años de trabajo en un documentado libro titulado *Los goles de la cocaína.* Soto nunca fue muy amante del fútbol, aunque acabó aprendiendo de memoria los nombres de futbolistas, torneos y clubes cuando estos aparecieron en las investigaciones policiales contra los cárteles. Cuando la entrevisté, acababa de sacar un trabajo sobre si el dinero pagado por James Rodríguez cuando este dejó el Envigado, un club del sur de Medellín, se usó para pagar a abogados relacionados con la droga.

Todos los grandes clubes de Colombia quedaron manchados por la droga. En Medellín, en la famosa comuna 13, ese barrio donde grupos armados de extrema izquierda, cárteles de la droga y miembros del ejército usaban armas pesadas para enfrentarse hasta hace poco, dos chicos discutían sobre si Escobar era hincha del Deportivo Independiente, del DIM o del Atlético Nacional. Sus secuaces han contado cómo celebraba los goles del DIM mientras se ocultaba de la policía. Los futbolistas más famosos de la selección jugaban partidos con él en la cárcel de máxima seguridad donde siguió mandando durante años. Y su dinero llegó de alguna forma a los dos clubes grandes de la ciudad. Aunque el equipo que quedó más vinculado a él esos años fue el América de Cali. Hasta en tres ocasiones perdieron la final de la Libertadores, quedando a un paso de ser el primer club colombiano campeón del torneo, con una plantilla llena de futbolistas de primer nivel con sueldos tan altos que los jugadores sospechaban de dónde venían, aunque miraban hacia otro lado. En 1985, 1986 y 1987 el América se quedó a un paso de la gloria en la Libertadores. Y, cosas de la vida, fue el Atlético Nacional de Medellín quien sí consiguió el título poco después, en 1989. «Sí, también con el dinero de narcos detrás», defiende Soto.

Cali, famosa por ser la capital colombiana de la salsa, es la gran ciudad del sur de Colombia. Durante siglos, toda ruta terrestre entre México y el Perú pasaba por esta ciudad orgullosa, que creció de forma desordenada en los años sesenta y setenta, con la llegada de familias campesinas buscando nuevas oportunidades. Una de ellas eran los Rodríguez Orejuela, procedentes de la zona de Tolima. Sus dos hijos, en vez de seguir los consejos del padre, un pintor autodidacta amante del arte, se juntaron con amistades peligrosas, y ya en los años setenta descubrieron que la posición de Cali, no muy lejos de la frontera peruana, era ideal para sacar tajada con el contrabando. Si los primeros negocios fueron con mercancías escondidas para no pagar impuestos, como televisores o ropa, poco a poco entraron en el mundo de la droga. La cocaína producida en Bolivia o el Perú debía subir hacia el norte, rumbo a Estados Unidos. Y gente como Gilberto y Miguel Rodríguez Orejuela entendieron que era una oportunidad de oro. Se trataba de conseguir la cocaína y llevarla directamente hasta Estados Unidos sin más intermediarios, para controlar las rutas y obtener más beneficios. Rápidamente encontraron socios en Pacho Herrera, un blanqueador de dinero que vivía en Nueva York. Aunque claro, ellos no eran los únicos con la misma idea. Durante los años ochenta, el grupo de Cali trabajó en la misma dirección que otros cárteles, como el grupo de Pablo Escobar de Medellín, o Gonzalo Rodríguez Gacha y Jorge Luis Ochoa Vásquez. Aliados en su guerra contra el Gobierno, con el tiempo se pelearían entre ellos. Y cuando Escobar fue asesinado por la policía, el grupo de Cali llegó a controlar el ochenta por ciento de la droga que entraba y salía de Colombia.

Ya en 1977, los hermanos Rodríguez Orejuela intentaron comprar las acciones del Deportivo Cali para lavar el dinero de las rutas del tráfico de cocaína que tenían hacia Estados Unidos. «Este club tenía una política en contra de los accionistas mayoritarios. O sea, querían ser siempre diferentes accionistas minoritarios. Además, los hermanos ya tenían mala fama, así que esa operación no salió», explica Soto. Así que Gilberto Rodríguez, el hermano mayor, decidió fijar su mirada en el otro club de la ciudad, el América, que entonces no había ganado nunca un título importante. En 1977, el doctor Pepino Sangiovanni, presidente del club, donó acciones del club a tres medios de comunicación locales en un intento de sumar hinchas. Uno de los medios era el Grupo Radial Colombiano, propiedad de Miguel Rodríguez Orejuela. Así entraron los hermanos al club. En pocos meses, ya tenían más cargos y ponían su dinero para fichar jugadores, aunque no serían accionistas mayoritarios cuando Sangiovanni se retiró de la presidencia. Entonces, los hermanos pusieron de presidente a un títere, Juan José Bellini. «Ya en los setenta, empresarios relacionados con el tráfico de marihuana habían controlado el Unión Magdalena de Santa Marta. No era una novedad que unos delincuentes usasen el deporte para blanquear dinero y, de paso, limpiar su imagen. Crear un club ganador te convertía en una figura amable para la población», recuerda Soto. Rumbo al estadio Campín de Bogotá para ver un partido entre el Independiente Santa Fe y el Atlético Nacional de Medellín, el periodista Carlos Alemán me contaba que, durante años, las hinchadas sabían quiénes eran los responsables del éxito de sus clubes, si bien preferían simular que no veían nada. «Duele cuando las grandes páginas doradas de tu fútbol están manchadas. Nadie puede dudar del nivel de nuestros jugadores en 1990 o en 1994, aunque luego descubres cómo estos mismos futbolistas jugaban en las casas de los jefes de los carteles y se derrumba todo». Fueron años muy duros. Si Escobar decía que quería jugar una pachanga contigo, «¿tendrías el valor de decir que no?», debatíamos. Cuando Colombia goleó por 0-5 a Argentina en 1993, la fiesta posterior al partido la pagó Justo Pastor Perafán, del cartel de Bogotá. Y el cartel de Cali se encargó de que les llegara a los futbolistas una recompensa. Los mejores años del fútbol colombiano también fueron los peores. Todo mezclado.

El dinero de la droga permitió que en el Valle del Cauca, donde se encuentra Cali, soñaran con derrotar a los mejores equipos brasileños o argentinos. Los hermanos Rodríguez Orejuela empezaron a fichar jugadores extranjeros de primer nivel, como los peruanos César Cueto y Guillermo la Rosa, los paraguayos Juan Manuel Bataglia y Gerardo González Aquino, o los argentinos Roque Raúl Alfaro, Ricardo Gareca y el portero Julio César Falcioni. «Conformó un equipo casi invencible que se paseó por todos los estadios de Colombia no solamente con sus grandes jugadores, sino con el dinero que producía el narcotráfico, el cual también influyó en ciertos resultados cuando empezaron a pagarles a los árbitros para que favorecieran al equipo», admitía Fernando Rodríguez Mondragón, hijo de Gilberto. El América llegó a tener en una temporada más de cincuenta jugadores. Muchos sin licencia para jugar, aunque su fichaje había servido para limpiar dinero. Futbolistas que entrenaban sabiendo que no jugarían, pero tenían un sueldo garantizado. En ocasiones, disputaban partidos en barrios pobres para dar la imagen de que los directivos del cartel cuidaban de la gente pobre. De esas zonas era de donde sacaban a sus sicarios. «Con ellos en el poder, los gastos del club se incrementaron un noventa y siete por ciento, aunque en los libros de cuentas, la mayor parte de operaciones no aparecían. Se fichaba y vendía a un ritmo muy alto para blanquear», sostiene Soto.

En 1979, aprovechando que el Argentinos Juniors había sido invitado a participar en un torneo amistoso por el Deportivo Cali, Miguel Rodríguez Orejuela convidó al mejor futbolista del equipo argentino, Diego Armando Maradona, a comer en su casa del barrio Ciudad Jardín. Maradona ya era mediático entonces, y los Rodríguez Orejuela le propusieron un sueldo astronómico si aceptaba jugar seis meses en el América. Ofrecieron pagar al contado, en el momento. Y según explicaría el hijo de Gilberto, Maradona aceptó. Pero unas horas más tarde, el representante del futbolista, Jorge Cyterszpiler, rompió el acuerdo verbal, pues priorizaba el paso al Boca Juniors. Según Fernando Rodríguez Mondragón, su padre se mantendría en contacto toda la vida con Maradona. Este le mandaba camisetas y, de vuelta, el jugador recibía relojes de oro.

La compra de árbitros se volvió habitual en el fútbol colombiano de esa época. Hernán Velasco, hombre de confianza de los hermanos Rodríguez Orejuela, creó un sistema que le permitía saber con antelación quién sería el colegiado de sus partidos. Y se encargaba de hacer llegar mensajes a los árbitros antes del encuentro, mezclando el soborno con las amenazas. En 1989, el colegiado Álvaro Ortego fue asesinado por un sicario después de dirigir una victoria del América de Cali sobre el DIM por 3-2. Pablo Escobar ordenó su muerte, convencido de que había cobrado del cartel de Cali. La liga, por supuesto, se suspendió esa temporada. El América ganó ocho ligas en quince años, aunque jamás pudo hacer suya la Libertadores. Y eso pese a que también llegó a comprar árbitros en partidos internacionales, hasta el punto de que, entre sus presiones y las de Escobar, de 1989 a 1992 los equipos colombianos no pudieron jugar en casa como locales, por miedo a represalias contra los árbitros.

Fernando Rodríguez Mondragón incluso llegó a explicar que fue el cartel de Cali quien prestó el dinero al Gobierno argentino para comprar a los futbolistas peruanos en el partido del Mundial de 1978, en que Argentina goleó a Perú, resultado que necesitaban para superar en la clasificación a Brasil y ser finalistas del Mundial. Pese a que está documentado que los hermanos estuvieron viendo partidos del Mundial en Buenos Aires por esas fechas, ningún otro testimonio ha dado veracidad a este pacto entre el cartel y la dictadura militar argentina. La relación entre el mundo de la droga y el fútbol era tan evidente que en 1981 una avioneta sobrevoló el estadio Pascual Guerrero de Cali lanzando panfletos en los que se anunciaba la creación del grupo Muerte a Secuestradores. Como una de las hermanas de los jefes del cartel había sido secuestrada por un grupo armado de extrema izquierda, el cartel de Cali creó este grupo, uno de los primeros núcleos paramilitares. Colombia seguía caminando hacia el abismo, con el estado incapaz de evitar que esos grupos armados hasta los dientes impusiesen su ley. Cuando Rodrigo Lara Bonilla denunció en rueda de prensa en 1983 que el Atlético Nacional, el Millonarios, el Santa Fe, el Deportivo Independiente Medellín, el Deportivo Pereira y, por supuesto, el América, estaban controlados por el narcotráfico, recibió poco apoyo. Lara Bonilla sería asesinado por Escobar. Y cuando este acabó muerto en 1993 en un tejado, mientras intentaba escapar de las fuerzas de seguridad del Estado, el cartel de Cali se sintió más poderoso que nunca.

En 1994, Ernesto Samper Pizano llegó a la presidencia de Colombia entre acusaciones de que su campaña había sido financiada por el cartel de Cali. La presión internacional sobre Samper, especialmente de Estados Unidos, provocó que este, poco a poco, empezara a perseguir a los principales narcotraficantes. En 1995, Miguel Rodríguez escapó por los pelos de la policía, aunque perdió por el camino un maletín con dinero para pagar a diferentes personajes, entre ellos, Bellini, presidente de club. El cerco se estrechaba y, antes de fin de año, los dos hermanos fueron finalmente detenidos. En 1996, la Oficina de Control de Bienes Extranjeros del Departamento del Tesoro de Estados Unidos creó la llamada lista Clinton, con empresas y nombres vinculados a los negocios ilícitos. El América de Cali era uno de los que figuraba en ella. «O sea, no podían tener negocios a nivel internacional, se controlaban sus cuentas bancarias... Era el principio del fin para ellos. El club de fútbol que más había ganado en los quince años anteriores de repente era una organización criminal según Estados Unidos», recuerda Alemán. «El equipo estaba tan enlodado que hasta su gerente, Carlos Puente, y la revista oficial del club acabaron en la lista Clinton. El club fue catalogado como parte del entramado de blanqueo de dinero, según las investigaciones de la DEA realizadas entre 1994 y 1996», añade Soto. Pese a ello, los hermanos no se rendían, y dejaron el América en manos de su hermana Amparo Rodríguez del Gil, intentando fingir que se habían desvinculado. Gracias a estas artimañas, Juan Miguel Rodríguez Arbelárez, hijo de Miguel, siguió mandando en el club hasta 2008, cuando incluso ganaron una liga y él mismo negociaba fichajes sin avisar a sus entrenadores.

Sin embargo, la presión por limpiar el América fue más fuerte. A partir del año 2000, la mayor parte de patrocinadores rompió sus acuerdos con el club. Al final, las deudas ahogaron al América, que bajó a segunda y sufrió una bancarrota en 2012, cuando se refundó como empresa, aunque no consiguió salir de la lista Clinton hasta el año 2016. Fue gracias al apoyo del Ayuntamiento de Cali, puesto que resolvió que la nueva directiva no tenía nada que ver con el narcotráfico. Los hermanos Rodríguez Orejuela fueron extraditados a Estados Unidos. Y allí siguen, en la cárcel.

1988

FK Qarabag (Azerbaiyán)

El retorno triunfal a un estadio bombardeado

Stalin decidió que una región de mayoría armenia, el Alto Ka-
rabag, pasara a ser parte del Azerbaiyán soviético. El típico di-
vide y vencerás para controlar mejor a dos pueblos enfrentados.
En 1988, los armenios de Karabaj exigieron que la región fuera
trasladada a la Armenia soviética. Desde entonces, se han vivido
diversas guerras. En una, la ciudad de Agdam pasó a manos ar-
menias, aunque, en 2020, los azerbaiyanos volvieron. Y, con ellos,
su club de fútbol.

El 28 de noviembre del año 2020, un moderno autobús llegó
a la ciudad de Agdam. De él bajaron deportistas con Iphones
de última generación, relojes caros y ropa de marca. Eran los
futbolistas del FK Qarabag, el club más exitoso de la liga de
Azerbaiyán. La última vez que unos jugadores del club habían estado en Agdam había sido el 23 de julio del año 1993,
cuando algunos formaban parte de las tropas azerbaiyanas que
intentaban parar el avance de las tropas armenias. No pudieron. Derrotadas, abandonaron las polvorientas calles de Agdam. Vestían ropa militar soviética gastada y se subieron en la
parte trasera de los vehículos que evacuaban a la población de
la ciudad.

Durante veintiocho años, Agdam ha sido una ciudad fantasma. Las tropas armenias la conquistaron ese julio de 1993,

aunque no tenían ningún tipo de interés en vivir en ella. La ciudad, ya lastimada por los bombardeos, fue saqueada. Los armenios convirtieron esta población de cuarenta y tres mil habitantes en una zona deshabitada de contención. Una tierra de nadie para separar sus territorios de los controlados por los azerbaiyanos, aunque durante años fue normal que algunos armenios visitaran las casas vacías de Agdam para saquear lo que fuera. Desde viejos enchufes hasta ladrillos. La mezquita de Agdam fue vandalizada. Y el viejo estadio de fútbol del Qarabag casi desapareció, escondido entre la maleza de una vegetación que creció en unas tribunas que acabaron por desplomarse. Agdam se convirtió en una ciudad fantasma con árboles dentro de viejos edificios sin techo. Un símbolo de un conflicto sin fin. Cuando los jugadores del Qarabag visitaron el viejo estadio de su club a finales del 2020, el presidente del equipo, Abdolbari Gozal, afirmó que ya tenía un plan para reconstruir el recinto y poder jugar partidos allí. En noviembre del año 2020, los azerbaiyanos volvieron a Agdam, después de más de dos décadas en las que el Qarabag se había convertido en un símbolo. Y también en un equipo de éxito.

Antes de las guerras, el Qarabag era un club pequeño. De esos que aparecen en viejas tablas estadísticas de almanaques soviéticos en las páginas destinadas a equipos regionales. Fundado en 1951 con el nombre de Mejsul ('cosecha'), pues esta era una zona llena de granjas colectivas, el Qarabag casi nunca dejó de ser un club de categoría regional en los tiempos soviéticos, más allá de un ascenso a segunda. Aunque cuando Azerbaiyán se independizó, en 1991, el Qarabag fue uno de los clubes elegidos para pasar a formar parte de la nueva primera división, pero no lo pudieron gozar demasiado. Ya entonces, en su ciudad se escuchaba el fuego de artillería de uno de esos conflictos que habían estallado mientras la estrella roja soviética se desplomaba. Cuando en medio mundo se admiraba la perestroika de Gorbachov, en el sur de la Unión Soviética, los armenios y los azerbaiyanos ya empuñaban las armas en la región del Nagorno-Karabaj, una zona dentro de Azerbaiyán de población mayoritariamente armenia. No era un conflicto nuevo, sino que se trataba de viejas batallas, con biblias y coranes recitados en el frente. El férreo control de Moscú solamente había mantenido la calma durante unas décadas. Y ahora que la Unión Soviética desaparecía de los mapas, las familias retomaron el conflicto donde lo habían dejado sus abuelos. Ya en las primeras dos décadas del siglo XX, armenios y azerbaiyanos habían protagonizado incidentes violentos en la zona, y la ciudad de Agdam fue el escenario de una cruel matanza de civiles armenios en 1905. En esos años, el Imperio ruso sufría para mantener el orden, y esos pueblos que no eran rusos luchaban por obtener un Estado. Es más, cuando el Imperio se rompió, las tres naciones del sur del Cáucaso, Georgia, Armenia y Azerbaiyán, proclamaron su independencia de Rusia y se organizaron en la República Democrática Federal de Transcaucasia en 1918. Ese Estado no duró ni tres meses, pues los tres pueblos tenían más diferencias que puntos en común, y peleaban por el control de muchas zonas. Armenios y azerbaiyanos empezaron una guerra que duró más de un año. En 1918, de nuevo, los armenios de Agdam fueron masacrados. Y en la ciudad de Stepanakert, como represalia, los armenios asesinaron a los azerbaiyanos. Los británicos acabaron poniendo paz en la zona hasta que llegaron los soviéticos. Sería un hijo del Cáucaso, el georgiano Stalin, quien decidió que la región del Alto Karabaj pasaría a ser una zona autónoma dentro de la república soviética de Azerbaiyán. A los armenios no les gustó. El Alto Karabaj es una zona montañosa a mitad de camino entre Armenia y Azerbaiyán, históricamente poblada por las dos comunidades, aunque los armenios eran mayoría.

En 1987, los fantasmas del pasado volvieron. Todos intuían que era cuestión de tiempo que estas repúblicas se convirtieran en Estados independientes. Y los armenios del Karabaj querían formar parte de un Estado armenio, no ser una minoría dentro de Azerbaiyán, tal y como habían decidido los gobernantes que habían trazado las fronteras desde Moscú. Ese año, dentro de la escalada nacionalista en las dos comunidades, los directivos del club de fútbol de Agdam modificaron el nombre del Mejsul, apostando por Qarabag. Si en la zona del Alto Karabaj los armenios eran mayoría, en esta ciudad, situada ya en la planicie que abre el camino hacia el mar Caspio, casi todos eran azerbaiyanos. Gente que no quería perder una tierra que consideraban suya legalmente, pues así se había decidido. En 1988, los armenios del Alto Karabaj organizaron un referéndum no reconocido por los azerbaiyanos donde votaron pasar a ser parte de Armenia. Y la violencia estalló. Cuando la Unión Soviética desapareció, en el Karabaj ya llevaban tres años de guerra entre armenios y azerbaiyanos, con el componente religioso que añadía gasolina al fuego: cristianos contra musulmanes. Y con el lastre del pasado. Los azerbaiyanos son un pueblo hermano del turco, y hablan casi la misma lengua. Y los armenios no podían olvidar el genocidio que habían sufrido a manos de los turcos durante los últimos años del Imperio otomano.

En 1993, con la guerra llegando a su fin, los armenios, en plena ofensiva victoriosa, conquistaron Agdam. La ciudad era la base del ejército azerbaiyano, desde donde se habían bombardeado poblaciones civiles. Así que la ocuparon mientras nacía la República de Artsaj, un Estado independiente *de facto* controlado por los armenios, aunque no reconocido a nivel internacional por nadie. Un vacío legal. Un agujero en el mapa político en los límites de Europa y Asia. De hecho, formaba parte de Azerbaiyán. Pero, en realidad, era un Estado que sobrevivía gracias al apoyo del Gobierno armenio y la presencia de los militares rusos, siempre atentos en la zona. Y, así, Agdam se convirtió en una ciudad fantasma. Cuando en el verano de 1993 la ciudad quedó despoblada, se marcharon también los directivos y futbolistas de un club que no había podido gozar de su nueva categoría, pues tenía cosas más importantes en la cabeza. Quien no huyó fue el entrenador, Allahverdi

Bagirov. Alistado en las milicias de autodefensa azerbaiyanas, murió cuando volvía del frente en Agdam y su vehículo pisó una mina. Su mujer vive en un piso de Bakú, convertida en la viuda de un héroe nacional. Cuando la prensa denunció que la mujer vivía con pocos recursos, en la pobreza, la directiva del Qarabag decidió ayudarla con una pensión. Pese a ser un club refugiado, el Qarabag se había convertido en un club rico.

En 1992 se había jugado la primera edición de la liga azerbaiyana. Cómo no, la ganó el Neftçi de Bakú, el gran equipo de Azerbaiyán. El único que había brillado en la liga soviética, con una tercera posición en 1966 y algunas semifinales de la Copa Soviética. Ese año, el Qarabag ya se vio obligado a jugar sus partidos en la vecina ciudad de Quzanli, pues Agdam estaba demasiado cerca del frente. En 1993 se jugó la segunda edición de la liga. Y la ganó el Qarabag. Una auténtica locura. El mismo año en que su ciudad era conquistada por los armenios, el club de Agdam ganaba la liga de Azerbaiyán con un nuevo entrenador, pues Bagirov prefirió defender con las armas los intereses de los suyos, perdiendo allí la vida. En 1993 el Qarabag dejó Quzanli, a donde volvería en algunas ocasiones para disputar partidos simbólicos en la ciudad más cercana a Agdam, convirtiendo Bakú en su nueva casa. Toda esta mística le ha dado al FK Qarabaq el estatus de club mártir, por el cual es muy querido en todo el país. El español Dani Quintana llegó muchos años después al equipo, sin saber demasiado de su historia. Allí la descubrió. «Algunos jugadores en nuestro equipo vienen de familias que perdieron sus casas y parientes. Ellos y todo el país nos recuerdan que no solo jugamos para nosotros, sino para toda una nación», me explicaría.

Con ese nombre y esa historia, el club se convirtió en un imán para los nacionalistas azerbaiyanos. Llevando a las gradas a refugiados de toda la zona, no solamente de Agdam, el equipo ganó una segunda liga en 1997. Y en 1999 se convirtió en el primer club del país en ganar una eliminatoria europea, en la Intertoto ante el Maccabi de Haifa. Siempre con el apoyo de la clase política de un Estado con pocas libertades democráticas, el Qarabag pudo dar un salto de calidad cuando entró en su accionariado la potente empresa Azersun, dominada por empresarios turco-azerbaiyanos.

Cada temporada, el Qarabag, convertido en el club más amado del país, llegaba más lejos. Hasta el punto de meterse en la Champions League en muchas ocasiones y conseguir buenos resultados contra clubes como el Atlético de Madrid. Bakú se convirtió en la nueva casa del Qarabag, que jugaba sus partidos en un modesto estadio con capacidad para seis mil espectadores. Aunque cuando llegaban los partidos de competiciones internacionales, el Qarabag se trasladaba al estadio Tofik Bakhrámov, recinto que lleva el nombre del juez de línea que dio por válido el gol del inglés Geoff Hurst en la prórroga de la final del Mundial de Inglaterra 1966 ante Alemania, pese a que el balón no entró. Allí han llegado a congregarse más de cincuenta mil espectadores, deseosos de ver los éxitos de un equipo convertido en embajador de Azerbaiyán, un país rico en recursos naturales gracias al petróleo y el gas que ha usado el deporte para vender su imagen en el extranjero, ya sea organizando carreras de F1, los Juegos Europeos o con los goles del Qarabag. Mientras en la zona de Artsaj existía una liga de fútbol *amateur* no reconocida, el club refugiado, el Qarabag, se permitía jugar la Champions pagando buenos sueldos a futbolistas extranjeros. Azerbaiyán usaba el deporte para ganar la guerra propagandística a sus vecinos, aunque las autoridades de Bakú se pegaron un tiro en el pie cuando le negaron la entrada a su país a la estrella del Manchester United Henrikh Mkhitaryan, pues este futbolista armenio había visitado la zona del Alto Karabaj. Y para el Gobierno de Bakú, eso constituye un delito. Durante años, el conflicto del Alto Karabaj se jugó en estadios, en espera del retorno de las armas. «Nuestro equipo es una de las víctimas directas del conflicto. Ya hace muchos años que el club no puede jugar los partidos de casa en su ciudad, Agdam. Por eso, es normal que la liberación de territorios de Azerbaiyán nos alegre y nos infunda ánimos», explicaba Gara Garáev, futbolista del equipo e hijo de refugiados de la guerra de los noventa.

En el año 2020, cuando el mundo estaba preocupado por el coronavirus, el Gobierno de Ilham Alíev atacó a los armenios en la frontera de la República de Artsaj. Las escaladas de tensión, en ocasiones con muertos, eran habituales en la zona, aunque esta vez los azerbaiyanos iban en serio. Después de años modernizando su ejército con la ayuda de Turquía y drones comprados en Israel, superaron las defensas armenias con el apoyo de mercenarios islamistas llegados de Siria. Los armenios se vieron obligados a pactar un alto el fuego donde renunciaban a casi todas las tierras del Alto Karabaj, salvo una zona central. El palacio de Gobierno de Ereván, la capital armenia, fue atacada por una multitud indignada. En Bakú, la capital azerbaiyana, millares de personas celebraron la victoria. El mismo Alíev posó victorioso delante de la mezquita de Agdam cuando la ciudad fue reconquistada. Unas semanas más tarde, eran los futbolistas del Qarabag los que visitaban esa ciudad fantasma donde, poco a poco, volverían familias originarias de la zona con el apoyo del Gobierno. El plan del Qarabag es poder volver a jugar pronto aquí también, aunque primero deben volver los vecinos.

La última vez que el Qarabag había jugado en su ciudad había sido en 1993. Ahora, está de vuelta en Agdam y la idea es construir un nuevo estadio moderno allí donde los escombros se amontonaban hasta hace poco, en el viejo estadio de Imarat, donde las crónicas medievales dicen que ya se realizaban carreras de caballos en el siglo XVI y XVII. Así es la historia. Sobre viejas construcciones se levantan nuevas. Sobre viejas pistas de caballos se jugó al fútbol. Y, después de una guerra, el balón volverá a rodar pronto en Agdam, gracias a los goles de un club que se convirtió en un engranaje más en una lucha que no acaba nunca entre armenios y azerbaiyanos.

1991

Erbil Sport Club (Iraq)

Un oasis entre guerras

En 1991, Estados Unidos lideró una fuerza internacional que atacó al régimen de Sadam Huseín en Iraq. En vez de traer la paz, ese conflicto destrozó aún más el Kurdistán, dando paso a una guerra civil kurda de la que, con el tiempo, se levantó un club de fútbol orgulloso como símbolo de un futuro que nunca acaba de llegar.

«Somos como Dubái, aunque mejor. Tenemos dinero, tenemos paz y somos más liberales que en el golfo Pérsico», dijo Ahmed sobre su ciudad, Erbil. En un bar delante del Camp Nou de Barcelona, Ahmed sacaba fotos con su Iphone de nueva generación, vestido con ropa de moda que había comprado tras detenerse en casi todas las tiendas del paseo de Gracia. «Me gusta Barcelona, me gusta», decía un poco borracho. Pese a ser musulmán, era evidente que no era muy devoto. Así que pidió otra cerveza. Ahmed se había gastado más de 120 euros en una camiseta del Barça con el nombre de Messi detrás. Más de 200 euros en una entrada en la tribuna principal del estadio. Y, atada a la cintura, lucía una bandera de su tierra, el Kurdistán. Fue esa bandera la que me llamó la atención. Le pregunté de qué parte del Kurdistán era. Me dijo que venía de Erbil, enseñando su pasaporte de Iraq. «Sí, pone Iraq. Aunque soy kurdo. No soy iraquí», dijo. Los pasaportes son objetos curiosos. Un trozo de papel al que no le das mucha importancia y que los policías miran con cierta pereza en los aeropuertos, aunque te puede salvar el pellejo cuando las cosas se tuercen, y no todos los pasaportes tienen el mismo valor. Ahmed me habló tan bien de Erbil que me entraron ganas de ir de vacaciones. «Nosotros tenemos paz, donde lo tienen jodido es en Bagdad», contaba. Dos años más tarde, Erbil estaba en guerra otra vez, con el Estado Islámico a sus puertas. La paz siempre dura poco en el Kurdistán.

Cuando la guerra volvió a las puertas de Erbil en 2014, el pasaporte de Ahmed no le sirvió para escapar de la ciudad. Al futbolista aragonés Jorge Gotor, sí. Unos meses antes había fichado por el Erbil SC. Le pagaban un buen sueldo, así que se apuntó pese a que no le hacía gracia ir a jugar a Iraq. Como casi todos, Gotor asociaba el nombre de este país con tanques, milicianos y coches bomba. Aunque los directivos del club kurdo le aseguraron que su ciudad era tranquila. Y no mentían. En 2013, Erbil vivía un extraño clima de euforia, con los bancos llenos de billetes, los cafés llenos y paz en las calles. El dinero chino, norteamericano y del golfo Pérsico servía para levantar rascacielos y permitía inaugurar un moderno aeropuerto internacional. Gracias a los recursos naturales de esta zona, al gas y el petróleo, Erbil renacía. Después de años de represión, los kurdos del norte de Iraq gozaban de tanta autonomía que podían negociar directamente con Gobiernos extranjeros sin pasar por Bagdad. Y el flujo de dinero había permitido al Erbil SC crecer como club. Del 2007 al 2009 ganaron la liga tres años de forma consecutiva. Y, eufóricos, empezaron a fichar jugadores extranjeros para seguir creciendo, como Gotor. Aunque pocos imaginaban que del oeste llegarían los fanáticos de Estado Islámico. Después de tantos años sufriendo a los ejércitos que llegaban de Bagdad, en 2014 los enemigos aparecieron desde el desierto, del oeste. Unos fanáticos religiosos que tomaron la ciudad de Mosul y se acercaron a treinta kilómetros de Erbil, rompiendo la paz del oasis kurdo del norte de Iraq. Los vuelos empezaron a cancelarse en el moderno aeropuerto de Erbil a medida que el ruido de las explosiones se acercaba más a la capital del Kurdistán iraquí. «Pedí poder volver a casa, y los directivos me decían que no, que debíamos estar tranquilos. No me querían dar mi pasaporte, pues lo tenían por los trámites federativos. Les propuse rescindir el contrato y también se negaron», recordaba Gotor. Al final, el consulado español le tramitó otro pasaporte con el que pudo volar a Turquía. Y, después, logró volver a España. No todos los pasaportes tienen el mismo valor en un mundo donde las fronteras, en ocasiones, parecen simples líneas que se superan sin problema, como hacían los militantes de Estado Islámico cruzando de Siria a Iraq. En otras ocasiones, las fronteras parecen fortalezas inexpugnables, como bien saben los refugiados. Sus pasaportes eran papel mojado, sin valor.

Esos pasaportes dividen a los kurdos. Originarios de las montañas del oeste de Irán, actualmente más de cuarenta millones de kurdos habitan justo donde se cruzan las fronteras de Turquía, Siria, Irán e Iraq. Cada uno tiene un pasaporte diferente. Pese a llevar siglos dominados por turcos o árabes, los kurdos han mantenido su lengua y su identidad. Y aunque la mayor parte practica el islam, aún existe su religión tradicional, el yazidismo, perseguida de forma cruel por los fanáticos del Estado Islámico. Los kurdos siempre han soñado con tener su Estado propio, aunque los Gobiernos occidentales siempre los abandonan, condenándolos a ser minoría en países gobernados por otros pueblos. Y el Kurdistán no aparece en ningún mapa político, pese a existir. «Durante muchos años, los únicos kurdos que pensaban en fútbol eran los que se habían ido a vivir a Alemania o Suecia, donde incluso han fundado un club llamado Dalkur. En el Kurdistán, con tanta guerra…, cómo vas a pensar en fútbol», se quejaba el bloguero Abdulla Hawez. Sí, los kurdos siempre han luchado. Entre ellos o contra otros. Al servicio de otros Gobiernos o contra esos Gobiernos.

A partir de los años setenta, la sangre no dejó de manchar la tierra kurda. En la parte turca estalló una cruel guerra, con el Partido de los Trabajadores del Kurdistán de Abdullah Öcalan luchando contra el ejército turco. En 1979, los kurdos de Irán apoyaron la revolución contra el sah Mohammad Reza Pahleví, aunque no encontraron la libertad que buscaban, pues acabaron sometidos por el nuevo poder islamista del ayatolá Jomeini. En la zona de Iraq tampoco tenían paz. Sadam Huseín, un militar que había subido al poder con un golpe de Estado en 1979, asesinó a miles de civiles como venganza por el apoyo de grupos armados kurdos al enemigo durante la guerra contra Irán. En marzo de 1988, en el ataque a Halabja, más de cinco mil civiles kurdos fueron asesinados con armas químicas. Así que, cuando Estados Unidos declaró la guerra a Sadam en 1991, los kurdos no dudaron en colaborar con Washington. Dos milicias rivales, el Partido Democrático del Kurdistán (PDK) y la Unión Patriótica del Kurdistán (UPK) se alzaron en armas aprovechando que el ejército de Iraq estaba perdiendo la primera guerra del Golfo en Kuwait. Con todo, Sadam logró mantenerse en el poder hasta el año 2003, cuando finalmente fue derrotado en la segunda guerra del Golfo. «Después de la revuelta de 1991 no teníamos nada. El estadio había sido destruido, no tenía ni césped ni agua. Los jugadores eran chicos con ganas de olvidar la realidad que entrenaban entre cascotes. Y, por seguridad, el club no podía jugar partidos ni en casa, ni fuera», recuerda Abdullah Agha, quien sería presidente del Erbil muchos años. Los kurdos pensaron que conseguirían tener su Estado, y lo único que consiguieron fue la imposición de una zona de exclusión aérea en el Kurdistan iraquí, para evitar que Sadam pudiese bombardear ciudades. Fueron años duros, ya que estalló la guerra civil kurda. El UPK controlaba Erbil, así que el PDK pidió ayuda al gran enemigo, Sadam Huseín. En 1996, los tanques del ejército de Iraq entraron en la ciudad. Millares de personas fallecieron en unos combates crueles, pues el UPK había pedido apoyo al Gobierno de Irán. El estadio fue bombardeado. Se luchó en sus gradas con armas de fuego. Y el Erbil SC, cómo no, pasó más de dos años sin jugar ni un solo partido. A nadie le importaba entonces.

Todo cambió en 2003, cuando las potencias occidentales entraron finalmente en Iraq y acabaron con Sadam. En Bagdad nunca más ha reinado la paz, aunque en la zona kurda salió el sol. Los kurdos por fin consiguieron un alto grado de autonomía con la creación del Gobierno Regional del Kurdistán. Y el Erbil SC empezó a recibir ayudas que permitieron a este club ganar la liga en pocos años. Fue un ascenso fulgurante. «Tener un buen equipo local era una forma de unir a los diferentes clanes y partidos que se habían enfrentado en la guerra civil kurda. El deporte se convirtió en una prioridad de los gobernantes», me explicaba Abdulla Hawez. En 2003, el Erbil derrotó por primera vez a uno de los grandes de Bagdad, el Nafa. Y millares de personas ocuparon las calles de la ciudad. En 2007 llegó a la final de la liga iraquí por primera vez. Su rival era otro de los clubes grandes de la capital, el Al Quwa Al Jawiya. El Erbil se impuso por 1-0 gracias a un gol de Ahmed Salah Alwan, un delantero nacido en Bagdad. Durante décadas, los clubes de la capital habían fichado a los mejores futbolistas kurdos. Ahora todo era diferente, y eran los kurdos los que fichaban a los mejores jugadores árabes. Era una revolución. Pocos meses después de ese título, el Erbil sería el primer club de Iraq en llegar a la fase de grupos de la Champions de la AFC. El Gobierno regional puso la bandera kurda en la camiseta del club para que se pudiera ver en todo el continente. El Erbil SC se había convertido en el gran embajador del nacionalismo kurdo. En diez años, el club había pasado de estar sin actividad, puesto que las calles estaban llenas de tanques, a ser campeón de liga.

Aunque durante esos mismos años en que en el Kurdistán de Iraq vivía días de felicidad, en la vecina Siria estallaba la guerra civil. Dentro de este conflicto nació una nueva amenaza: el Estado Islámico. Un grupo que creció tanto que trasladó la violencia al otro lado de la frontera, llegando a las puertas de

Erbil. Mientras Jorge Gotor pensaba en escapar de esta ciudad, los kurdos gestionaban el miedo de una forma diferente, entre la resignación y la rabia. «Ellos decían que lo que tuviera que ser, sería. Y que si morían era porque Alá lo había querido», recordaba Borja Rubiato, otro español que se enroló en esa aventura kurda y volvería a casa esos días. En Erbil, cada generación ha tenido su guerra, han aprendido a vivir con ellas. Y eso significa muchas guerras, pues Erbil es una de las ciudades más antiguas del mundo, con restos arqueológicos ya del siglo XIII en la zona de su famosa ciudadela, patrimonio de la humanidad, que ocupa un espacio central en el escudo del Erbil SC, por supuesto. Una ciudad con decenas de nombres, pues ha sido gobernada en decenas de lenguas diferentes: Arbairu, Arbail, Arbaira, Erbil, Arbil, Irbil o Erbel. O Hawler, como la llaman los kurdos.

En 2012, el Erbil se disponía a jugar el partido más importante de su historia, la final de la Copa AFC, la segunda competición más importante de clubes del continente asiático. Y la final se jugaba en su estadio, bautizado con el nombre de Franso Hariri, un político asesinado por islamistas en 2001. Hariri, miembro de la minoría asiria cristiana de la región, había cargado un Kalashnikov a su espalda cuando, en tiempos de la dictadura de Sadam, se enroló en grupos armados kurdos y le tocó subir a las montañas. Después, ocupó el despacho de gobernador en Erbil y lideró el renacer de la región, hasta que una ráfaga de metralleta acabó con su vida. Su foto presidía el estadio ese día en que el recinto se quedó pequeño para la final de la Copa AFC. Los organizadores del torneo sacaron unos carteles con el nombre de los dos equipos finalistas: Erbil SC y Al Kuwait. No obstante, la hinchada cantaba Hawler, en kurdo, en vez de Erbil, el nombre internacional, similar al árabe. Las autoridades locales aprovecharon el partido para convertir el estadio en un gran acto político y así recordar al mundo que los kurdos, pese a todo, seguían allí. En la grada lateral, una gran pancarta rezaba «*Kurdistán is not Irak*» en inglés. El mensaje era suficientemente claro. Aunque en el terreno de juego, perdieron el partido por 0-4.

Jugar esa final continental era especial para los kurdos. Era poder ver con sus propios ojos que, efectivamente, estaban por encima de los equipos de Bagdad, la ciudad habitada por esos políticos y generales que siempre les habían dictado las leyes. Los últimos clubes de Iraq que habían jugado una final internacional eran los dos equipos gigantes de Bagdad, el Al Zawr y el Al Karkh, que perdieron sus finales en 1998 y en 2000, durante los últimos días de Sadam Hussein en el poder. Eran esos años en que el régimen potenciaba a los clubes de la capital con fines propagandísticos. El fútbol siempre ha sido una arma propagandística en manos de los dictadores, y Sadam no paró hasta que Iraq llegó a la fase final de un Mundial, en 1986, con algunos jugadores a cuyos familiares había asesinado. Los deportistas jugaban atenazados por el miedo, conscientes de que una derrota los podía condenar. Eran esos años en que Sadam reprimía a los kurdos con armas químicas, mientras el mundo miraba hacia otro lado, pues les interesaba su petróleo. Y los clubes de Bagdad, vinculados al ejército o al Ministerio de Interior, tenían todas las ayudas del mundo para brillar en Asia. En 2012, quien tenía el apoyo de un Gobierno era el Erbil. En este caso, el Gobierno autónomo kurdo, claro. Casi todos los ministros asistieron a la final. La mayor parte de las empresas de la región invertían en el club presidido por Abdullah Majdid, aunque todo el mundo sabía que este directivo solo se encargaba de dar la cara. Quienes mandaban de verdad en el club eran los hombres del KPD, el partido de Masu Barzani, el presidente de la región. Un exguerrillero que luchó contra Sadam, se exilió en Irán, volvió para pactar con el mismo Sadam, se volvió otra vez en su contra y acabó como presidente cuando Hariri fue asesinado.

En los años ochenta, cuando Barzani andaba con los peshmergas, los famosos guerrilleros kurdos, el Erbil jugaba en segunda división. A pesar de que el Kurdistán siempre ha dado buenos futbolistas, el fútbol de Iraq giraba entonces alrededor de lo que sucedía en Bagdad. Entre 1970 y 2002, todas las ligas las ganaron clubes capitalinos, con una sola excepción. En 1980 consiguió levantar el título el Salahaddin FC de Tikrit, la ciudad natal de Sadam, claro. Aunque tras la caída de Sadam y la proclamación de un Kurdistán autónomo, el club local llegó a primera y se consolidó como el nuevo gigante del fútbol de Iraq, ganando cuatro ligas. Con las arcas llenas, consiguió fichar a varios jugadores internacionales y remodeló el que entonces era el único estadio de todo Iraq, con permiso de la FIFA, para organizar partidos internacionales. No era un estadio cualquiera. Construido en los años setenta, había servido para que el ejército asesinara opositores durante los años más duros del régimen de Sadam. Y ahora llevaba el nombre de Hariri. Sobre un terreno de juego donde había corrido la sangre, ahora los kurdos usaban el fútbol para tener un buen embajador.

Así llegaron a Erbil jugadores como Gotor o Rubiato, buscando buenos sueldos en una liga extraña, pues la paz que encontraban en el Kurdistán no existía cuando les tocaba jugar de visitantes en Bagdad. «Lo malo era salir del Kurdistán. Te encontrabas muchas ciudades destruidas por la guerra. Y en Bagdad el ambiente era horrible, daba miedo. En las noticias se hablaba de terroristas tomando ciudades, de bombas… Cada viaje estaba lleno de controles del ejército. Los primeros días, por curiosidad, salía del hotel de concentración. Aunque un día, un chileno que trabajaba en seguridad nos dijo que era una locura, que si salíamos del hotel podíamos ser víctimas de un secuestro. Ya no salimos más», recordaba Rubiato. Cuando el Erbil jugaba fuera de casa, era como ir a la guerra. En Erbil, en cambio, los españoles fueron más felices. «Estuve tan bien que me ofrecieron renovar y acepté. Aunque luego llegó la guerra y fue diferente», admitía Gotor. El mismo año en que los jugadores españoles escaparon de Erbil, el club había llegado otra vez a la final de la Copa AFC. En esta ocasión, perdieron la final en la tanda de penaltis en Dubái, contra el Al Qadsia de Kuwait. El sueño de ser campeón continental se escapó por los pelos. Y ya nada pudo volver a ser igual.

Una vez las tropas del Estado Islámico fueron derrotadas, volvió la liga. Aunque en 2016 el Erbil decidió abandonar el torneo. Durante un partido en el campo del Al Najaf, la hinchada local mostró pancartas mofándose de los miles de kurdos asesinados en la guerra de Siria. Durante el partido, no dejaron de entonar cánticos racistas contra los kurdos. La directiva del Erbil, con el apoyo del Gobierno regional, decidió abandonar el torneo. El Zakho, otro club kurdo, se sumó a la protesta, y durante dos temporadas, ningún club del Kurdistán jugó la liga iraquí, meses que aprovecharon para organizar una liga kurda sin reconocimiento oficial que fue un fracaso, pues los jugadores de primer nivel no querían participar en ese torneo. Finalmente, en 2018 el Erbil volvió al redil, aunque la calma no duró demasiado. En 2019 el torneo se volvió a suspender, en esta ocasión por culpa de las manifestaciones que llenaban las calles de todas las ciudades del sur del país en protesta por la corrupción del Gobierno de Iraq. Dichas manifestaciones acabaron con centenares de muertos cuando llegaron a Bagdad. En el Kurdistán las cosas tampoco iban mejor. La tensión provocada por los ataques del Estado Islámico había roto otra vez la frágil paz entre los dos grandes partidos de la zona, que se peleaban en el Congreso sin llegar a acuerdos. El dinero dejó de llegar al Erbil SC. Y cuando por fin volvió la liga, llegó la COVID-19. Los años en los que el club llegó a finales continentales fueron un oasis de paz en una zona donde la normalidad, tristemente, ha sido el conflicto.

1991

Astaná (Kazajistán)

El equipo del Gobierno

Entre marzo de 1990 y diciembre de 1991, el mundo asistió al desplome de un gigante. En pocos meses, la URSS desapareció. Las quince repúblicas que consiguieron la independencia eligieron diferentes caminos. En el centro de Asia, se desempolvaron viejos símbolos, mientras políticos poco democráticos creaban ciudades, partidos políticos y clubes de fútbol.

Cuando el mundo estalló en mil pedazos con el inicio de la Segunda Guerra Mundial, Nursultán Nazarbayev vivía en las montañas de Kazajistán, durmiendo en yurtas y viviendo la misma vida nómada que habían practicado sus antepasados. Su padre había tomado la decisión de volver a la naturaleza cuando las autoridades soviéticas se quedaron en propiedad las tierras donde había estado trabajando, como si fuese un esclavo, a las órdenes de una familia rica en la región de Almaty, en los confines de la Unión Soviética. Nazarbayev se libró de ser enviado al frente a luchar contra los nazis porque se había lastimado el brazo ya de joven, aunque el Estado lo mandó a una escuela donde aprendió ruso, y se convirtió en aprendiz en las grandes fábricas de acero que los soviéticos construían en cualquier rincón de Asia Central. En pocos años, pasó de ser un pastor libre a toser por culpa del aire irrespirable en las fábricas, donde era un simple trabajador. Un rostro más, anónimo, en una factoría. Nadie podía imaginar entonces que ese chico levantaría una de las ciudades más modernas del mundo. Y la bautizaría con su nombre.

El final de la URSS fue más lento de lo que la gente imagina. Simplemente, sus dirigentes ocultaron al resto del mundo que todo se desmoronaba. Y cuando todo estalló, en pocos meses, el gigantesco Estado que había marcado la agenda política de casi todo el siglo XX se hundió como un castillo de naipes. En los mapamundis, donde antes existía una sola unidad, aparecieron quince países nuevos. Y también algunas guerras en territorios pequeños que a muchos occidentales les parecían nombres salidos de un cómic de Tintín: Abkhazia, Tranistria, Tayikistán, el Valle de Fergana, Osetia del Sur... A los nuevos Estados les tocaba encontrar un camino, incluso una bandera, pues, en muchos casos, ni siquiera tenían un símbolo propio anterior al comunismo. En las cinco repúblicas asiáticas, casi todas eligieron que cambiase todo..., sin cambiar de gobernante, pues siguieron mandando los dirigentes comunistas que en los años ochenta ya habían coqueteado con un nuevo nacionalismo: Islam Karimov en Uzbekistán, Saparmurat Niyazov en Turkmenistán, Askar Akayev en Kirguistán, Emamoli Rajmón en Tayikistán y Nazarbayev en Kazajistán. «El territorio de la antigua URSS ha sido fértil en líderes prestos a ejercer el poder de por vida y a disponer su herencia política de modo que, tras su muerte, sus allegados puedan seguir en el puente de mando. En estas tierras, la oposición es débil y también, en distinto grado, ha sido debilitada conscientemente: desapariciones, muertes, encarcelamientos, procesos políticos y destierros han sido instrumentos habituales contra aquellos que podían hacer sombra a los líderes», explica la periodista Pilar Bonet. Los cinco presidentes han cultivado el culto a su persona, en ocasiones llegando a niveles paranoicos, como en Turkmenistán, donde el Gobierno ha levantado estatuas gigantes dedicadas al libro escrito por su líder. O a su perro.

Nazarbayev, líder de Kazajistán entre abril de 1990 y marzo de 2019, tiene el récord de permanencia en el poder en el espacio postsoviético. En la constitución se asignó a sí mismo el título de *elbasy*, 'líder de la nación'. Y pese a dimitir, tras alegar problemas de salud y que tocaba dejar paso a una nueva generación, sigue mandando en la sombra, a través del partido político que creó y preside, Nur Otan. Ese hijo de pastores dejará como legado un país moderno lleno de aeropuertos, calles y escuelas bautizados con su nombre. Un país ambicioso donde, en nombre del progreso económico, la libertad había sido pisoteada. Si antes fueron kanes, señores feudales, zares o el mismo Stalin quien reprimió a los kazajos, en las últimas décadas lo ha hecho uno de los suyos. En diciembre de 2013, el presidente anunció su plan «Strategy 2050», que pretende que, en el año 2050, esta república soviética sea uno de los treinta Estados más competitivos y desarrollados del planeta gracias a sus recursos naturales, como el gas, aprovechando de paso su posición geográfica, mitad en Europa, mitad en Asia. El Gobierno de Nazarbayev dedica grandes sumas a la construcción del corredor Western Europe-Western China, una serie de autopistas y líneas de tren que pueden convertir este Estado en un *hub* entre el Viejo Continente y Asia. Nazarbayev ha sido el único gobernante asiático que se ha reunido en persona con todos los presidentes de Estados Unidos, Rusia, la Unión Europea y China en los últimos treinta años. Juega a cuatro bandas, como si la política internacional fuese una partida de billar. Un dirigente que en los últimos años ha impulsado la creación de un nuevo alfabeto. «Tendremos que aprender a escribir de nuevo», dijo cuando anunció que el país cambiaría su alfabeto por tercera vez en menos de cien años. Si antes escribían en árabe por ser una nación musulmana, en 1940 los soviéticos impusieron el cirílico. Ahora, un grupo de expertos trabaja en un nuevo alfabeto basado en el latino, que debería entrar en funcionamiento en 2026. Será el cambio más ambicioso de Nazarbayev junto a la nueva capital. Cuando llegó al poder, decidió que quería crear una nueva ciudad. Y, con esa ciudad, nació un club de fútbol destinado a ser grande: el Astaná.

En 1994, su Gobierno consideró que la capital, Almaty, se encontraba demasiado alejada de Europa, en la frontera sur. Así que se trasladó la capital a la localidad de Akmola y se le cambió el nombre por el de Astaná ('capital' en la lengua kazaja). Akmola era una ciudad de provincias que había crecido alrededor de un asentamiento cosaco ruso creado en 1830. En tiempos soviéticos, la urbe se llamaba Tselinograd, y más de la mitad de sus setenta mil habitantes eran rusos. Los kazajos eran minoría. La decisión de trasladar aquí la capital lo cambió todo. Se derribaron barrios enteros, invirtiendo millones para construir una ciudad llena de lujos y edificios impresionantes. Aún hoy, Almaty, la capital en tiempos soviéticos, tiene más ciudadanos que Astaná, aunque la joya de la corona de Nazarbayev ya ha superado el millón de habitantes. A Astaná llegan trabajadores de media Asia y arquitectos de todo el mundo para construir las estructuras necesarias para convertir esta urbe en una de las más modernas del planeta. El colegio británico Adrian Smith + Gordon Gill Architecture se encargó del proyecto del gran palacio de exposiciones para la Expo del 2017, una locura faraónica de 24 000 m2 llena de pirámides y cúpulas modernas. Aunque la ambición de Nazarbayev es aún mayor, y ha explicado que sueña con crear la capital de la tercera revolución industrial: una ciudad cubierta convertida en una sola unidad. O sea, millones de personas viviendo bajo una gran cúpula.

En esta urbe del futuro, el colegio arquitectónico Populous construyó en 2009 el Astaná Arena, un estadio de fútbol de última generación con capacidad para treinta mil personas. Kazajistán usa el deporte para consolidar su posición. En ciclismo se apostó por el equipo profesional Astaná, y ya han organizado en dos ocasiones los campeonatos mundiales de boxeo, deporte que se sigue con pasión. El fútbol y el *hockey* sobre hielo, los deportes colectivos más populares, de momento no han dado un salto de calidad. Para poder crecer, un tipo que llegó a ser a la vez ministro de Defensa y presidente de la Federación de Fútbol, Adilbek Dzhaksybekov, fue uno de los impulsores de la petición que se hizo en 2002 para que Kazajistán abandonara la Confederación Asiática de Fútbol y pasase a ser europeo, aunque el ochenta y cinco por ciento del territorio del Estado kazajo se encuentra en suelo asiático. Cuando la URSS se desplomó, nadie dudó que, por razones geográficas y culturales, Kazajistán debía competir en Asia, pues los kazajos son un pueblo túrquico originario de las estepas del este. Así, las cinco exrepúblicas soviéticas asiáticas se afiliaron a la AFC, y en los palacios de Almaty se soñó con llegar al Mundial luchando contra rivales que creían inferiores. No lo consiguieron, así que las autoridades se decidieron por esa esquinita de territorio europeo para pedir competir en el oeste. De paso, quedó abierta la puerta para que los equipos locales pudiesen aspirar a jugar la Champions. Y la liga la gana casi siempre el Astaná, cómo no.

Astaná es una ciudad joven. Lo mismo que su club, aunque gane ligas de forma tiránica. En diciembre del año 2008, el Megasport y el Alma-Ata, dos modestos clubes de la antigua capital Almaty, anunciaron que se fusionaban para crear el Lokomotiv de Astaná. Inicialmente, la compañía estatal de ferrocarriles era el principal inversor del club, que debutaría en 2009 jugando ya en primera, pues ocupó la plaza del Megasport. En un año ya había ganado su primer título, la Copa de Kazajistán. Con todo, no pudieron debutar en competiciones europeas, ya que las normas no permiten a una entidad jugar estos torneos si no tiene, como mínimo, tres años de vida. Triunfó tan rápido que llegó a Europa antes de lo previsto. En una liga donde todos los clubes pertenecen a sus Gobiernos regionales, con la excepción de un Kairat controlado por una compañía de gas privada, el Astaná abandonó pronto el nombre de Lokomotiv. En una decisión que no gustó a los otros equipos del torneo, el Astaná pasó a ser parte de Samruk Kazyna, el fondo soberano de inversión del Estado, entidad que gestiona las minas de uranio, los servicios postales, la empresa de petróleo estatal, la compañía aérea o los ferrocarriles, entre otras cosas. «Después de un estudio de mercado, tenemos grandes planes. La tarea del

FC Astaná será promocionar la imagen de la ciudad de Astaná y de todo el país a nivel internacional», dijo Kaisar Bekenov, portavoz del club en una conferencia de prensa. El Astaná pasó a ser gestionado por un habitual del estadio, el presidente del fondo Samuryq-Qazyna, Omirzaq Shukeev, asesor personal de Nursultán Nazarbayev. Shukeev sería el responsable en 2012 de la creación del Club Deportivo Presidencial Astaná. O sea, el Astaná técnicamente pasó a ser la sección de fútbol de un club polideportivo «presidencial», propiedad del fondo soberano del Estado. Es decir, el club del Gobierno, donde se encuentran bajo el mismo paraguas el FC Astaná, el equipo ciclista que llegó a contratar a Alberto Contador o Lance Armstrong, el equipo de *hockey* sobre hielo Barys Astaná (que juega en la Liga Continental, contra equipos rusos), el Basketball Club Astaná y el Astans, un equipo de boxeo.

Con estos apoyos, el primer título de liga llegaría en 2014, rompiendo el dominio del Aktobe, equipo de una ciudad en el norte con una parte importante de población rusa, pues se encuentra cerca de la frontera. Una vez ganó la primera liga y llegó el entrenador búlgaro Stanimir Stoilov, el Astaná ganó seis coronas de forma consecutiva hasta el año 2020, cuando el Kairat le pudo parar los pies. Ese año, Stoilov ya no dirigía el club, aunque seguía viviendo en Astaná: era el nuevo seleccionador kazajo. «El Astaná es un club muy moderno, lo tienen todo bien montado. El estadio impresiona, aunque las gradas suelen estar vacías», admite Sito Riera, quien jugó muchas veces como visitante con el Kairat. El Astaná llegó a la fase de grupos de la Champions, convirtiéndose en el primer club kazajo en hacerlo, donde sacó empates contra equipos como el Atlético de Madrid y el Benfica. Incluso derrotaron por 2-1 al Manchester United en su estadio, el recinto deportivo más al este que ha sido sede de partidos oficiales de la Champions de la UEFA. Un estadio asiático en una competición europea. Cuando el Astaná se metió por primera vez en la fase final del torneo, el presidente del club, Darhan Kaletaev, emitió un comunicado afirmando que «esta victoria ha sido posibles gracias al esfuerzo del cuerpo técnico, a la pasión por el fútbol de la gente de Astaná y el constante apoyo de nuestro presidente de Kazajistán». El retrato de Nazarbayev preside el lujoso palco del estadio, por supuesto. «El césped es artificial y el estadio está cubierto, pues un césped natural no resistiría los cincuenta grados bajo cero a los que Astaná llega en enero. La llaman 'la Dubái del invierno' porque es la segunda capital más fría del mundo», cuenta con una sonrisa. Sí, solamente Ulán Bator, en Mongolia, es más fría que esta ciudad construida en el centro del país, como quería un Nazarbayev que ha acabado poniendo su propio nombre a la ciudad. En 2019, cuando el club celebró su sexta liga consecutiva, la entidad emitió un comunicado para aclarar que se seguirían llamando Astaná. Cuando Nazarbayev anunció en 2019 que dejaba su cargo por problemas de salud, aunque también forzado por algunas manifestaciones que exigían más libertades, el presidente del Senado, Kassym-Jomart Tokáyev, asumió el poder. Y una de sus primeras propuestas fue que Astaná se llamase oficialmente Nursultán, en honor a su antecesor. Otra de las primeras leyes que se proclamaron fue una que protegería la imagen de Nursultán Nazarbayev incluso una vez muerto.

Astaná, por lo tanto, se llama ahora Nursultán. Una ciudad dedicada a un líder que sigue mandando en la sombra, usando un club de fútbol para promocionar la imagen que él quiere proyectar de su país. Aunque, cosas de la vida, incluso en Nursultán algunas personas han decidido no comprar su producto. Antes de que se trasladara la capital allí, en la ciudad ya existía un club, el Dinamo de Tselinograd, que sería rebautizado como Astaná 1964 con el fin de la URSS. Sin el apoyo del Gobierno, el equipo sufrió una bancarrota que lo envió a categorías regionales, donde, en ocasiones, tiene la misma media de espectadores que el Astaná en primera. Y eso que el estadio del Astaná 1964 no está cubierto. Y se pasa frío. Para muchas personas, también en la capital kazaja, el fútbol no es una cuestión de apoyar a un club ganador. Es tener raíces.

1992

Velež Mostar (Bosnia)

El puente que saltó por los aires

Con el final de la Guerra Fría parecía que el mundo iba a ser un lugar más seguro, pero de repente, en 1992, Europa se encontró con una guerra en su trastienda. Actualmente Bosnia sigue dividida entre los que creen que los tiempos de la vieja Yugoslavia fueron mejores y los que eligieron otros caminos. En un estadio en Mostar, Yugoslavia sigue viva, de alguna forma.

Con el torso desnudo y bañadores ochenteros, los miembros del *Red Army* se paseaban por la baranda del puente de Mostar. Algunos lucían cuerpos musculados llenos de tatuajes. Otros estaban más regordetes, con caras traviesas y unas manos gigantes que sueltan sopapos de los que no te levantas. Cuando se juntaban suficientes turistas, uno de los chicos saltaba al río, mientras otro pasaba una gorra para pedir dinero. Un salto al vacío de más de veinte metros. Calzados con zapatillas para evitar lesionarse los pies cuando impactaban con el agua, se zambullían en el Neretva, ese río cuyo nombre evoca batallas entre nazis y partisanos. La historia fluye bajo los pies de los ciudadanos de Mostar.

Y la historia cruza ese puente que saltó por los aires el 9 de noviembre de 1993, cuando las tropas croatas lo volaron a las 10:15 de la mañana. El Stari Most, el viejo puente, era algo más que eso. Era un símbolo de Bosnia, de Yugoslavia. De todos los Balcanes. Construido por las autoridades otomanas en 1566, unía simbólicamente Occidente y Oriente. Los croatas lo dinamitaron conscientes de ello. No se trataba solamente de una acción militar, se trataba de romper lazos con los bosnios, la otra mitad de la ciudad, de separar a católicos de musulmanes. «Toda Bosnia es un gran puente. Y cuando se rompen los puentes llega el odio», me contaba Sasa Ibrujl, un periodista nacido en Mostar, recordando la gran novela sobre Bosnia *Un puente sobre el Drina,* escrita por Ivo Andrić, quien ambientó la historia en otro puente famoso de Bosnia, el de Višegrad. Sasa es musulmán. Bueno, es un decir. Ni siquiera recuerda la última vez que pisó una mezquita. Sasa, en el fondo, es ateo. Su familia es bosnia, ese grupo de eslavos que, con la llegada de los turcos a la zona hace siglos, se convirtieron al islam. Si sus antepasados adoptaron una religión llegada del este, sus abuelos se sumaron a una ideología que llegó hace un siglo procedente del oeste, el comunismo. «El Velež siempre ha sido un club de izquierdas. Quizá por eso, cuando estalló la guerra, quedó un poco desorientado entre tanto nacionalismo radical. El Velež no pretendía ser el club de una comunidad en concreto, quería ser un club para todos», me contaba tomando un café expreso un lluvioso día en Londres. Sasa solamente vuelve a Mostar en verano, para ver a su familia. Como tantos bosnios, se largó con la guerra.

En los mejores años de su historia, el Velež jugaba ante más de treinta mil aficionados. Los unía la pasión por el deporte y, en buena parte, una ideología. «Tito rompió con Stalin. Yugoslavia era un país comunista, aunque no dependía de Moscú. Teníamos *rock,* teníamos turistas occidentales, minifaldas y pelo largo. Muchas generaciones miran hacia el pasado con nostalgia, pues entonces no importaba la religión o la nacionalidad, éramos todos iguales. Sin todas las libertades, cierto, aunque mucha gente era feliz», reflexionaba Sasa. Y los bosnios tenían fama de ser los más felices. «Somos los bromistas de la zona, los optimistas. Por eso dolió tanto la guerra».

Cuando estalló el conflicto, Mostar era una pequeña Yugoslavia en miniatura, con sus edificios medievales y los atrevidos proyectos de los arquitectos socialistas. Con los viejos aromas balcánicos y los ritmos de la música moderna. En 1992, el 35 % de la población de Mostar era bosnia; el 34 %, croata, y el 19 %, serbia. Muchos de ellos solamente se consideraban yugoslavos y se casaban sin pensar en la religión de sus abuelos. Aunque otros ocultaban en sus casas viejas banderas. No era el caso de la gente del Velež, club bautizado así en honor al monte que preside la ciudad.

Sí, el Velež nació con las ideas muy claras. Fundado en 1922, cuando el nuevo reino de Yugoslavia aún tenía pocos años de vida, el nuevo club surgió con una estrella roja en su escudo. Ya entonces fue el primer club de la ciudad donde jugaban juntos bosnios, croatas y serbios. Antes, las diferentes comunidades tenían cada una su club, separados. El Zrinjski era el equipo de los croatas, el Vardar el de los musulmanes y el JSK el de los serbios. Pese a que el Partido Comunista Yugoslavo fue prohibido, sus militantes crearon sociedades deportivas para que los obreros se organizaran y atraer a nuevos simpatizantes. El Velež fue uno de ellos. Algunos de los primeros partidos contra los clubes de las diferentes comunidades locales acabaron con golpes de garrotes en las gradas y peleas dentro del terreno de juego. Yugoslavia nació frágil, con croatas y eslovenos dudando sobre si la Casa Real serbia los cuidaría; con los bosnios intentando encontrar su sitio en un Estado de mayoría cristiana; con diferentes alfabetos, religiones y lenguas. Sí, todos eran eslavos, aunque diferentes.

En 1940, cuando las hordas nazis ya empezaban a avanzar por Europa amenazando con invadir Yugoslavia, la hinchada del Velež improvisó al salir del estadio una manifestación en el centro de la ciudad contra las autoridades, a las que acusaban de no plantar cara a la Alemania nazi. Se cantaron consignas contra el monarca y contra Hitler. Centenares de socios del club fueron detenidos y provocaron que estallara una huelga general en protesta contra la brutalidad policial. Como reacción, las autoridades decretaron la disolución del Velež. Es decir, lo declararon fuera de la ley. Aunque los hinchas del club tenían razón: pocos meses después, los alemanes invadieron Yugoslavia, país que quedó despedazado. La costa quedó en manos de la Italia fascista, y toda Bosnia se integró al nuevo Estado títere de la Croacia ustasha, con el apoyo de Hitler y Mussolini. Las nuevas autoridades fascistas croatas, cómo no, estaban encantadas sin el Velež, el club clandestino. Muchos de sus hinchas se unieron a los partisanos comunistas de Tito, y hasta nueve exfutbolistas del Velež fueron proclamados héroes nacionales en la lucha antifascista. Cuando acabó la guerra, más de cien personas, entre exjugadores, directivos y trabajadores del club, habían sacrificado su vida contra los nazis y sus colaboradores croatas. Cuando en 1944 las banderas rojas ondearon en el Stari Most, la ciudad estaba rota. Casi todas las familias habían perdido a alguno de los suyos en un conflicto cruel, una guerra moderna con asesinatos que parecían nacidos de crónicas medievales, con hachas y cuchillos.

Pero volvió la vida. Y, por fin, el viento soplaba a favor del Velež, pues los comunistas se hicieron con el poder en esa nueva Yugoslavia. Los directivos del club se sumaron a la causa de levantar un nuevo país. Se trataba de erradicar viejas costumbres en una zona donde aún se organizaban casamientos sin que los novios se conocieran, en que algunas mujeres salían a la calle tapadas por velos, en que la religión tenía mucho peso. Y el deporte era un arma dentro de esta revolución.

En los años setenta y ochenta, el Velež Mostar vivió sus años dorados. Ganó dos Copas de Yugoslavia y jugó en Europa. Cuando ganaron la Copa en Belgrado en 1981, contra el Željezničar de Sarajevo, veinte mil aficionados recibieron al equipo a su regreso, con una pancarta que decía: «Tito, nunca nos separaremos de tu camino». Entonces, la nueva casa del club era el estadio de Bijeli Brijeg, inaugurado en 1971, con un monumento a los socios y jugadores del club fallecidos en la guerra detrás de una portería. En 1972, el mismísimo mariscal Tito visitó el estadio con motivo de los cincuenta primeros años de vida del club. «Camaradas, estáis en el camino correcto, y no desde ayer, sino desde vuestro origen. Además, os habéis mantenido unidos políticamente. Quiero que en el futuro se fomenten la hermandad y la unidad, que es lo que firmemente necesitamos para ser más fuertes y estar unidos. Quiero especialmente que vosotros, la generación más joven, os convirtáis en los primeros soldados que nos protejan contra cualquier agresión nacionalista. Tenéis que estar unidos. Tenéis que apreciar la hermandad y unidad de nuestra nación. Esa es nuestra vía al socialismo», dijo en su discurso.

«Cada día de partido, mi familia cruzaba el puente de camino al estadio, construido en la parte oeste de la ciudad. Entonces eso no era un problema. Sí, sabíamos que esos barrios eran de mayoría croata, pero éramos todos hermanos», se lamentaba Nico, un veterano hincha del club, mientras dejaba reposar un café bosnio en un bar lleno de turistas cerca del viejo puente. Uno de esos cafés que te quema la lengua si lo quieres beber muy rápido. Debes esperar a que repose, con su aroma oriental. En Mostar, el café llegó de Oriente. Y el fútbol, de Occidente. Cosas de vivir en un puente que ahora separa la ciudad. Al oeste, los croatas. Al este, los bosnios musulmanes. Cuando estalló la guerra, en 1992, a los serbios de la ciudad les tocó huir como pudieron de Mostar. Su catedral fue destruida hasta sus cimientos. «Fueron meses extraños, pues ya había empezado la guerra en Croacia y aún se jugaba la liga de fútbol. Los clubes de Bosnia no pudieron acabar el torneo. Y después de un partido, los jugadores del Velež serbios ya no volvieron, estaban asustados», rememora Sasa, que era un adolescente entonces. Yugoslavia estaba desapareciendo. Inicialmente, los croatas y los bosnios se aliaron cuando el ejército bombardeó la ciudad. Aunque cuando los serbios fueron expulsados, croatas y bosnios volvieron sus armas hacia el vecino. El Neretva se convirtió en la primera línea del frente, con el puente en medio, bombardeado y reconstruido provisionalmente por un grupo de cascos azules españoles. Muchos hinchas del Velež quedaron en tierra de nadie, desorientados. En los años ochenta, los radicales del Velež, con sus banderas rojas, ya se habían peleado con los *hooligans* croatas que llegaban de Split, cantando que Mostar era parte de Croacia. La gente del Velež se sentía yugoslava. No querían ver la desaparición de su tierra. En 1990 habían viajado a Italia para animar a la selección, que se plantó en los cuartos de final del Mundial tras eliminar a España. Pocos meses después, todo estallaba por los aires. Su país ya no existía.

«La nueva Bosnia era tan frágil, que en los primeros años no se pudo crear una liga de fútbol. Se crearon tres diferentes, una para cada comunidad. Después, poco a poco, se unificaron los torneos», me explicó Sasa. En esos años, el Velež incluso eliminó la estrella roja de su escudo, aunque duró poco. Unos años más tarde, los hinchas la recuperaron. Unos hinchas errantes, tristes, pues se habían quedado sin estadio. El estadio de Bijeli Brijeg quedó en la zona controlada por las tropas croatas. Las nuevas autoridades croatas lo convirtieron durante algunos meses en un campo de prisioneros. El terreno de juego que había vivido unos cuartos de final de la Copa de la UEFA en 1975, fue escenario de ejecuciones y torturas. Cuando el fútbol volvió, entregaron el estadio al Zrinjski, club fundado en 1905 por jóvenes nacionalistas croatas que acababa de ser refundado en 1991. Como muchos de los directivos de esa entidad habían militado en los años cuarenta en el movimiento fascista croata, los ustashas, los comunistas disolvieron el club en 1945. Durante años fue una sombra, un símbolo oculto del orgullo croata. Con el fin de Yugoslavia, los croatas desempolvaron sus insignias y el Zrinjski renació. «Ahora tiene más éxito que el Velež, pues tiene inversores croatas. Ha ganado ligas, cuando a nosotros nos ha tocado bajar a segunda en varias ocasiones. Aunque lo que más nos duele es haber perdido nuestro estadio», admite Sasa. Sí, el club croata ha llenado las vitrinas de nuevos trofeos, mientras el Velež ha sufrido algunos descensos, como el del año 2016, cuando fue destrozado por la mala gestión del presidente del Partido Socialista Bosnio, Nermin Nikšić. Entonces, los hinchas recolectaron fondos para evitar la desaparición del club, que volvió a primera regalándose la victoria de un derbi en el estadio de Bijeli Brijeg. Ese día, los radicales del Zrinjski agredieron a los jugadores visitantes. «Para los más veteranos es raro jugar como visitantes en ese estadio que amamos tanto», me decía Nico. En 1994, los nuevos propietarios pintaron el recinto todo de blanco, cuando antes era de color rojo. También pintaron con la bandera croata el monumento dedicado a los socios y deportistas del Velež fallecidos en la Segunda Guerra Mundial. «Aunque lo han pintado, el monumento significa lo que significa. Tienes un pilar hexagonal que simboliza la lucha de todos los yugoslavos contra el fascismo, con tres alas que representan las tres comunidades de Bosnia. Aunque han intentado cambiar el monumento, su simbolismo sigue siendo el mismo», defiende Sasa. «Las oficinas del Velež fueron saqueadas por nacionalistas croatas. Lo rompieron todo. Se perdieron documentos, trofeos, fotos… Fue muy triste», contaba Nico, quien admite que perdió muchos amigos croatas. Después de la guerra, ya no se hablaron más. «Se hicieron hinchas del Zrinjski y ahora van a misa, cuando antes nunca los había visto rezando», decía con una sonrisa que ocultaba desdén.

El Velež juega actualmente al este de la ciudad, en el estadio de Vrapčići, al otro extremo de una ciudad dividida. Los croatas han levantado una cruz inmensa en una colina para dejar claro que son católicos, y los bosnios del este han respondido levantando minaretes. Los croatas tienen en el oeste de Mostar la única universidad en lengua croata de Bosnia. Y los bosnios, sus escuelas. Los croatas tienen al Zrinjski en su estadio. Y los musulmanes, al Velež. Los radicales del Zrinjski son de extrema derecha. Y los radicales del Velež, de extrema izquierda, la *Red Army*, esos chicos que, en ocasiones, se reúnen en el Stari Most para saltar al río. «No encontrarás un musulmán animando al Zrinjski, mientras sí puedes encontrar serbios o croatas en nuestro estadio», decía Nico, sacando pecho con orgullo al tiempo que recordaba con nostalgia una famosa delantera del equipo juvenil del Velež de 1987 formada por Meho Kodro (musulmán) y Vlado Gudelj (croata). Dos jugadores que triunfaron en España poco después, cuando escaparon de la guerra que dinamitó todos los puentes de Bosnia.

1992

Sheriff Tiraspol (Moldavia)

El campeón de un país inexistente

Mientras Europa seguía con atención las guerras de los Balcanes, en otra zona de Europa se producía un conflicto bélico que fue ignorado. La pequeña Moldavia, una zona de mayoría rusa, decidió seguir su propio camino con el apoyo de Moscú, creando un país no reconocido que vive atrapado por el pasado. Aunque tiene un equipo de fútbol ganador.

Algunas guerras te persiguen toda la vida. Cuando eres niño y ves en una pantalla cómo lloran las madres, esas imágenes acaban por volver a tu memoria con el paso de los años. Un día, sin saber muy bien el por qué, recuerdas la sangre en el suelo de un mercado de Sarajevo, esos milicianos serbios borrachos obligando a beber *rakia* a un croata asustado en Vukovar, o una multitud enfurecida agrediendo a una mujer acusada de colaborar con los soldados de Estados Unidos en Somalia. Estos fueron mis demonios. Con ellos, poco a poco, dejé de ser niño para entender que no todo lo que salía en la televisión era ficción.

Uno de esos recuerdos volvió como un *flash* cuando bajé de una *marshrutka,* uno de esos destartalados autobuses que siguen moviéndose milagrosamente, dejando a su paso una estela de humo negro por el este de Europa. De repente, recordé la imagen: el rostro triste de unas ancianas viendo desde el interior de uno de estos cacharros cómo eran expulsadas de su ciudad. Unos veinticinco años antes, en esa misma estación de autobús de Tiraspol, decenas de familias moldavas habían escapado de las tropas que estaban consiguiendo, mediante las armas, la independencia de un país que, oficialmente, aún no existe a día de hoy: Transnistria. Un país que te espera como si fuera un decorado cuando llegas en una de esas *marshrutkas* procedente de Chisinau.

Entre marzo y julio de 1992, en el este de Moldavia se vivió la llamada guerra civil de Transnistria, donde perdieron la vida más de mil quinientas personas. Con todo el mundo pendiente entonces de la guerra de los Balcanes o de los Juegos Olímpicos de Barcelona, casi nadie reparó en este conflicto que provocó la creación de una nueva frontera sobre el río Dniéster. Al oeste quedó la República de Moldavia. Al este, la República Moldava Pridnestroviana, más conocida como Transnistria. Un país que sigue sin ser reconocido oficialmente por nadie. Aunque existe, recordando al mundo que no todas las heridas provocadas por la desaparición de la URSS han cicatrizado.

La república soviética de Moldavia se proclamó independiente en 1991. Para ellos, era una oportunidad para dejar de mirar hacia Moscú y fijar sus ojos en la Unión Europea. Y especialmente en sus hermanos rumanos. Moldavos y rumanos comparten la misma lengua, tal y como reconoce la misma Constitución moldava, que acude a una argucia legal: «En Moldavia la lengua rumana puede ser llamada moldavo o rumano». Son pueblos hermanos. Y muchos incluso consideran que los dos Estados se deberían unir en uno solo, tal como se llegó a negociar en 1990, cuando la URSS se desplomaba y los rumanos ya había ejecutado a Ceaucescu en la ciudad de Târgoviște.

Pero dentro de esa Moldavia que quitaba las estrellas rojas de sus edificios, no todo el mundo miraba hacia Europa. En una estrecha franja de terreno situada entre el río Dniéster y la frontera con Ucrania, la mayor parte de la población era rusa. Muchos de ellos eran descendientes de siberianos internados por el Gobierno soviético en este rincón por ser disidentes o criminales. Era una zona dura, como cuenta Nikolai Lilin en su libro *Educación siberiana,* donde este escritor afincado en Italia recordaba su infancia en Tiraspol, en una familia de mafiosos siberianos deportados. Otra parte importante de la población eran los familiares del ejército rojo destinados en esta región siempre compleja de solamente 4000 km². Una franja llena de rusos, encajonada entre moldavos y ucranianos. Transnistria se proclamó independiente en 1991 y, con el apoyo ruso, alejó al ejército moldavo en 1992. Y así nació un Estado que divide Moldavia, aunque en algunas áreas, el país sigue unido. Una de ellas, es el fútbol.

Cuando llegué a Tiraspol esperaba encontrar una ciudad gris y violenta. El libro de Lilin me había impresionado, y en la bolsa llevaba una recopilación de relatos de Iliá Mitrofanov, llamada *Besarabia,* sobre cómo afectó la Segunda Guerra Mundial a una zona marcada por un destino trágico. «Ya nadie habla de Besarabia —me dijo un anciano llamado Ivan chapurreando algo parecido al español, pues veía telenovelas argentinas—. Pero estamos contentos de tener paz. Aquí siempre hemos tenido guerras. Mis abuelos fallecieron luchando contra los nazis», me explicó en una soleada terraza de Tiraspol. Charlando con ese anciano al sol, la ciudad me parecía más agradable de lo que hubiera podido imaginar. Si no fuera un agujero diplomático con poca luz y muchas sombras, Transnistria incluso podría parecer un gran parque temático del comunismo, con sus tanques, las banderas rojas y esos ojos asiáticos, herencia de un abuelo calmuco que tenía Lenin, mirando detrás de algunos negocios. Pero no es así. Antes de emprender ese viaje, había hablado sobre la región con Vicent Partal, un periodista que vivió la caída de la URSS en directo, que me contó cómo en una visita a Tiraspol años antes, reconoció por la calle a un traficante de armas buscado por la

Interpol. «Transnistria es un agujero diplomático. Nadie reconoce este Estado. Solo ha recibido el apoyo de otras zonas que quieren ser independientes con ayuda rusa, y nadie reconoce las repúblicas del Nagorno-Karabaj o Abjasia. A los rusos les interesa esta zona, pues pueden tener una base militar cerca de Europa y al lado de Ucrania. Y Transnistria se ha convertido en un lugar clave en el tráfico ilegal de armas, divisas u órganos», reflexionaba.

Pese a ello, Transnistria se abre poco a poco a los turistas, la mayor parte de ellos, enfermos de historia o coleccionistas de visados. Y algunos, enfermos de fútbol, curiosos por visitar el estadio del Sheriff Tiraspol, el club que gana la liga de un país del que se quiere independizar. «La primera impresión es dura, aunque luego descubres que las condiciones son buenas si trabajas en el fútbol», explica Juan Ferrando, un entrenador español que trabajó durante unos meses en el Sheriff Tiraspol. «El estadio es más moderno que muchos de España. El centro de entrenamiento es bueno. Muchos clubes de otros países no tienen estas condiciones. Aunque no era aconsejable hacer vida lejos de la ciudad deportiva y tu piso», recordaba una vez ya había buscado otros retos lejos de un club que se ha convertido en el gran embajador de Transnistria. En una zona llena de símbolos soviéticos, encuentras por todos sitios una estrella de cinco puntas que imita la placa de los Sheriff del lejano oeste americano. Es el logo de Sheriff, el conglomerado empresarial que gestiona casi todos los sectores de la economía de Transnistria, incluida su cara más amable, el equipo de fútbol. En este país inexistente, la misma empresa es propietaria del campeón de liga y del partido político en el poder. Todo es política.

Poco después de la guerra, el 23 de junio de 1993, dos antiguos miembros de los servicios secretos soviéticos, Viktor Gushan e Ilya Kazmaly, fundaron Sheriff. Los dos habían sido clave durante el conflicto, coordinando la organización de las milicias locales con el apoyo de Moscú. Gushan, hombre fuerte del KGB de la zona en los años ochenta, pasó a ser uno de los hombres más poderosos en Transnistria cuando ejerció de enlace entre el general de la base militar rusa, Alexander Lebed, y el primer presidente del nuevo país, Igor Smirnov, quien empezó a crear una política de culto a su persona que lo llevó a aparecer en los rublos locales al lado de la cara de Lenin. Smirnov era un tipo particular que acabó delirando, persuadido de que su reinado sería eterno.

Presidente de Transnistria de 1991 a 2011, Smirnov había nacido en la península de Kamchatka, al otro lado del mundo. No llegó a Tiraspol hasta que su padre fue acusado de una mala administración de unas granjas colectivas y condenado en Transnistria, en condición de exiliado interno. Hijo de un condenado, Smirnov no era más que un obrero del sector metalúrgico, aunque la historia ofrece oportunidades para los atrevidos. Y él lo supo aprovechar. Cuando en 1989 las autoridades de Moldavia, cada vez más nacionalistas a la espera de salir de la Unión Soviética, apostaron por imponer el moldavo como el único idioma oficial, Smirnov y otros trabajadores industriales organizaron una huelga que paralizó Transnistria para defender el derecho de hablar en ruso. Smirnov entró así en la política, de forma turbulenta, pues fue elegido parlamentario y en 1990 acabó apalizado en Chisinau por partidarios de la independencia moldava. Su respuesta fue liderar el proyecto independentista de Transnitria con el apoyo del KGB.

Durante muchos años, Smirnov fue un buen aliado de los rusos. El presidente organizó el nuevo Estado con el conglomerado Sheriff, por supuesto, como motor económico. Este grupo empresarial pasó a controlar desde las gasolineras al comercio, pasando por los medios de comunicación y, años más tarde, internet. Con el apoyo del Gobierno, monopolizaba todos los negocios en una zona donde no existe el comercio libre. Un equilibrio entre comunismo en los despachos y capitalismo en el mercado que permitía a Sheriff ganar los contratos más suculentos. Sheriff era la única empresa que podía comprar productos fuera de Transnistria, negociar con diferentes monedas además del rublo local y abrir sucursales de lo que fuera. Oleg Smirnov, el hijo de Igor, acabó como vicepresidente de la empresa. Todo encajaba.

Fue entonces cuando se fundó el club de fútbol, en 1996. En 1998, el Sheriff ya ascendió a la primera división moldava, y en 2001 ganó por primera vez la liga, iniciando una tiranía que les permitió ganar dieciocho de las últimas veinte ligas, diez de ellas de forma consecutiva. Con los Smirnov en el palco, el Sheriff derrotó a equipos con tradición, como la Voivodina de Novi Sad serbia, el Dinamo de Kiev de Ucrania o el Twente holandés. En una liga moldava sin demasiado dinero, el Sheriff se permitía fichar buenos jugadores africanos o brasileños. Para el régimen de Tiraspol, era un motivo de orgullo derrotar a los moldavos en su propia liga, y el joven Oleg acabó convirtiéndose en vicepresidente del club, saludando a unos jugadores que, en ocasiones, tenían problemas para diferenciar quién era directivo del club y quién ministro del Gobierno. Con un servicio de prensa que nunca respondía y no permitía entrevistar a sus directivos, Sheriff ponía un autobús para un grupo de hinchas jóvenes que viajaba por toda Moldavia de forma provocativa. En los partidos fuera de casa, estos *hooligans* se pasaban el partido cantando «¡Rusia, Rusia!».

No obstante, algo se torció a nivel político cuando Moscú perdió la confianza en Smirnov. En el año 2011, los rusos, enfadados porque Smirnov había negociado algunos acuerdos con el Gobierno de Chisinau sin su permiso, apostaron por un cambio. Sergey Naryshkin, el portavoz del Gobierno ruso, afirmó públicamente que no sería una buena idea que Smirnov se presentara otra vez a unas elecciones presidenciales. La televisión estatal rusa llegó a emitir un documental donde era acusado de quedarse ayuda humanitaria rusa para su propio beneficio. Cuando llegaron las elecciones del año 2011, Smirnov fue el tercer candidato más votado y no pudo pasar a la segunda vuelta. O sea, perdió el poder. En la segunda ronda ganaría un joven político, Yevgeny Shevchuk, con un discurso moderno para atrapar a un electorado cansado de la corrupción y la pobreza. Cosas de la vida, Shevchuk había ejercido como director general de Sheriff hasta hacía poco, siendo uno de los directivos clave en la creación del equipo de fútbol.

Pero Shevchuk no supo hacer equilibrios, y pronto acabó peleado con todo el mundo. Se intentó un acercamiento a Europa que no gustó en Moscú. Y su relación con Sheriff también se torció cuando intentó dinamizar una economía sin industria, sin capacidad de producción fuera de la sombra de Sheriff. El resultado fue que la empresa llegó a emitir comunicados contra el presidente, y este recortó ayudas al club, provocando, por ejemplo, que en 2011, año en que Shevchuk había llegado al poder, el Sheriff perdiera por primera vez en diez años la liga.

En 2016 Shevchuk fue apeado del poder, tras ser derrotado en las presidenciales por Vadim Krasnoselski, líder de un partido fundado en el año 2000, el Partido de la Renovación. Según un informe del Departamento de Estado de Estados Unidos, este partido fue fundado y vive de los fondos de la empresa Sheriff, cómo no. «Así, los rusos recuperaron el poder, gracias a Sheriff», cuenta el periodista Anatoly Devyatkov. Krasnoselski incluso ordenó la detención de Shevchuk y lo acusó de corrupción, pero este escapó a Chisinau. «Ahora Sheriff tiene todo el poder, aunque sigue siendo una zona pobre que depende de Moscú para todo», reflexiona Devyatkov. En un contexto de crisis, el club de fútbol sigue ganando. Las alegrías son buenas para un pueblo que ha aprendido a vivir atrapado entre símbolos del pasado y sueños de futuro. Atrapado entre dos fronteras. Atrapado en un país inexistente, con un campeón que gana la liga en casa del vecino.

1994

Rayon Sports (Ruanda)

El genocida que salvó la vida de un futbolista

Un país diminuto, Ruanda, vivió uno de los peores genocidios del siglo XX en los años noventa. En cinco meses, el Rayon Sports pasó de ser uno de los últimos símbolos de unidad a jugar el primer partido del país después de la muerte de millones de personas. Hoy en día, el fútbol todavía intenta unir a un país que ha quedado marcado por ese pasado trágico.

«Te mataremos, cabrón. Nos has mentido». El soldado puso su bota encima del pecho de Eugène Murangwa, apuntándole con el rifle a la cabeza. Pero Eugène no había mentido cuando les había explicado, suplicando por su vida, que era futbolista en el Rayon Sports. Aunque, ¿tenía importancia? Los soldados lo matarían mintiese o no. Eugène cerró los ojos, esperando el disparo. Y fue entonces cuando otro soldado apareció con una foto en la mano. «Joder, ¿eres Toto?», le preguntó. Todos conocían a Eugène como «Toto», una palabra en suajili que quiere decir 'joven'. Era el portero titular del Rayon Sports. Los soldados pasaron una foto de Toto con sus compañeros de equipo de mano en mano, desconcertados. «¿Por qué no nos has dicho antes que eras Toto? ¡Somos fans del Rayon!», empezaron a gritar eufóricos. Sus asesinos se convirtieron en sus salvadores gracias al fútbol. «¿Cómo estás, Toto?», le preguntó uno, casi de forma inocente. ¿Cómo iba a estar? Asustado.

Poco después de salir de su piso, volvieron a llamar para preguntar a Toto si conocía a los vecinos de enfrente, una mujer y sus tres hijos, que miraban aterrorizados. Los soldados querían lanzar una granada en el piso con ellos dentro. Eugène Murangwa afirmó que eran buena gente y les salvó la vida. El 7 de abril de 1994 había empezado el genocidio en Ruanda.

Dos semanas antes, el 23 de marzo de 1994, el estadio Amahoro de Kigali se había llenado horas antes del inicio del partido de vuelta de la primera fase de la Recopa Africana. En la ida, el Rayon había perdido 1-0 contra el Al Hilal de Sudán, pero en la vuelta, los ruandeses golearon por 4-1. Centenares de hinchas saltaron al terreno de juego, eufóricos. En un viejo vídeo se puede ver un hincha con una bandera de Grecia, azul y blanca, los colores del club, llorando emocionado. «Por primera vez en mucho tiempo, hutus y tutsis animaron juntos. Ese día, el ambiente fue tan bonito, que pensé que podríamos tener paz», recordaría Toto. El sorteo deparó que en la segunda fase de la Recopa el rival sería el Brewery de Kenia, pero la eliminatoria jamás se disputó. Justo antes del primer partido, el 6 de abril, dos misiles derribaron el avión donde viajaba el presidente de Ruanda, Juvénal Habyarimana, y su homólogo de Burundi, Cyprien Ntaryamira. Los dos eran de la etnia hutu, la mayoritaria en Ruanda. En pocas horas se desató el infierno, y más del setenta por ciento de los ciudadanos ruandeses de la etnia tutsi fueron asesinados. La victoria contra el Al Hilal fue el último partido de fútbol antes de la masacre. Cinco meses después, el 11 de setiembre, se jugó el primer partido después del genocidio, entre el Rayon Sports y el Kiyobu. Para entonces, más del sesenta por ciento de la población del país había sido asesinada o se había exiliado.

«No fue casualidad que jugásemos el primer partido. Nuestro club sufrió, pues éramos un símbolo de un país unido —defiende Olivier Gakwaya, directivo del Rayon Sports—. Poco a poco, estamos confeccionando una lista de aficionados del club que fueron asesinados. Empezamos con la lista de los jugadores y directivos fallecidos. En total, doce jugadores del club fueron asesinados durante los Cien Días. Y también quince miembros del cuerpo técnico o de la directiva», explicaba, refiriéndose al genocidio así, como «los Cien Días». Pese a que el odio se había ido acumulando durante décadas, el genocidio duró menos que las vacaciones de muchos niños europeos.

Eugène Murangwa fue uno de los jugadores que salvó el pellejo. Cuando el avión del presidente fue derribado, Toto volvía a casa después de ver en un bar cómo Zambia se clasificaba para jugar la final de la Copa Africana de Naciones, goleando a Malí por 4-0. «Todos queríamos que Zambia ganase, pues un año antes, el avión que transportaba su selección se había estrellado y habían fallecido todos. Y, aun así, se metieron en la final». Esa misma noche, otro avión se estrelló por motivos diferentes, con dos presidentes dentro. «Se escuchó una explosión lejana. Después de la guerra era normal escuchar explosiones, así que no le di importancia», explicaba Toto. Pocas horas después, los milicianos llamaban a la puerta de su piso.

Entonces, fuera de África, poca gente sabía de la existencia de los hutus, tradicionalmente agricultores, y los tutsis, ganaderos. Aunque, en verdad, eran pueblos entremezclados. Cuando los belgas consiguieron el control de Ruanda después de la Primera Guerra Mundial, obligaron a usar un documento donde debía estar especificada la etnia, aunque esta podía cambiar. Por ejemplo, todo tutsi que no pudiese acreditar tener diez cabezas de ganado era considerado un hutu por las autoridades coloniales. Además, muchos matrimonios eran mixtos. Pero los años de dominio europeo fomentaron la división. Los belgas mantuvieron en el poder a una Casa Real tutsi, lo que provocó el resentimiento de los hutus. Cuando en 1959 falleció el rey Mutara III Rudahigwa, los hutus se levantaron en armas y los belgas autorizaron la creación de la República Independiente de Ruanda en 1962. Centenares de tutsis fueron asesinados, y millares escaparon a la vecina Uganda.

Ruanda se convirtió en una dictadura dominada por el general Juvénal Habyarimana, de la etnia hutu, quien lideró un golpe de Estado en 1973. En los años ochenta, opositores tutsis fundaron en el exilio ugandés el Frente Patriótico Ruandés (FRP), con el objetivo de volver a Ruanda por las buenas o por las malas. Así, en 1990, el FRP invadió Ruanda con apoyo de Uganda, iniciando una guerra civil que acabó cuando, en 1993, Habyarimana aceptó democratizar el país a cambio de mantener el poder, forzado por las potencias europeas. Muchos tutsis volvieron de Uganda, pensando que por fin reinaría la paz. Oficialmente, Juvénal Habyarimana apostaba por el diálogo, pero por detrás, daba rienda suelta a grupos paramilitares hutus envalentonados por los discursos racistas de la *Radio Des Mille Collines.* Especialmente temibles fueron los Interahamwe, un grupo paramilitar que se formó en 1991 dentro de un club de fútbol, el Loisirs, donde jugaba uno de los hijos del presidente Habyarimana. Los Interahamwe llegaron a tener miles de militantes que se citaban en estadios para entrenar y preparar el genocidio, confeccionando listas de vecinos tutsis. Para facilitarlo, el Gobierno introdujo unas nuevas tarjetas de identidad, como en los años belgas, para identificar a cada ciudadano por su etnia. El genocidio se cocinó a fuego lento, y las potencias europeas no supieron verlo. O no quisieron.

Oficialmente, el país caminaba hacía la reconciliación, cuando en verdad se preparaba para otra guerra. Fueron los años en que volvió la liga de fútbol, cancelada por la guerra civil. La mayor parte de los clubes estaban controlados por políticos del MRDN (Movimiento Nacional para el Desarrollo), el partido de Juvénal Habyarimana. Una de las excepciones era el Rayon Sports, fundado en los años sesenta en la antigua capital de Ruanda, Nyanza, la ciudad donde tuvieron su palacio los reyes tutsis. A los militantes más radicales del MRDN no les gustaba el Rayon Sports, pues no dejaba de ser un símbolo de esos años en que los tutsis ostentaban el poder. Para evitar represalias, el club se trasladó a Kigali, la capital, donde sigue jugando hoy en día. Los azules no dejaron de sumar nuevos hinchas, hutus y tutsis, aunque seguía siendo un club marcado por su pasado. Los partidos contra el Etincelles, un club de Gisenyi, la provincia natal de Habyarimana, solían acabar en batallas campales. En plena guerra civil, el MRDN intentó hacerse con el control del Rayon Sports, vista su popularidad. Georges Rutaganda, uno de los líderes de los Interahamwe, se presentó a las elecciones y las ganó haciendo trampas, aunque fue descubierto y no pudo ocupar el cargo.

Los acuerdos de paz de 1993 coincidieron con la victoria del Rayon Sports sobre el Al Hilal. El presidente Habyarimana incluso invitó a los jugadores a una recepción en su residencia. Solamente unos días después de esa recepción, los Interahamwe entrarían en la casa del centrocampista Celestin *Tigana* Gasangwa para asesinarlo, pero le perdonaron la vida cuando vieron su foto estrechando la mano de Habyarimana. Algunas fotos salvaron a jugadores. Fueron afortunados. Cuando empezó el genocidio, una de las primeras víctimas fue la vicepresidenta del Gobierno, Agathe Uwilingiyimana. Esta científica se había convertido en la primera mujer con este cargo en el este de África. Pero como defendía firmar acuerdos de paz, fue violada y asesinada por los Interahamwe pese a que era hutu, como ellos.

Después de salvar la vida, Toto y su familia se escondieron en casa de un compañero de equipo del Rayon Sports, el hutu Longin Munyurangabo. «Pagó de su bolsillo a los milicianos para que no nos buscaran. Incluso les regaló camisetas de fútbol», rememoraría emocionado Murangwa. Pero los dos sabían que, tarde o temprano, se acabaría el dinero. Toto estaba en peligro, así que Munyuragabo le propuso esconderse en la guarida del enemigo, la casa de Jean-Marie Vianney Mudahinyuka, conocido como Zuzu, un miembro de los Interahamwe. Mudahinyuka, quien sería detenido en 2004 en Chicago y condenado a cadena perpetua por asesinar a más de setecientos tutsis en el estadio de fútbol de Nyamirambo, era directivo del Rayon Sports. Y, mientras mataba inocentes, se preguntaba por la suerte de los futbolistas. Cuando supo dónde se ocultaba Toto, se ofreció a esconderlo en su casa y lo recibió diciendo: «Te cuidaré hasta que juguemos en Kenia». Seguía pensando que el Rayon Sports podría jugar su partido de la Recopa. Eugène Murangwa pasó cinco semanas con Zuzu, hasta que este lo puso en manos de la Cruz Roja y escapó. Fue entonces cuando Toto descubrió los crímenes cometidos por su protector. El 15 de julio, las tropas del Frente Patriótico Ruandés, comandadas por su líder Paul Kagame, entraron en Kigali y se hicieron con el poder, gracias al apoyo de una comunidad internacional escandalizada por las imágenes de familias enteras asesinadas a golpes de machete. Toto estaba a salvo, pero su amigo Longin Munyurangabo fue asesinado en un control de carreteras.

El ciclo de la violencia no paró. Más de dos millones de hutus escaparon a la vecina República Democrática del Congo, temiendo ser víctimas de la venganza de los tutsi. Para evitar más muertes, el ejército francés se desplegó, aunque, en su intento de proteger civiles tutsis, también permitió que escaparan escondidos criminales de guerra que montaron guerrillas en el Congo. Con Kagame como presidente, la nueva Ruanda tiene políticas ecologistas que ya querrían muchos en Europa, cafés modernos, internet en todos lados, estudiantes con portátil y un montón de facilidades para crear empresas. Pero no es oro todo lo que reluce. Kagame ha desestabilizado una y otra vez a la vecina República Democrática del Congo, donde han estallado nuevas guerras que no dejan de ser la continuación del genocidio ruandés, en un nuevo escenario internacional que ha destrozado la zona de los Grandes Lagos. Además, Kagame no ha dudado en borrar de un plumazo a opositores, aunque fueran héroes, como Paul Rusesabagina, el asistente de dirección del Hotel des Mille Collines que salvó la vida de más de mil doscientas personas que se ocultaron en las habitaciones de su hotel. Premiado y reconocido en medio mundo, Rusesabagina acusaría a Kagame de no caminar hacia una reconciliación real. Después de recibir amenazas de muerte, escapó al exilio. Casi en las mismas fechas, también Toto se fugó de Ruanda, asustado después de diferentes matanzas cometidas por guerrillas hutus que atacaban desde el Congo. Después de un partido de la selección en Túnez, aprovechó una escala del avión y escapó a Bélgica, aunque volvió cuando el país se estabilizó.

En la actualidad, Murangwa vive en Kigali, donde organiza campus de fútbol para fomentar el diálogo. No se pierde los partidos de su Rayon Sports, al que le ha salido un nuevo rival, el AFR, equipo campeón en diecisiete de las últimas veinticinco ligas. El AFR (Armée Patriotique Rwandaise) fue fundado en 1993 por el Frente Patriótico Ruandés de Paul Kagame. «El Rayon Sports no gustaba a Juvénal Habyarimana. Y ahora no tiene tantas ayudas como el AFR», razona el directivo Olivier Gakwaya. Pese a todo, se calcula que más del sesenta por ciento de los ruandeses son hinchas del Rayon Sports, ya sean tutsis o hutus. «El fútbol debería ser un punto de encuentro, pero en Ruanda se utilizaron estadios para cometer asesinatos. Se usaron los clubes para fomentar el odio», admite Gakwaya.

Cada verano, el Rayon Sports visita el Museo del genocidio de Kigali para rendir honores a sus muertos. Es un museo impactante. Una de las últimas salas está dedicada a los niños que fueron asesinados durante el genocidio. Sus fotos nos interpelan. Nos recuerdan que toda una generación desapareció mientras el mundo miraba hacia otro lado. Fallecieron abrazados a sus juguetes, a sus familias, a sus balones de fútbol.

1999

Akhmat Grozni (Rusia)

Un guerrillero en el escudo

Chechenia quedó totalmente destrozada en la década posterior a la caída de la URSS. Si en la primera guerra chechena Rusia fue derrotada, en la segunda impuso su ley gracias a la superioridad militar y a su buen hacer, consiguiendo que los enemigos cambiasen de bando. Y de esta alianza nació un club de fútbol diferente a los demás.

El 9 de mayo de 2004 un explosivo estalló bajo el palco del estadio de fútbol de Grozni. No era un día de partido. Ese domingo, el presidente checheno Akhmat Kadyrov llegaba al vetusto estadio del Dinamo para presidir el desfile del ejército ruso organizado como parte de los actos del Día de la Victoria, la fecha que recuerda los sacrificios realizados durante la Segunda Guerra Mundial en los territorios que formaron parte de la URSS. La imagen era potente. Kadyrov, un muftí religioso que había mutado a guerrillero barbudo, ahora aparecía como un respetable político, con corbata. Los cambios de armario explicaban cada nueva etapa en la vida de este gigantón. Con la caída de la URSS, había dejado los hábitos religiosos para vestir ropa de camuflaje militar durante la Primera Guerra de Chechenia, de 1994 a 1996, cuando defendía en sus arengas que cada checheno debía matar a ciento cincuenta rusos. Durante algunos meses, los jóvenes reclutas rusos enviados a esta frontera sufrieron su ira. Ir a Chechenia era como viajar al infierno, con emboscadas en cada cañada, en cada barrio. Los restos del viejo ejército soviético perdían soldados, que acababan ejecutados mediante procedimientos medievales por los milicianos liderados por Dzhokhar Dudayev, un antiguo comandante del ejército rojo que se había convertido en el cabecilla de las fuerzas separatistas chechenas. Se decía que jugaba a fútbol con las cabezas de sus víctimas. Y Kadyrov, muftí de esas tropas, lo aprobaba.

Durante algunos meses, Chechenia fue independiente *de facto*. Moscú perdió el control de esta región, famosa por sus belicosos habitantes. Cansados de ver a sus hijos volver en cajas de madera, los ciudadanos forzaron a Boris Yeltsin a retirarse. Aunque los rusos saben ser pacientes, como cuando juegan al ajedrez. Supieron dar la vuelta al problema. Cuando estalló la segunda guerra de Chechenia, de 1999 a 2009, volvieron con armas más modernas, con tropas más preparadas. Y dividieron al enemigo. Kadyrov, uno de los principales líderes religiosos de esa Chechenia independiente, se pasó al bando ruso. Pese a que los chechenos tienen fama de ser hombres de palabra, resultó que también tenían un precio. Cuando los tanques rusos ocuparon la ciudad y ganaron la guerra tras la devastadora batalla de Grozni, Kadyrov se convirtió en el hombre fuerte de Putin, traicionado por viejos aliados como Dudayev, asesinado por un misil ruso. Moscú decapitó el independentismo checheno y se aseguró de controlar esta república caucásica de mayoría musulmana, donde los rusos siempre han sido minoría. El precio aceptado por Kadyrov para cambiar de bando era mucho dinero y ser elegido presidente de la República de Chechenia, trabajando codo con codo junto a Vladimir Putin. Muchos chechenos, cansados de años de violencia, aceptaron seguir viviendo bajo la bandera rusa si estos respetaban su religión. Aunque los más radicales, muchos de ellos enrolados en grupos islamistas, no estaban dispuestos a perdonar a Kadyrov. Y ese 9 de mayo, una bomba acabó con su vida. En Chechenia, los ancianos siempre han sido respetados, pues no todos los hombres llegan a ser abuelos. Kadyrov no escapó de este destino. Tenía cincuenta y dos años ese domingo en que entró al viejo estadio del Dinamo, un estadio donde nadie podía recordar el último partido de fútbol que se había jugado.

Pero el fútbol no se había detenido en Chechenia. Solamente veinte días después del atentado, el 29 de mayo, el Terek Grozni jugaba la final de la Copa de Rusia en Moscú contra el Krylya Sovetov de Samara. En las gradas del estadio del Lokomotiv, centenares de chechenos emigrados a la capital llegaron para animar al club de su tierra. Para muchos, era la primera vez que veían un partido de un club sin demasiada tradición, que solía jugar en gradas vacías en ciudades perdidas fuera de Chechenia, pues no tenían permiso para jugar en su casa por motivos de seguridad. Sin embargo, no dejaba de ser un club convertido en un símbolo del Gobierno de Kadyrov, quien presidía personalmente la entidad. El Terek vestía de color verde, el color de la bandera chechena. La mascota era un lobo, el animal que simboliza al pueblo checheno. «Kadyrov sabía de la importancia de los símbolos. Tener un equipo checheno en la liga rusa era el mejor símbolo de los nuevos tiempos: respeto a la identidad local dentro del sistema ruso», argumenta Majnat Kurbanova, doctora especialista en el Cáucaso. Y, pese a ser un club de segunda división, el Terek se había plantado en la final de la Copa. Detrás de una portería, unos trabajadores de la Federación Rusa colgaron una lona gigante con la cara de Akhmat Kadyrov, un retrato presidencial donde aparecía tocado con la papaja, el gorro típico de Chechenia de lana de oveja. Veinte días después de la muerte de Kadyrov, el club, que legalmente aún presidía el difunto político, ganó la Copa gracias a un gol en el último minuto del delantero Andrei Fedkov. Cuando los jugadores fueron recibidos en el palacio presidencial de Grozni unos días después, los esperaba Ramzan Kadyrov, el nuevo hombre fuerte de la región. Sí, era el hijo de Akhmat. «Fue él quién, años más tarde, decidió que el equipo de fútbol dejara de llevar el nombre del río Terek para ser bautizado en honor a su padre, Akhmat», explica Kurbanova. En 2004, Ramzan aún no podía ser presidente de Chechenia, pues era demasiado joven según la ley. Esperó tres años mandando en la sombra, hasta cumplir los treinta. Con el Terek fue diferente. En pocas semanas, ya presidía el club de fútbol, convirtiendo un equipo menor en un club de primera. En la actualidad, el estadio donde fue asesinado el padre ha sido remodelado por el hijo. Ahora es el moderno estadio Akhmat, donde juega el viejo Terek, rebautizado en 2017 como el Akhmat de Grozni. Y todo esto en la calle Akhmat. El culto a los Kadyrov se ha convertido en la nueva ideología de Chechenia.

Cuando el Terek ganó la Copa de Rusia con un presidente muerto, Moscú ya estaba invirtiendo millones de rublos en la reconstrucción de Grozni, urbe que sus bombas habían destrozado. Cuando acabó la guerra, el estadio de fútbol local tenía cráteres en el terreno de juego. Las tropas rusas habían quemado parte de las gradas de madera para hacer hogueras. Y el césped se había convertido en un aparcamiento para los tanques. Grozni tenía entonces la fama de ser la ciudad más destruida del mundo, aunque, en pocos años, los Kadyrov levantaron con dinero ruso una ciudad moderna, llena de grandes edificios de cristal y mezquitas por doquier. «Alá nos envía el dinero», dice Ramzan Kadyrov cuando le preguntan por el origen de esas inversiones. Si el padre era un devoto musulmán que no se excedía demasiado en público, el hijo cuelga su vida privada en las redes sociales, donde aparece disparando armas, boxeando o comprando objetos de lujo, mientras las ONG acusan a su Gobierno de asesinar a opositores, homosexuales y periodistas críticos. En Chechenia, el precio para conseguir la paz ha sido un régimen tiránico. «El pueblo necesita pan y circo», defiende siempre Ramzan. Y el fútbol forma parte de ese plan.

Fundado en 1946 con el nombre de Dinamo de Grozni, el club había sido durante muchos años una entidad gestionada por los rusos. Después de la Segunda Guerra Mundial, Stalin consideró que los chechenos, siempre atentos a cualquier oportunidad para recuperar sus libertades, habían colaborado con Hitler, e inició las deportaciones masivas hacia zonas remotas de Siberia o Kazajistán, donde nació el propio Akhmat Kadyrov. Durante los años cincuenta, Grozni se vació de chechenos y se llenó de rusos. Con la muerte de Stalin, los chechenos pudieron volver a casa. Y el club de fútbol local se rebautizó como Terek, un gesto para cerrar los años duros del stalisnimo, pues el nombre Dinamo se relacionaba con los servicios secretos, la KGB, los mismos que habían deportado a los chechenos. Terek era un nombre abierto a todos, pues era el río local, aunque nunca consiguió ser un club de primer nivel y jugó como mucho en la segunda división soviética. Tras la caída de la URSS, el Cáucaso se convirtió en un polvorín, con decenas de incidentes armados, como el checheno. Durante meses, clubes de fútbol como el Terek hacían largos viajes para jugar partidos, cruzándose en la carretera con carros blindados. En 1994, las autoridades prohibieron al Terek jugar en casa, pues los rivales se negaban a viajar a una ciudad donde la gente iba armada al estadio. Poco después, el club desapareció bajo las bombas. Algunos jugadores escaparon a Rusia o Israel. Otros se unieron a las milicias independentistas.

Pese a que durante la guerra el club oficialmente no existió, ya durante los últimos años de la primera guerra de Chechenia se jugaron partidos en el mismo estadio donde Akhmat Kadyrov sería asesinado años más tarde. Al muftí siempre le había gustado el fútbol, y apadrinó al club. Pese a que los Kadyrov intentaron borrar los recuerdos de esa época en que eran enemigos de Moscú, se sabe que Ramzan jugó partidos en ese Terek provisional, ganando los torneos que intentaban convertirse en una liga independiente en Chechenia. Cosas de la vida, un megalómano como Ramzan Kadyrov intenta que no se sepa que marcó goles y ganó copas, pues es una época que no le interesa recordar. Esa en que era enemigo de los rusos.

En 2001, cuando Moscú recuperó el control sobre Grozni, el Terek volvió a la vida al inscribirse de nuevo en la Federación Rusa de Fútbol. Aunque como la zona aún era demasiado insegura, se trataba de un club exiliado en Kislovodsk, una ciudad balneario a unos doscientos cincuenta kilómetros de la frontera chechena. Durante siete años, el Terek jugó como local en diferentes ciudades perdidas, como Lermontov o Pyatigorsk. Todo el mundo tenía miedo de los chechenos, y el ayuntamiento de Kislovodsk no permitía que jugaran allí, aunque consentía que entrenaran. La paz tampoco llegaba cuando eran visitantes. Durante muchos años, fue habitual que los partidos del Terek fuera de casa acabaran con graves incidentes en las gradas, con *hooligans* rusos de extrema derecha apaleando a cualquier aficionado con aspecto de checheno. Pese a todo ello, el Terek tardó solamente tres años en ascender de cuarta a primera. En 2004 se convirtió en el primer club capaz de llegar a los cien puntos en una edición del torneo de segunda, ganando el mismo año la Copa de Rusia y debutando en Europa, cuando llegaron a eliminar al Lech Poznan polaco antes de caer contra el Basilea suizo. Con los Kadyrov moviendo los hilos, el Terek era un símbolo del renacer checheno. Khaidar Alkhanov, ministro de Deportes checheno, negoció en persona una inversión de un millón de euros con el Gobierno ruso. Y uno de los empresarios más ricos de la zona, Bulat Chagaev, se convirtió en el vicepresidente del club, usando su dinero para fichar buenos jugadores. «El Terek pagaba buenos sueldos, pues las condiciones eran duras —admite el argentino Héctor Bracamonte—. Cuando me ficharon, tenía dudas, claro. Yo ya jugaba en Rusia y sabía de la guerra, de la mala fama de Chechenia. Aunque cuando llegué me pareció seguro, pues en cada esquina tenías cinco soldados armados. Igualmente, la ciudad no es ideal para vivir. No venden alcohol, las mujeres deben taparse el pelo y vestirse por debajo de las rodillas... Son duros con la religión», me explicó este argentino de largas melenas que se convirtió en una figura de culto en el fútbol ruso por su garra. Un tipo sin miedo, en 2009 aceptó la oferta del Terek. «Tenías la sensación de estar seguro, aunque siempre con cierta tensión. Allí era normal ver cómo paraban a cada persona o vehículo al que consideraban sospechoso. Sabías que, en ocasiones, había atentados islamistas, aunque la prensa no los contaba. Y quizá ni te llegaba, pues tampoco vivíamos en Grozni. Nosotros nos entrenábamos y vivíamos en Kislovodsk, un pueblito chiquito pero pintoresco en las montañas, fuera de Chechenia. Dos días antes del partido, salíamos para Grozni, en un viaje de cuatrocientos kilómetros por carreteras horribles. Era jodido», recordaba con una sonrisa. Si para un jugador del equipo local era duro, para los visitantes, aún más. Marc Crosas, exjugador del Barça que militó en el Volga de Nizhni Novgorov, quedó impresionado: «El ejército te escoltaba en todo momento. Una tanqueta delante, tipos con pasamontañas por todos lados. No podías salir a la calle, el hotel era un búnker. El ambiente era tenso, salías a jugar incómodo, con los jugadores rusos contando entre bromas historias de la guerra que te ponían los pelos de punta».

Cuando en 2009 Moscú autorizó finalmente al club para jugar de nuevo en Grozni, la ciudad estaba en pleno proceso de cambio. En 2011 se inauguró el nuevo estadio, con capacidad para treinta mil personas. Para estrenar este recinto que había costado más de 250 millones de euros, Ramzan Kadyrov invitó a un grupo de estrellas brasileñas, como Romario, Dunga o Bebeto. El presidente jugó en el equipo local, que perdió el partido. En 2015, para celebrar los sesenta y tres años de Vladimir Putin, se organizó otro partido amistoso contra un combinado de exjugadores italianos, como Franco Baresi o Dino Baggio. Esta vez ganaron los chechenos 4-1, con un gol del propio Kadyrov. Los italianos opusieron poca resistencia, aunque se marcharon con los bolsillos llenos, pues habían cobrado más que los brasileños. Ese mismo año, Kadyrov organizó una rueda de prensa para explicar que «soy el hombre más feliz del mundo, he recibido una transfusión de sangre de un descendiente del profeta Mahoma».

Kadyrov no se suele perder ni un partido de su club. En ocasiones, aparece acariciando a un gato de compañía en el lujoso palco presidencial. En 2013, el mandatario protagonizó un escándalo durante un partido de liga del Akhmat contra el Rubin Kazan. Enfadado con el colegiado del partido, lo insultó por los altavoces del estadio. El partido se retransmitía por televisión en toda Rusia, así que los espectadores pudieron escuchar esos gritos, acusando al árbitro de ser un «vendido», entre otras cosas. Kadyrov, en su Instagram, pediría disculpas a los espectadores, aunque no al árbitro. La Federación Rusa no lo pudo sancionar, pues en 2011 había dejado de ser oficialmente el presidente del club para evitar problemas legales, ya que las normas deportivas piden separar el poder político del deporte.

En su intento de crear un Akhmat ganador, Kadyrov ha fichado a jugadores como Samuel Eto'o o al brasileño Roberto Carlos. Al neerlandés Ruud Gullit lo fichó como entrenador, pero unos meses después lo despidió por «vago». En Chechenia se cuenta que le agradan más los jugadores que los entrenadores, pues le gusta mandar. «Tiene un zoológico propio mejor que el de Moscú. Cuando sale con sus coches de lujo, la policía vacía las calles; así, él puede ir a toda velocidad. Es un personaje. Cuando me ficharon, me llevaron a conocerlo a su residencia. Después, él mismo me llevó a ver las instalaciones. Me subió a su coche de carreras con un tipo de seguridad detrás, y en la mitad del camino, saca su metralleta de oro con perlas incrustadas. Me la entregó y yo, por error, le apunté. ¡El tipo de seguridad me quería disparar, era una arma cargada de verdad! Y él se reía», me explicaba Bracamonte, recordando sus días en Chechenia.

Pese a todo, el fútbol también le ha demostrado a Kadyrov que no lo puede tener todo. Aunque lo solicitó, no consiguió que Grozni fuera sede del Mundial del 2018. Se debió conformar con ser el campo base de la selección de Egipto. Tampoco ha conseguido que el Akhmat, ya con el nombre de su padre en el escudo, gane más títulos. Sigue en primera, aunque incapaz de derrotar a los equipos grandes de Moscú y San Petersburgo. Los Kadyrov quisieron que su club fuera un símbolo, y lo consiguieron. En casa mandan, aunque en el fondo siguen a la sombra de los rusos. Como en la clasificación de la liga.

2011

Al Ahly (Egipto)

Los mártires que fallecieron
con la bufanda al cuello

Los hinchas de los principales equipos de fútbol de Egipto desempeñaron un papel destacado en la revuelta del año 2011 contra el Gobierno tiránico de Mubarak. En las calles, pelearon contra la policía y defendieron a los manifestantes. Aunque unos meses más tarde, se orquestó una venganza contra la afición del Al Ahly, el club más grande del país.

La cantidad y diversidad de uniformes me confundían. Negros, grises, marrones, blancos, azules... Parecía un desfile de moda de señores con una arma en la cintura. Un oficial barrigón embutido dentro de un uniforme blanco que parecía a punto de explotar gritaba a las motos que intentaban saltarse un semáforo en rojo. Otro, con un sombrero que parecía salido de la Segunda Guerra Mundial, daba empujones a unos chavales entre los coches. El caos de El Cairo intimida la primera vez que pisas la ciudad. Y más cuando se juega un partido de fútbol importante. «¿Este señor de qué cuerpo es?», le pregunté al taxista. «Algo de la Marina, creo», contestó. A medida que llegábamos al estadio Internacional, aparecían más uniformados. Era como entrar en un búnker. A las puertas del recinto, un cuerpo entero de caballería bajaba sus monturas de unos camiones oxidados al lado de una tanqueta. «Se ha desplegado todo el ejército, ¿no?», le preguntaba una y otra vez al taxista. «Sí, claro. Hoy se han desplegado todos, señal de que el faraón estará en el estadio», contestó.

Era abril del año 2007. El Al Ahly, el club más popular de Egipto, celebraba su centenario, y tiró la casa por la ventana invitando al Barça. Los hinchas llegaron cinco horas antes al estadio Internacional, superando entre gritos hasta tres controles en las calles de Nasr City, un barrio construido bajo el mandato de Gamal Abdel Naser en los años sesenta, para que se convirtiera en el corazón de un nuevo Cairo, moderno y victorioso. Nasr significa eso precisamente, 'victoria', aunque Egipto suele perder las guerras. Sus futbolistas, en cambio, sí han mantenido el pabellón alto. Nadie ha ganado más Copas de África que ellos. Y el Al Ahly se convirtió en el mejor club africano del siglo xx. El partido contra el Barça serviría para eso, para recordar al mundo que en África no tenían rival. Así que intentarían buscar las cosquillas a un gigante europeo. Ni siquiera el presidente Hosni Mubarak se quiso perder la cita, pese a que no se prodigaba en recintos deportivos. Su presencia provocó que pareciera más fácil escapar de una cárcel que entrar en el estadio. Cuando Mubarak entró en el palco poco antes del inicio del encuentro, protegido por unos cristales a prueba de balas, los teléfonos móviles dejaron de funcionar unos segundos, no fuese que alguno sirviera para detonar explosivos. Toda la grada se giró mientras sonaba por los altavoces el himno nacional. *Bilady, Bilady, Bilady.* 'Mi país, mi país, mi país'. La tribuna, llena de funcionarios con relojes caros, aplaudió feliz. Lejos, en los asientos populares, los hinchas más radicales del Al Ahly entonaron cánticos de apoyo al equipo, silenciando el nombre de Mubarak, aparentemente intocable por aquel entonces. No se atrevieron a abuchearlo, cierto, aunque lo desafiaron coreando el nombre de su club, un pequeño acto de disidencia.

Años más tarde, esos mismos hinchas fueron clave para expulsar a Mubarak del trono. «El pueblo ha dicho basta. Era el momento de jugarse la vida por un futuro mejor. Nosotros hemos estado años sufriendo la violencia policial, pero aprendiendo cómo luchar. Estábamos listos». En diciembre del año 2011 contacté por correo electrónico con un hincha del Al Ahly que pedía mantener su nombre en el anonimato. Firmaba sus *e-mails* como Zidane. En un inglés precario, me contó que había estado luchando en las calles. «Ganamos la libertad con la sangre de nuestros hermanos», escribía, repitiendo las consignas cantadas en las calles por los manifestantes que consiguieron forzar la dimisión de Mubarak durante los primeros meses del año.

A finales del año 2010, en todo Oriente Medio, los dictadores que llevaban décadas en el poder se tambaleaban. El ejemplo tunecino, donde había caído Zine el Abidine Ben Ali, se había extendido como la pólvora, y los egipcios, cansados de la tiranía del faraón, salieron a la calle. Ese año 2011, la Primavera llegó a Egipto en enero. El día de Año Nuevo, una bomba detonada en una iglesia en Alejandría había provocado las quejas de la comunidad cristiana, que recibió el apoyo de sus vecinos musulmanes. Durante los primeros días de enero, hasta seis personas se prendieron fuego, inmolándose en protesta contra la represión, siguiendo el ejemplo del vendedor ambulante tunecino Mohamed Bouazizi, quien se había quitado la vida dando inicio, sin saberlo, a la revolución en este país. Así empezaron las Primaveras Árabes, de Túnez a Siria, de Egipto al Yemen. Usando las redes sociales, los opositores se citaron el martes 25 de enero en las principales ciudades egipcias en unas manifestaciones que acabaron con muertos. Era un grupo heterogéneo unido por un sueño: derribar a un dictador que afirmaba ser un presidente. Jóvenes socialistas al lado de islamistas de larga barba. Feministas con el pelo al viento al lado de mujeres con burka. Las manifestaciones se repitieron con más fuerza después de la Yumu'ah, la oración de los viernes, la que se reza de forma comunitaria. En el islam, las revoluciones siempre empiezan los viernes, cuando los fieles salen de las mezquitas.

Y el viernes 28 de enero, los egipcios empezaron a derribar un régimen que llevaba en el poder más de veinte años, convirtiendo la plaza Tahrir en el centro neurálgico de su revolución. Como matones anónimos asesinaban de noche a los manifestantes cuando volvían a casa, y estos empezaron a acampar juntos. El Gobierno cortó internet, pero los jóvenes egipcios, especialistas en el arte de buscarse la vida, crearon *softwares* alternativos. El 2 de febrero, Mubarak convocó a sus militantes para que expulsaran a los acampados en Tahrir. Algunos fieles al presidente embistieron a la multitud montados en camellos y caballos, en una imagen que parecía sacada de otro siglo. Pero sufrieron una derrota, pues fueron recibidos por jóvenes bien organizados, armados con palos y piedras. Eran chicos que no tenían miedo a la violencia o las porras policiales, pues habían crecido con moratones en su piel: los ultras.

Cuando millares de egipcios se levantaron contra Mubarak, dos colectivos estaban especialmente preparados. Uno eran los militantes de los Hermanos Musulmanes, el partido islamista prohibido durante tantos años. El otro eran los ultras de equipos de fútbol, forjados en mil batallas contra la policía en estadios y calles. Jóvenes sin miedo, bien organizados, que admiraban a los grupos estructurados de las ligas de fútbol europeas y copiaban su estética. Ese 2 de febrero, los ultras del Al Ahly y los del Zamalek, eternos enemigos en las gradas, se aliaron para expulsar a esa turba enviada por Mubarak. «Nuestro grupo oficialmente no participó en las manifestaciones, pues nacimos para animar al Al Ahly. Pero casi todos estábamos en Tahrir, a título individual», explicaba Zidane. O sea, era una forma de proteger al grupo. No era mala idea. En 2013, en Turquía, el Gobierno de Erdogan llegó a juzgar por intento de golpe de Estado y terrorismo a treinta miembros del grupo ultra del Besiktas, los Çarşı. La excusa fue que el grupo, de tendencia anarquista, organizó de forma colectiva su participación en unas manifestaciones contra el Gobierno que acabaron con incidentes.

El principal grupo de hinchas del Al Ahly, los Ultras Ahlawy, había nacido en 2007, y en pocos años ya sumaban un largo historial de incidentes. Peleando, esos chicos se sentían libres. Eran jóvenes que se inspiraban en los ultras italianos, que encontraban en el deporte un espacio donde poder liberar la rabia de ser jóvenes en un país sin futuro. Una generación en el paro, que subsistía haciendo trapicheos. Cuando estalló la revuelta, el grupo publicó un texto en Facebook diciendo que cada miembro sería libre para decidir qué hacer. Aunque casi todos salieron a la calle. Y en Tahrir se encontraron con miembros de los Ultras White Knights del Zamalek, unos enemigos que se convirtieron en hermanos. Si antes de los derbis se habían llegado a pelear a navajazos, ahora compartían barricada.

«Se suele decir que Al Ahly es un equipo más popular y el Zamalek es de los ricos. Nos gusta cantar *Nosotros somos Egipto*», explicó Zidane en sus correos. Aunque no era del todo cierto. En verdad, los dos clubes habían sido fundados por gente de clase alta, y se habían convertido en gigantes con hinchas en todos los barrios, en todas las capas sociales. El Zamalek había nacido en la isla de Gezira, en el corazón de El Cairo, donde existen clubes exclusivos con vistas al Nilo. Sus fundadores eran extranjeros que gestionaban las empresas inglesas, belgas o francesas que controlaban la economía local. Empresarios vestidos con elegantes trajes confeccionados en París que se mezclaban con los hijos de las mejores familias cairotas, siempre cercanas al poder. Por eso, durante un tiempo, el club llevó el nombre del monarca, el rey Faruk. Cuando este fue derrocado, el equipo fue rebautizado con el nombre del barrio de Zamalek, la zona norte de la isla de Gezira. Aunque curiosamente, quien tiene la sede en esta zona rica es el Al Ahly, no el Zamalek. El Al Ahly fue fundado por estudiantes nacionalistas que aspiraban a sacarse de encima la sempiterna presencia de los británicos, aunque admitían el buen gusto de los ingleses por el deporte. Por eso lo bautizaron con este nombre, Al Ahly, que quiere decir 'nacional'. En su momento, la rivalidad tuvo algunos tintes políticos. Ahora ya no. Ahora solo se trata de ser el más grande. Y, con el paso de los años, los dos se convirtieron en los dos clubes africanos con más Champions de la CAF en sus vitrinas, aunque el Al Ahly va por delante. «Siempre han existido peleas en los derbis. Ya había fallecido gente antes de los ultras», recordaba mi contacto anónimo, como si quisiera justificar las peleas de su grupo. Y es cierto. Los primeros muertos en peleas en derbis cairotas fechan de los años cuarenta.

Antes, la violencia era salvaje, pasional, provocada por un gol anulado o un insulto lanzado al viento. Los ultras eran diferentes. Bien organizados, habían convertido la militancia en su grupo en su estilo de vida. Por eso se adaptaron mejor que nadie al caos en que se vio sumido Egipto en 2011. Después de la batalla de los camellos, miembros de Ultras Ahlawy lideraron el ataque a comisarías o centros de la policía secreta. El pueblo pasó al ataque, quemando edificios del Gobierno y destruyendo archivos sobre opositores. Para esos chicos, fue una victoria poder entrar en esas comisarías donde habían sido detenidos y golpeados. Y lanzar por la ventada el retrato de Mubarak. El faraón había perdido el poder, y ya ni el ejército lo respaldaba. Cuando Mubarak finalmente dimitió, los ultras cantaron victoria, pese a que la paz no llegó. Egipto vivió dos Gobiernos de transición, una junta militar y, finalmente, unas elecciones en que salió victorioso el líder de los Hermanos Musulmanes, Mohamed Morsi, el primer presidente elegido democráticamente en la historia del país. Aunque solamente duró un año en el poder, pues un golpe de Estado del ejército acabó con Morsi en la cárcel, donde falleció, enfermo. Así llego al poder Abdul Fatah al Sisi, comandante en jefe de las Fuerzas Armadas de Egipto. Bajo su mandato, Hosni Mubarak fue declarado inocente de los crímenes cometidos durante la revolución del año 2011. Y el faraón falleció en libertad en 2020.

Zidane ahora vive en Catar, donde se ha casado y trabaja en una empresa informática. No quiere dar su nombre, pues le gustaría volver a casa, aunque tiene miedo desde el año 2012. Coincidiendo con el aniversario de la batalla de los camellos, los ultras del Al Ahly se desplazaron a la ciudad de Port Said para ver un partido de liga de su equipo contra el Al Masry. El país se preparaba para las elecciones que ganaría Morsi, con una junta militar en el poder de forma temporal. Una junta que permitió que setenta y nueve personas fallecieran en el estadio de Port Said ese día. Al final del partido, centenares de hinchas locales saltaron al terreno de juego armados con palos y cuchillos. «La policía no hizo nada, permitió que agredieran a nuestros jugadores», recuerda Zidane. Después, se dirigieron a la zona ocupada por la hinchada visitante y asesinaron a muchos aficionados del Al Ahly. Otros fallecieron en una estampida mientras intentaban escapar. «Fue una venganza. En Port Said tiene base el ejército, siempre fue una ciudad bastante fiel a Mubarak. Nos atacaron como venganza por nuestro papel en la revolución», argumenta Zidane, quien ese día perdió a diferentes amigos. «Nos quieren castigar y ejecutar por haber participado en las revoluciones contra la represión», señalaron los ultras en un comunicado. De los setenta y nueve fallecidos, setenta y dos eran miembros de Ultras Ahlawy. Algunos incluso se refugiaron en el vestuario, donde fallecieron en brazos de sus ídolos, los jugadores. Esa carnicería impactó tanto a los futbolistas, que tres de ellos, Mohamed Aboutrika, Mohamed Barakat y Emad Moteab, anunciaron que se retiraban. El club los convenció para que siguieran jugando, aunque necesitaron ayuda psicológica para ello.

En el juicio, veintiún hinchas del Al Masry fueron condenados a muerte. Ni un solo policía o militar fue acusado, pese a que era evidente que actuaron compinchados. Los familiares de los condenados a muerte, defendiendo que eran inocentes, salieron a las calles de Port Said. Los incidentes acabaron con cuarenta muertos en una ciudad donde aún afirman que todo fue orquestado por el ejército. Y que los veintiún jóvenes hinchas del Al Masry fueron sacrificados para evitar que los ultras del Al Ahly provocaran la anarquía en El Cairo. El juicio debilitó aún más la ya de por sí débil posición de Morsi, que caería poco después en el golpe de Estado con el que el ejército tomó el poder. Ni los hinchas del Al Ahly ni los del Al Masry sienten que se haya hecho justicia.

Los incidentes de Port Said provocaron que las autoridades decretaran que no se podía jugar más al fútbol. Durante dos años, la liga de Egipto quedó cancelada. Aunque en un extraño giro de guion, esas dos temporadas sin liga, 2012 y 2013, el Al Ahly ganó la Champions africana. Lo consiguió pese a perder futbolistas y jugar la mayoría de sus partidos sin público en El Gouna, una ciudad a quinientos kilómetros de El Cairo. Cuando en 2012 ganaron el torneo, los jugadores lo celebraron con camisetas con el número 72, en honor a los mártires de Port Said. El capitán, Mohamed Aboutrika, explicó a la prensa que habían jugado pensando en ellos. El mismo jugador que años más tarde acabaría marchándose al exilio, cuando fue acusado por las autoridades de ayudar a los Hermanos Musulmanes. La policía interrogó a su padre y explicó en una rueda de prensa que daba dinero a los islamistas usando una agencia de viajes. Aboutrika lo negó, sin poder volver a Egipto, donde la liga acabó regresando, aunque sin muchos hinchas en las gradas. Tienen miedo. Al final, la sangre vertida durante la Primavera no permitió cambiar demasiado las cosas.

2011

Assyriska FF (Suecia)

La selección sin nación

En el año 2011 estalló la guerra civil de Siria. Lo que inicialmente eran unas protestas para derrocar al Gobierno, acabó convirtiéndose en un conflicto internacional donde las minorías religiosas y étnicas de la zona han sufrido la persecución de diferentes grupos extremistas. Lejos de Siria, un club de fútbol sueco tomó partido.

Era el verano del año 2014. Volviendo de la playa, los turistas ponían la tele para ver las noticias. En ellas se hablaba del Estado Islámico y de cómo la guerra de Siria se había transformado en un conflicto internacional al cruzar la frontera de Iraq. En la pantalla se podía ver a los refugiados que escapaban de la brutalidad de una guerra despiadada. Algunos estaban llegando ya a las playas cerca de los hoteles griegos donde muchos europeos no hacían demasiado caso a lo que decía la televisión. Ese mismo verano, los futbolistas del Assyriska, un club de fútbol sueco, salieron a jugar su partido de la primera división contra el Hammarby, uno de los equipos más populares de Estocolmo, con una camiseta diferente. En el centro, habían estampado una gran letra n, cerca del corazón. Era la letra n de *nasrany*, la palabra con la que los militantes del Estado Islámico definían a los cristianos de Oriente Medio: los 'nazarenos', en referencia a la ciudad de Nazareth, donde Jesús pasó los primeros años de su vida. El Estado Islámico parecía expandir su dominio gracias a la indiferencia de la comunidad internacional, sin encontrar oposición en el norte de Siria e Iraq. Durante esos meses, ocupó regiones donde viven comunidades cristianas desde hace siglos, como los asirios. Los militantes islamistas dejaron en las casas de los asirios de las zonas conquistadas un símbolo en la puerta: una letra N pintada. Es decir, marcaron sus casas y les dieron pocas opciones: escapar o pagar si querían seguir con vida en su casa. La alternativa era la muerte, claro. O convertirse al islam. «¿Cómo te puedes concentrar en el fútbol cuando sabes que en la tierra de tus padres suceden estas cosas? En el bus de camino al partido que debíamos jugar contra el Degersfors, nuestro centrocampista George Makdessi me enseñó un vídeo en su teléfono. Era su propio primo, con quien comparte apellido, tirado en una cama, lleno de heridas de bala, exhausto. Detrás se puede ver una bandera del Estado Islámico. Luego, alguien le pregunta en árabe cuál es su nombre, en que ejército luchaba… Después, el vídeo acaba. George me contó que el padre del chico recibió unos días después en su teléfono fotos de su hijo en la cama, sin cabeza: lo habían decapitado», explicó a la prensa el capitán del Assyriska, David Durmaz. Con el teléfono del soldado ejecutado, los islamistas mandaron las fotos de su muerte a todos los contactos. Ejecuciones medievales en la era del 2.0. «¿Cómo puedes seguir sin pensar en ello, sin hacer nada mientras sucede esto? Tenemos la suerte de vivir en un país libre como Suecia, pero no podemos cerrar los ojos al destino de nuestra gente», reflexionaba Durmaz. Por eso, los futbolistas salieron a jugar con la letra n en el pecho. Para recaudar fondos, para que el mundo conociese esa tragedia, para contar a sus vecinos suecos lo que estaba sucediendo en el norte de Siria e Iraq. Stefan Batan, Nahir Besara, Andreas Haddad y Kennedy Bakircioglu, cuatro futbolistas formados en el Assyriska que jugaban en el Hammarby, también lucieron las camisetas con la letra n en el calentamiento. Y cuando Bakircioglu marcó un gol, no lo quiso celebrar.

Esta historia se empezó a escribir hace cuatro mil años en el norte de Mesopotamia, la cuna de civilizaciones, religiones y culturas. Allí tienen sus raíces los asirios, en ocasiones denominados pueblo asirio para poder diferenciar el pueblo actual del antiguo imperio que construyó palacios y fortalezas mil doscientos años antes de Cristo. «Somos un grupo étnico descendiente del viejo Imperio asirio y los acadios, de hace cuatro mil años. Seguramente todos han visto las maravillosas esculturas de las puertas de la vieja Nínive en el British Museum de Londres. Luego, nos ha tocado vivir como minoría en muchos imperios y reinos, ocupando una zona que hoy forma parte de Iraq, Turquía, Irán y Siria. Hace siglos éramos mayoría en la llanura de Nínive, en el norte de Iraq. Después nos empezaron a perseguir, sufrimos ataques. Ahora ya encontramos más asirios lejos de esas tierras que allí. Como muchos árabes o kurdos, los asirios hemos emigrado por culpa de tanta violencia, aunque en nuestro caso nos marcó el genocidio al que nos sometieron los turcos durante la Primera Guerra Mundial, durante la desintegración y partición del Imperio otomano. Unos setecientos cincuenta asirios fueron ejecutados», defiende Nuri Kino. En Suecia, su cara es muy famosa. Cuando era un adolescente, se ganaba la vida en restaurantes, como camarero. Y en pocos años ya era uno de los periodistas más famosos. Como tantos asirios suecos, sus padres llegaron en los años setenta escapando de la represión contra las minorías, en su caso, en suelo turco. Primero encontraron trabajo en Alemania y, finalmente, en Suecia, dos tierras que facilitaban la llegada de inmigrantes para poder continuar con su crecimiento económico. Turcos, yugoslavos, portugueses, españoles, italianos, kurdos, griegos o asirios llegaron hasta Suecia. Y, ahora, uno de sus hijos es un periodista consagrado, que ejerce de profesor en universidades y gana premios. Kino ha dedicado parte de su obra a defender los derechos de las minorías étnicas en el Oriente Próximo y Medio, especialmente de los grupos cristianos. Como el suyo, los asirios. «A nuestro pueblo, el asirio, también se nos puede conocer como caldeos, arameos o siríacos. Nuestra identidad es compleja, pues nos han pasado por encima fronteras y religiones. No todos hablamos la misma lengua, por ejemplo», explica. Estudiosos, profesores y expertos han participado de este debate sobre cómo debería ser llamado este pueblo que puede tener cuatro nombres diferentes, todos ellos con raíces en la historia. Kino opta por definir su pueblo como asirio. «En cada guerra, las minorías son perseguidas. Culpadas de los problemas. Cada generación ha sufrido. Los asirios tenemos nuestra propia lengua, derivada del viejo arameo. Y como fuimos uno de los primeros pueblos en convertirse al cristianismo, hemos sido un blanco fácil para los fanáticos islamistas en una zona mayoritariamente musulmana», rememora. La Primera Guerra Mundial, la masacre cometida por árabes en Simele, Iraq en 1933, la Revolución islámica en Irán, los ataques de Sadam Huseín contra las minorías, la guerra civil Siria, el Estado Islámico… «En la zona, los Gobiernos han buscado siempre el poder persiguiendo a las minorías. El resultado ha sido que nos tuvimos que buscar la vida lejos». Un camino que, en muchos casos, acabó en la lejana Suecia. En estadios de fútbol. Y Kino se encargó de ayudar con un documental que fue premiado en Estados Unidos, llamado *Assyriska, una selección sin nación,* en el año 2006.

«¿Qué significa un club como el Assyriska? Un ejemplo: el sacerdote Ashur Elkhouri, principal líder religioso de la comunidad asiria que vive en Estados Unidos, publicó una foto en las redes sociales donde baja la cabeza en señal de respeto delante de una pantalla donde salen los jugadores del equipo. Normalmente, un sacerdote solo hace ese gesto delante de Dios. Pues bien, cuando los jugadores del club salieron con la camiseta con la n, en una iglesia de Los Ángeles, muchos lloraron con ese gesto», cuenta con pasión Kino. Para Bethnahrin Barqasho, una famosa aficionada del club que ya estaba en las gradas cuando el Assyriska jugaba en la quinta división sueca en el pequeño estadio del Bårsta IP, el equipo «es nuestra selección nacional. El club simboliza nuestro país. Ha unido a los asirios de todo el mundo para llorar y sonreír». Los asirios son un país sin Estado, establecido allí donde los europeos decidieron que pasarían las fronteras entre Siria, Iraq e Turquía. Ahora ya viven más en Europa y Estados Unidos que en una zona destrozada por la violencia.

En los años setenta, cuando Suecia abrió las fronteras a trabajadores de todo el mundo en busca de mano de obra para una economía que no dejaba de crecer, muchos asirios llegaron al país. Y, por efecto llamada, se empezaron a concentrar especialmente en Södertälje, un suburbio cerca de Estocolmo. Los primeros asirios habían llegado en los sesenta, cuando Suecia aceptó recibir a un grupo de familias que vivía en campos de refugiados libaneses para escapar de la represión del régimen sirio de Asad padre. En los años setenta, una nueva ola de refugiados llegaron a Södertälje, una zona trabajadora donde les tocó emplearse a fondo. En 1977, un grupo de *raggare*, una tribu urbana típica de Escandinavia que copia la estética de los *rockabilly* norteamericanos y coquetea con ideas de derechas, protagonizó una pelea brutal con decenas de asirios, a los que atacaron en un bar gritando consignas racistas. También los partidos políticos de extrema derecha iniciaron campañas contra los refugiados, tanto asirios como kurdos, acusándolos de robar el trabajo de los suecos. Eso ocurrió en los años setenta. Las consignas se repitieron con la guerra de Siria, cuando Södertälje se convirtió en la población sueca que dio acogida a más refugiados, la mayoría asirios.

El Assyriska fue fundado en 1974, inicialmente con la idea de tener un equipo para jugar, sin más. Aunque en 1977 nació el Syrianska FC. Como sucede en casi todas las comunidades del mundo, los asirios andan divididos entre ellos. Aunque étnicamente son un único grupo compacto, se diferencian entre ellos en función de la iglesia que siguen, pues existen tres corrientes: la Iglesia ortodoxa siríaca, la asiria del este y la caldea. Los fieles de la Iglesia siriaco-ortodoxa se llaman a sí mismos siriacos o arameos. Presumen de una identidad diferenciada, con una bandera roja que tiene como símbolo un fuego alado en el centro. Y decidieron diferenciarse también con su propio club de fútbol, el Syrianska FC. Los fundadores del Assyriska se llaman a sí mismos asirios y siguen las otras Iglesias, aunque muchos consideran que es más importante la identidad nacional asiria, anterior a la llegada del cristianismo, que no la adhesión a un rito u otro. En total, en Suecia viven unos cien mil descendientes de asirios. Y veinte mil lo hacen en Södertälje, la ciudad de ochenta mil habitantes donde se juega el derbi entre los dos equipos fundados en los setenta. Pese a compartir enemigos, los derbis son intensos, y en ocasiones se han producido peleas, aunque la violencia sufrida por sus hermanos en Siria e Iraq los ha unido finalmente para impulsar campañas benéficas. Pese a todo, la división es tan marcada, que existen dos canales de televisión diferentes con sede en Södertälje: Suryoyo Sat, en lengua siriaca, y Suroyo TV, en lengua asiria. Cada televisión cuida los detalles de su comunidad y de sus clubes: el Syrianska unos, el Assyriska los otros.

El Assyriska tiene más hinchas y sus partidos se ven en más de sesenta países. Incluso llegaron a la final de la Copa de Suecia, perdida en el año 2003. En 2004 llegó a debutar en primera división. Y ya en su primer partido como local, contra el Halmstad, los jugadores salieron con unos brazaletes negros. El club explicó que era una forma de recordar los noventa años del genocidio sufrido por los asirios en otro continente, otro siglo, otra época. Se calcula que entre medio millón y setecientos cincuenta asirios fueron masacrados por los ejércitos del Imperio otomano hace un siglo. Y la memoria de esa matanza sigue viva gracias a gestos como el de un equipo de fútbol lejano, fundado en Suecia. En un estudio de televisión en Turquía, el líder nacionalista Mehmet Celik se indignó cuando descubrió la existencia de este club en 2004. «Se llama Assyriska, ¡su nombre será conocido por medio mundo!», se quejaba. El Estado turco, como hace con el genocidio armenio, se niega a reconocer ningún crimen contra la humanidad cometido hace un siglo contra los asirios.

El Syrianska también llegó a primera, en este caso, en 2011. Y aguantó tres temporadas entre los mejores. Suele reunir menos hinchas, aunque, como su rival, tiene aficionados por todo el planeta. Si en el estadio municipal de Södertälje suelen reunirse unos cuatro mil hinchas, las audiencias por internet son de más de cincuenta mil, con personas de origen sirio viendo los partidos desde tres continentes, siguiendo un club que viste de amarillo y rojo, los colores del pueblo arameo. El presidente es Fikri Halef, un hombre que ganó todo su dinero vendiendo kebabs. Es más, los rivales se mofan del Syrianska con el nombre despectivo de Kebab FC. Uno de sus mejores entrenadores, Sharb el Touma, nació en un campo de refugiados en el Líbano, se crió en Suecia y fue jugador del club. «La violencia que sufre nuestra gente ha afectado al equipo. Antes, muchos miembros de la comunidad donaban dinero al club para que fuera nuestro símbolo. Ahora dan dinero a sus familiares para que puedan escapar de la guerra», explicó Halef, sin quejarse, entendiendo cuál era la realidad. En Suecia existen otros clubes asirios, como el Arameisk-Syrianska IF, fundado en los años ochenta en Botkyrka, otro suburbio de Estocolmo. O un segundo Assyriska, fundado por inmigrantes en Västra Frölunda, un suburbio de Gotemburgo.

Bethnahrin Barqasho admite que fue muy feliz cuando el Assyriska jugó en primera, aunque ahora toca ayudar a los miles de asirios que han sufrido en sus carnes la guerra de Siria. «Por momentos, Siria parecía un sitio más o menos tranquilo para vivir. Piensa en la historia de nuestro pueblo. En 1915 sufrimos el genocidio de los turcos que provocó que los supervivientes dejaran sus tierras, en la actual Turquía, para ir al norte de Iraq. Allí sufrieron más matanzas, y muchos escaparon a Siria. Y allí ha llegado de nuevo la violencia», dice con resignación Kino. Si los cristianos no eran ni el diez por ciento de la población siria antes de la guerra, los asirios eran una minoría dentro de la minoría cristiana. Los que quedan allí, especialmente en la zona de Til Temir, se organizaron militarmente para defenderse de sus enemigos. Y el dinero recolectado en el estadio del Assyriska sirvió para que pudieran armarse. «El destino de nuestro pueblo es incierto. Los asirios en Siria se encuentran divididos. Algunos apoyan al Gobierno de Bashar al Asad, otros se pusieron en contra. Algunos han quedado en zonas controladas por los kurdos; otros, en zonas donde ha entrado el ejército turco», intenta explicar Kino. La guerra civil siria es uno de los conflictos más complejos, con decenas de actores locales e internacionales. Y cada vez más asirios escapan de sus casas. «Quizá algún día ya no sonarán las campanas de nuestras iglesias allí, y nos tocará mantener vivo el recuerdo lejos, en nuestras nuevas casas», dice Barqàsho. El alma asiria se ha ido trasladando de Oriente Medio a Suecia.

2014

Shakhtar Donetsk (Ucrania)

Bombas contra el estadio

El Shakhtar Donetsk inauguró uno de los mejores estadios del mundo y, pocos meses después, este recinto deportivo recibía fuego de mortero. Las dos almas de Ucrania se enfrentaron en una guerra en el este del país que provocó que el mejor club de fútbol perdiera su casa, su estadio y sus instalaciones. Aunque ha seguido ganando títulos.

La recepcionista del hotel, Svetlana, empezó a mirar mapas en internet con cara de preocupación. «¿Seguro que quieres ir a Torez?», me intentó disuadir. Sí, quería ir a Torez. Allí está la tumba de Alexei Stakhanov, quizá el minero más famoso de la historia. Y a mí me encantan los cementerios. El 30 de agosto de 1935, acompañado por un periodista y un representante del Partido Comunista, Stakhanov bajó a una mina en Donetsk con tres mineros más, formando un equipo que fue capaz de extraer ciento dos toneladas de carbón en cinco horas. Pocos días después, el 9 de septiembre, batió su propio récord con la extracción de doscientas veintisiete toneladas en cinco horas. Y se convirtió en uno de los hombres más famosos de la Unión Soviética. Stakhanov fue como Elvis Presley en versión comunista y con casco minero. Tenía fans esperando en la puerta de casa, y hacía giras como padre del estajanovismo, un movimiento que defendía aumentar la producción por iniciativa del trabajador. Incluso apareció en la portada de la revista norteamericana *Time*. Aunque una vez Stalin falleció, lo mandaron de vuelta a Donetsk, donde se refugió en el alcohol. Falleció en 1977 y lo enterraron en Torez, una ciudad bautizada así por Maurice Thorez, líder comunista francés que fue minero. En el Donbas, todo gira alrededor de la mina. Incluso el club de fútbol, llamado Shakhtar, es decir, 'mineros'. «Aquí todos somos hijos o nietos de mineros. También el presidente», explicó Svetlana citando, sin nombrarlo, a Rinat Akhmetov.

El 15 de octubre del año 1995, Rinat Akhmetov quedó atrapado en un atasco y llegó tarde al partido de liga ucraniana del Shakhtar contra el Tavriya. Con veintinueve años ya era vicepresidente del club y uno de los hombres más ricos del lugar. Ese atasco le salvó la vida. Una bomba colocada debajo del palco acabó con Akhat Bragin, el presidente del Shakhtar. Akhmetov ocupó su lugar. Y contrató a un prestigioso bufete de abogados estadounidense para denunciar a quien afirmase que él había tenido negocios con Bragin, un tipo conocido en los bajos fondos locales como Akhat el Griego. O sea, un mafioso. Un carnicero de pueblo que había querido ascender muy rápido aprovechando la perestroika. La caída de la URSS tuvo esas cosas. Nació una nueva generación de líderes que, usando la picaresca o la fuerza, aprovecharon la caída del Estado para cambiar su destino. El ruso Roman Abramovich vendía muñecos en las calles, y veinte años después compró el Chelsea. Akhmetov vendía Coca Colas y se convirtió en el dueño del Shakhtar.

Los Akhmetov eran una familia de origen tártaro, un pueblo musulmán del interior de Rusia, que habían llegado a Donetsk para trabajar en unas minas que, años más tarde, acabaría comprando Rinat, evitando así que miles de mineros perdieran su trabajo. Fue una inversión económicamente ruinosa, pues las minas no generaban beneficios. Poco le importaba. Era una forma de ser popular en Donetsk, pues las minas eran un símbolo. Y para demostrar de paso que los Akhmetov ya no eran vasallos. Ahora eran señores. Mediante la compra de terrenos, edificios y empresas estatales que se nacionalizaban, Akhmetov había pasado de vender en las calles a ser el amo de las calles.

En el otoño de 2008, Akhmetov encabezaba una visita a las obras del nuevo estadio del Shakhtar, el Donbass Arena, una obra faraónica que había costado cuatrocientos millones de euros. Yo quería ir a Toraz, pero invitaron a la prensa desplazada para cubrir el partido del Shakhtar contra el Barça a la visita de las instalaciones. Y me quedé sin tumba. Tampoco pude hablar con Akhmetov. Cuando intenté acercarme, un matón me alejó. El nuevo estadio, entonces aún no finalizado, era impresionante. Un recinto moderno rodeado de *terrikones,* esas montañas artificiales formadas por los desechos de carbón sacados de las minas que encuentras por todo el Donbas. El fútbol había ocupado el lugar de las minas en el corazón de una ciudad que tenía en el Shakhtar a su mejor embajador. Hasta que llegó la guerra. Unos años más tarde, el Donbass Arena fue bombardeado. Y Akhmetov escapó de una zona que salió de un siglo XX sangriento para meterse en un nuevo siglo sin paz.

La cuenca del Don era una zona de la frontera ucraniana poblada por cosacos que campaban libres por sus estepas hasta que se descubrió que era rica en carbón, justo en plena Revolución Industrial. En 1869, el empresario británico John Hughes, con permiso del zar, fundó una ciudad en el sitio de un antiguo pueblo de cosacos. Construyó una fábrica de acero y perforó minas. Y así nació Donetsk. Inicialmente, los mineros eran ucranianos de los pueblos cercanos, pero también llegaron armenios, griegos e incluso alemanes que habían perdido su trabajo en la cuenca minera del Ruhr. La fortuna de la zona cambió en los años treinta, cuando las desastrosas políticas de colectivización soviéticas provocaron el Holodomor, la hambruna que mató a más de dos millones de ucranianos.

Muchos de los que sobrevivieron fueron purgados por Stalin. Cosacos, alemanes o judíos acabaron en gulags. Pero las minas de Stalino, el nombre que tenía entonces la ciudad de Donetsk, necesitaban brazos. Y fue así como llegaron millares de rusos que modificaron la demografía local. Las ciudades eran rusas; los pueblos, ucranianos.

Cuando la URSS se desplomó, la nueva Ucrania independiente afrontó el reto de construir un nuevo Estado, sabiendo que buena parte de su población en el Donbas y en la estratégica península de Crimea se sentía rusa. El presidente era entonces Leonid Kuchma, un hombre de la vieja escuela que encontró apoyo en partidos opuestos, desde nacionalistas ucranianos hasta el Partido de las Regiones. Fundado en Donetsk en 1997 para defender los intereses de los rusos de Ucrania, este partido tenía como principal valedor económico a Rinat Akhmetov, propietario ya entonces de más de cien empresas. Controlando a más de trescientos mil trabajadores, Akhmetov podía orientar su voto y convertir el Donbas en una zona que condicionaba la política de toda Ucrania. El ascenso del partido coincidió con la explosión del Shakhtar. No era casualidad. Akhmetov empezó a fichar brasileños para derrotar al histórico Dinamo de Kiev. Una forma gráfica de dejar claro quién mandaba. En 2009, el presidente pagó de su bolsillo cinco aviones llenos de aficionados, muchos de ellos mineros, a Estambul, para presenciar cómo ganaban la final de la Copa de la UEFA contra el Werder Bremen. El viento del este amenazaba con dominar Ucrania, tanto en la política como en el deporte.

Pero el resto del país no estaba dispuesto a quedarse quieto. En 2004, después de diferentes escándalos de corrupción y el asesinato de un periodista crítico con Kuchma, millares de ciudadanos salieron a la calle en Kiev, exigiendo la dimisión del presidente en la Revolución naranja, curiosamente el color del la camiseta del Shakhtar. Akhmetov, indignado, exigió jugar de blanco unas semanas para dejar claro que él sí apoyaba a Kuchma. Ucrania, de forma kafkiana, tenía un partido político, que usaba el color azul, apoyado por un club naranja, el Shakhtar. Y un club vestido de azul, el Dinamo, apoyando una revolución política naranja. El mundo al revés. La Revolución naranja consiguió acabar con Kuchma, quien cedió su sitio a su vicepresidente, Víktor Yanukóvich, el líder del Partido de las Regiones. Yanukóvich era un matón que había sido detenido dos veces de joven. Otro hijo del oportunismo nacido con la perestroika que ganaría las elecciones a finales del 2004, entre acusaciones de fraude electoral. La presión fue tan grande, que los comicios se repitieron. Y Yanukóvich los perdió claramente contra el nacionalista Víktor Yúshchenko. Pero no se rindió. Con el apoyo de los medios de comunicación y el dinero de Akhmetov, se atrincheró en la oposición esperando su momento. Y llegó.

En 2010, Yanukóvich fue elegido presidente de Ucrania. Y nadie pudo dudar de que, en esta ocasión, era una victoria limpia. Yúschenko no había sido un buen gestor, y la abstención en buena parte del país jugó a favor del Partido de las Regiones. Akhmetov, feliz, estaba en primera fila en la ceremonia de la toma de posesión de un mandatario que obtuvo el ochenta y cinco por ciento de los votos en la región de Donetsk. El clan del Donbas se había hecho con el poder en Kiev, y ya el primer año, el treinta por ciento de los concursos públicos organizados por el Estado los ganaron las empresas de Akhmetov. A nivel deportivo, la tiranía del Shakhtar era insoportable para sus rivales. Cada año, la liga era suya. La obra de Yanukóvich y Akhmetov parecía completada, pero no era así.

En 2013, Yanukóvich, decidido a dar la espalda a Europa para mirar hacia Moscú, suspendió la firma del Acuerdo de Libre Comercio con la Unión Europea. Millares de ucranianos salieron a las calles. Una mezcla de demócratas, jóvenes con ansias de libertad y militantes de extrema derecha ocuparon la plaza de Maidan de Kiev, el corazón de unas protestas que acabaron con más de ochenta muertos. Yanukóvich, presionado, se largó dejando tras de sí un rastro de sangre. La revolución triunfó, y subió al poder un Gobierno nacionalista ucraniano dispuesto a cobrarse las facturas pendientes con el clan de Yanukóvich. Pero en los feudos prorrusos, muchos ciudadanos temían sufrir la venganza de las nuevas autoridades, así que en el Donbas estalló una revuelta que derivó en un conflicto armado, con milicianos radicales reclutados en los estadios marchando al frente. Voluntarios internacionales se sumaron a la guerra, en uno u otro bando. El ejército ucraniano fue derrotado, y las regiones de Luhansk y Donetsk se proclamaron independientes con el apoyo de Rusia. La península de Crimea también fue anexionada por Rusia. Ucrania quedó rota. Y, en medio, quedó atrapado Akhmetov.

El propietario del Shakhtar siempre había sido prorruso, pero no le interesaba fragmentar el país. ¿De qué le servía tener negocios en Donetsk si no podía vender en el resto del Estado? ¿De qué le servía ser propietario de un club si no podía disputar la liga de Ucrania? Era un dilema. Así que optó por jugar a dos bandos. Cuando los milicianos de la zona empezaron a reclamar la independencia del Donbas, Akhmetov organizó un acto en el estadio del Shakhtar en favor de la unidad de Ucrania. Como respuesta, las milicias, algunas con antiguos trabajadores de sus empresas, nacionalizaron sus negocios y saquearon sus oficinas. Akhmetov perdió el control del territorio y escapó a su piso de lujo en Londres. No fue el único. Muchos ciudadanos del Donbas se sentían ucranianos. Otros querían que se respetase la lengua rusa, pero sin guerra. Millares de personas escaparon de la zona, convertidos en refugiados.

Akhmetov había construido su imperio gracias a políticos como Kuchma o Yanukóvich. Sin él, le tocó buscar alianzas con sus antiguos enemigos. Así que se postuló como negociador. Además, Rusia bloqueó el acceso al gas o petróleo a Ucrania. Y como la mayor parte de empresas del sector energético ucranianas eran de Akhmetov, el Gobierno entendió que necesitaba llegar a un acuerdo con su antiguo enemigo. Se odiaban y se necesitaban. En un ejercicio de equilibrios diplomáticos, Akhmetov decidió que su Shakhtar debía seguir jugando, pese a que Donetsk estaba en manos de milicianos y el Donbass Arena había recibido el impacto de fuego de mortero. Así que pagó de su bolsillo el traslado de todo el club a la capital, Kiev. El Shakhtar se mudó a casa de su enemigo, el Dinamo, viviendo en hoteles y pisos de alquiler, jugando en estadios vacíos. Akhmetov sabía que a las autoridades les interesaba poder decir que el gran símbolo del Donbas, el Shakhtar, seguía en su liga. Era casi la única forma que tenía el Gobierno de presumir de un país unido, cuando en verdad habían perdido el control sobre más del veinte por ciento de su territorio. Los enemigos políticos habían llegado a un acuerdo gracias al fútbol. La misma semana en que la justicia decretó el embargo de bienes de Akhmetov por un caso de corrupción en 2010 relacionado con Yanukóvich, el Gobierno facilitó que el Shakhtar tuviera acceso a la ciudad deportiva propiedad del Comité Olímpico en Kiev para entrenar. Poco después, Akhmetov fue absuelto y recuperó sus propiedades.

En la actualidad, los jugadores del Shakhtar viven en pisos de lujo en Kiev, aunque juegan sus partidos como locales en Járkov, en el estadio Metalist. Las regiones de Donetsk y Luhansk votaron en un referéndum sin reconocimiento internacional el dejar de ser parte de Ucrania, mientras el Gobierno ruso reparte pasaportes en la zona. Akhmetov, el presidente que en 2011 pagaba a sus hinchas para que cantaran «Rusia, Rusia» en el estadio, ahora les paga para que entonen cánticos nacionalistas ucranianos. En ocasiones, el dinero puede ser más fuerte que las banderas.

2019

Kitchee SC (Hong Kong)

Aficionados sin rostro en la grada

En el verano de 2019, millones de personas se manifestaron contra una ley de extradición que debía permitir al Gobierno de China controlar un poco más la justicia de Hong Kong, la ciudad de ocho millones de almas que durante cien años había estado bajo control británico. Desde que volvió a manos chinas, la relación no ha sido fácil. Y el fútbol es uno de los escenarios de esa tensión.

Era el 19 de mayo de 1985. «Cómo olvidar ese día», reflexionaba medio pensativo Ku Kam Fai, como si recordase lo que había soñado después de una siesta. Por primera vez, China se ilusionaba con su selección de fútbol, ese deporte extranjero, odiado tanto por monárquicos como por comunistas. Después de la locura de la Revolución Cultural, una nueva China empezaba a explorar nuevas rutas e introducía conceptos económicos capitalistas en un sistema comunista. Lo que para muchos era una contradicción, para el Gobierno chino era una solución. Y el deporte desempeñaba su papel, pues con el apoyo del Partido, los deportistas de China empezaban a brillar en torneos internacionales, demostrando la fuerza de un país que se reinventaba. Ese 19 de mayo de 1985, la selección de fútbol jugaba en casa contra la diminuta Hong Kong. China solo necesitaba un empate para avanzar a la siguiente fase en las eliminatorias rumbo al Mundial de México. Más de ochenta mil personas abarrotaron el estadio de los Trabajadores de Pekín. Y más de ochenta mil se quedaron mudas cuando, ya en la segunda parte, Ku Kam Fai marcó el 1-2. Hong Kong, ese territorio diminuto escondido en la costa del gigante chino, acababa de conseguir una de las victorias más sorprendentes de la historia del fútbol. «Primero reinó un silencio raro, aunque mientras lo celebrábamos en el terreno de juego, hablando con la prensa, empezaron a caer botellas. Después rompieron los cristales del bus y no nos dejaron salir, estuvimos horas asustados. Cuando por fin llegamos a Hong Kong, nos esperaban millares de personas eufóricas», recordaba Ku Kam Fai. Para muchos de esos hinchas, un triunfo en el terreno de juego se había convertido en una declaración política, pues solamente seis meses antes, en diciembre de 1984, la primera ministra británica Margaret Thatcher había firmado con su homólogo chino Zhao Ziyang el tratado según el cual en 1997 cedería la soberanía de Hong Kong al Gobierno chino. Dentro del pacto, Pekín se comprometía al famoso lema de «un país, dos sistemas». Es decir, Hong Kong pasaría a ser parte de China después de cien años de soberanía británica, aunque con la condición de que no sería gobernada según las leyes comunistas. El pacto era que se respetarían algunas de las libertades que los habitantes de Hong Kong tenían entonces.

Más de treinta años después de ese partido en Pekín, donde las autoridades comunistas descubrieron sorprendidas el fenómeno del *hooliganismo,* los estadios de fútbol se convirtieron en un escenario más del pulso entre las autoridades chinas y los ciudadanos de Hong Kong, opuestos a sus políticas. Si después de la ceremonia de 1997 en la que se arrió la Union Jack británica, izando en su lugar la bandera de la República Popular China, los nuevos gobernantes respetaron su promesa de los dos sistemas, con el paso de los años, Pekín empezó a recortar libertades. Pese a que la ciudad ha mantenido su independencia judicial, legislatura, sistema económico, moneda, selección de fútbol independiente y liga, en 2019 la go bernadora de Hong Kong propuso un tratado de extradición que debía permitir enviar a tribunales chinos a criminales que estuvieran en la ciudad. La respuesta fue un millón de manifestantes en las calles contra la propuesta, aunque las autoridades hablaron de doscientas cincuenta mil personas, en unas jornadas que acabaron con graves incidentes. Los manifestantes, la mayor parte de ellos estudiantes y jóvenes, tenían miedo de que este fuera un paso más hasta que se acabara con la libertad de prensa o de reunión en la isla. Muchos recordaron el caso del librero Giu Minhai, quien vendía libros contrarios a las autoridades de la República Popular China. En 2015, desapareció de forma sospechosa en Tailandia, parea reaparecer poco después en China, donde fue acusado de provocar muertos en un accidente de coche. Tras dos años de cárcel volvió a ser detenido en 2018, mientras se encontraba acompañado por diplomáticos suecos, país que le había concedido su nacionalidad para protegerlo. Acabó acusado de espionaje y condenado a diez años de cárcel. Para muchos activistas, el tratado de extradición sería una muesca más en un sistema que permitiría a las autoridades chinas sacar de Hong Kong a activistas contrarios a su régimen, acusándolos de otros crímenes. Solamente en 2015 desaparecieron cuatro libreros y editores de la isla, que resurgieron poco después en manos del Gobierno de Pekín. Con estos antecedentes, muchos ciudadanos de Hong Kong alzaron la voz. Y, buscando llamar la atención del mundo, lo hicieron en los estadios.

En verano del 2019, como era habitual, diferentes clubes europeos jugaron amistosos en Hong Kong como parte de sus giras veraniegas. Ese año le tocaba al Manchester City. Su rival era el Kitchee, un club que en las últimas temporadas se había convertido en la gran potencia del fútbol de la isla, gracias, en parte, a muchos jugadores y entrenadores españoles. «No quiero que se sepa mi nombre, ni quiero mostrar mi cara, pues tengo miedo», contaba a la prensa británica un aficionado con la camiseta del Kitchee. «Aunque no podemos estar callados, así que alzamos la voz», añadía. Había pasado unos treinta minutos repartiendo folletos contra las autoridades, aunque se escondía cada vez que aparecía un policía. Dentro del estadio, mientras el Manchester City goleaba sin problemas, en las gradas el ambiente era distinto. *«Can you hear the people sing?»*, coreaban los más jóvenes. Es decir, '¿Oyes a la gente cantar?' Y buena parte del estadio respondía con un *«Free Hong Kong»*. Durante el partido, incluso un aficionado vestido todo de negro, el color usado por los manifestantes, saltó al terreno de juego con una pancarta donde se podía leer *«No Extradition»*. Huang Yang, el capitán del Kitchee, se mostró incómodo con las preguntas de la prensa inglesa al final del partido. «Usamos el fútbol para unir a la gente, para estar juntos pensando en el futuro de Hong Kong», dijo de forma ambigua.

El gallego Dani Cancela admite que la situación vivida fue compleja. Cancela había llegado a Hong Kong de la mano de Josep Gumbau, un entrenador catalán. Los propietarios del Kitchee admiraban el estilo de juego del Barça, así que ficharon a muchos futbolistas españoles que jugaban en segunda o tercera, ofreciendo un buen salario para mejorar su nivel. Algunos, como Cancela, acabaron jugando muchos años en la isla, hasta el punto de debutar con la selección de Hong Kong en 2017, después de conseguir el pasaporte. «Todos confiamos en que el Gobierno de Hong Kong escuche y dé respuesta a algunas de las demandas de los manifestantes. En un país que tiene ocho millones de habitantes, más de dos salieron a las calles. Eso no se puede ignorar. El problema es que nadie sabe hasta qué punto el Gobierno de Hong Kong tiene capacidad de decidir por sí mismo sobre estos asuntos… Y China no creo que esté por la labor de ceder en cuanto a su soberanía en Hong Kong», reflexionaba. Cancela se convirtió en testigo de unos meses marcados por el fuego de la policía y la ira de los manifestantes, en unos disturbios que ponían a prueba las dos almas de Hong Kong. Esta urbe siempre había sido una de las más modernas de China. En el siglo XIX, cuando llegaron los británicos, muchos estudiantes locales crearon algunas de las primeras asociaciones nacionalistas chinas modernas. Se cortaban la tradicional coleta en un símbolo de rebelión contra el emperador, dejando claro que querían una China moderna y soberana. Cuando el ejército rojo de Mao llegó al poder, después de la Segunda Guerra Mundial y la guerra civil china, en Hong Kong la situación generada fue incómoda. Los habitantes se sentían chinos, aunque muchos preferían el estilo de vida occidental a las ideas del libro rojo de Mao Zedong. «La ciudad tiene dos almas. Te encuentras muchas personas que usan el inglés como primera lengua, con un estilo de vida occidental, especialmente en la isla de Hong Kong. En la parte continental, es más frecuente dar con gente que habla mandarín o cantonés, como al otro lado de la frontera», admite Cancela. Como ejemplo, cuando llega el Año Nuevo chino, se calcula que medio millón de ciudadanos de Hong Kong cruzan la frontera para pasar las festividades con familiares que tienen allí. Otros prefieren ir de vacaciones a Estados Unidos, Japón o Tailandia. Una parte de Hong Kong es china, y la otra mira hacia otro lado.

Uno de los grandes rivales del Kitchee en la liga local es el histórico South China, club fundado por estudiantes a inicios del siglo XX que ya deja clara su identidad en su nombre. Durante muchos años, el South China tenía una política de jugar solamente con futbolistas étnicamente chinos, como muestra de oposición a los británicos. Durante décadas, los habitantes de Hong Kong querían dejar de ser parte del Reino Unido para unirse con el resto de China, como había sido siempre hasta 1842, cuando en el marco del Tratado de Nankín, posterior a la guerra del Opio, los británicos se aseguraron este puerto estratégico en el sur de China. Generaciones y generaciones de ciudadanos de Hong Kong lucharon por volver a ser chinos, hasta que se percataron de que quizá no les gustaba lo que había al otro lado de la frontera. «Es difícil estar al margen de un fenómeno como el que está ocurriendo aquí. Como te mencioné, Hong Kong no es una ciudad muy grande, así que todo lo que pasa te toca muy de cerca. Hong Kong es un sitio maravilloso para vivir, con gente fantástica. Aunque se deben llegar a acuerdos, pues la tensión es grande», admitía Cancela, quien en 2014 ya vivió la llamada Revuelta de los Paraguas, movilización que pretendía modificar la ley electoral local para evitar que siempre ganaran políticos afines a Pekín. No lo consiguieron. Pese a su fama de ser una ciudad agradable, de forma puntual estallan revueltas que provocan que se cierren los negocios de lujo o las grandes oficinas del centro de la ciudad, como las sedes que el Manchester United y el FC Barcelona tienen aquí, los dos clubes más populares en la urbe.

En 2014, algunos de esos paraguas de los manifestantes aparecieron en las gradas de los partidos del Kitchee pese a que no llovía. Históricamente, este club había jugado en segunda o en tercera división, aunque ya en la década de los noventa irrumpió en la élite como un club moderno que practicaba un fútbol ofensivo. Por eso llamó la atención de muchos aficionados, deseosos de ver un equipo que se inspiraba abiertamente en un estilo occidental y que luego demostraba en el terreno de juego. A pesar de que los propietarios lo habían hecho pensando en ganar partidos, sin querer conectaron con la forma de ver el mundo de muchos jóvenes. Las dos almas de Hong Kong, una ciudad china con mirada occidental, se encontraron en las gradas de este club fundado en la zona continental, en Kowloon, donde juega. Aunque en sus despachos, casi todos los directivos, como el presidente Ken Ng, se han formado en el extranjero, en su caso, en Canadá. El Kitchee se convirtió en un símbolo de una Hong Kong moderna y ambiciosa, pues llegó a unas semifinales de la AFC Cup, la segunda competición principal del continente asiático en 2014. En 2018 incluso se metió en la fase de grupos de la Champions de la AFC, cuando se enfrentó al Tianjin Quanjin chino. Pese a que oficialmente eran dos clubes del mismo Estado cara a cara, el modelo de «un país y dos sistemas» permitía que representaran a ligas diferentes. En el partido jugado en casa aparecieron algunos carteles con el lema «Hong Kong no es China». Mientras una de las obsesiones del Gobierno de Pekín es unificar bajo su poder todos los territorios chinos, como la isla independiente de Taiwán, en Hong Kong el independentismo ha ido creciendo poco a poco.

Capaz de plantar cara a los clubes históricos de la liga local a partir de los años noventa, el Kitchee se encontró en medio de las manifestaciones del año 2019, cuando sus gradas se convirtieron en escenario de protestas. Pese a que la mayor parte de los espectadores no se mojaba, cada vez más hinchas alzaban su voz usando máscaras para tapar su rostro y así evitar represalias. Y como las fuerzas de seguridad incautaban pancartas, en ocasiones la idea era ir con una camiseta negra. Muchos entraban vestidos de una forma y salían de los servicios con una capucha negra. A partir del minuto 6:09 de partido, el plan era guardar tres minutos de silencio sepulcral. El minuto elegido era una referencia al día 9 de junio, cuando estallaron las protestas contra la famosa ley. En otro partido de la liga local, centenares de aficionados se taparon un ojo con la mano durante tres minutos, para recordar a una joven manifestante que había perdido un ojo por un disparo de la policía cuando se manifestaba delante de una comisaría, protestando por la violencia de los oficiales. Durante el resto del partido, se alternaban cánticos en inglés o cantonés, reclamando «liberad nuestra ciudad» o «luchemos por la libertad». Cuando en septiembre de 2019 fue el turno de la selección de jugar un partido oficial contra Irán, las autoridades entendieron que les costaría evitar la entrada de manifestantes en el estadio. Y así fue. Al ser un partido oficial, debían sonar los himnos nacionales. Y en este caso, el protocolo indica que para representar a Hong Kong, debe sonar el himno de China, *La marcha de los voluntarios*. Cómo no, millares de espectadores abuchearon el himno cuando sonó, de la misma forma que, en los años setenta, algunos habían abucheado el himno británico cuando sonaba en los partidos de la selección, lo que ocurrió hasta 1997.

Los jugadores españoles que han convertido Hong Kong en su casa admiten que en sus clubes les han pedido que hablen poco de política. La mayor parte de empresarios detrás de los equipos tienen intereses económicos en China. Así que el fútbol ha quedado atrapado entre esos dos sistemas que se pactaron en 1984. Mientras algunos hinchas abuchean el himno de la República Popular China, en los despachos se hacen negocios con las autoridades de Pekín. En medio de los dos sistemas, no todo el mundo sabe cuál sería la solución ideal. Ku Kam Fai, el gran héroe de ese partido de 1985 que sigue siendo el gran día del fútbol de Hong Kong, ha sido galardonado por las autoridades que defienden las leyes de Pekín, por ejemplo. Y como le sucede a los deportistas actuales, prefiere no hablar de política. Esa política que sí se escucha en las gradas. Y en las calles, claro.

Agradecimientos

A Àxel Torres y Raúl Fuentes. Y toda la gente de Marcador Internacional, por compartir esta pasión.

A Carlos Nuñez del Pino, por la propuesta.

Principal de los Libros le agradece la atención
dedicada a *El historiador en el estadio,* de Toni Padilla.
Esperamos que haya disfrutado de la lectura
y le invitamos a visitarnos
en www.principaldeloslibros.com,
donde encontrará más información
sobre nuestras publicaciones.

Si lo desea, también puede seguirnos
a través de Facebook, Twitter o Instagram
utilizando su teléfono móvil
para leer los siguientes códigos QR: